Rudolf Pfisterer

Kompaß im Chaos

Die Zehn Gebote

Verlag der
Liebenzeller Mission
Lahr

Den Freunden, denen ich viel verdanke:

Edmond Jacob, Straßburg (1909-1998)
Peter Levinson, Jerusalem
F. Lovsky, Echirolles, Grenoble
Friedrich Wilhelm Marquardt, Berlin
Hans Eißler, Dettingen/Erms
Léon Poliakov, Massy, Paris (1910-1997)
Hubert Bour, Rottenburg/Neckar

Die Deutsche Bibliothek – CIP-Einheitsaufnahme

Pfisterer, Rudolf:
Kompaß im Chaos : die zehn Gebote / Rudolf Pfisterer. – Bad
Liebenzell : Verl. der Liebenzeller Mission, 1998
    (TELOS-Bücher ; 1374 : TELOS-Paperback)
    ISBN 3-88002-655-6

TELOS-Bücher
TELOS-Paperback 71374

ISBN 3-88002-655-6

© Copyright 1998 by Edition VLM im Verlag der St.-Johannis-Druckerei, 77922 Lahr
Umschlaggestaltung: Ostertag Mediendesign, 70031 Stuttgart
Herstellung: St.-Johannis-Druckerei, 77922 Lahr
Printed in Germany

Inhalt

I. Eine Vorüberlegung

Vor mehr als sechzig Jahren fuhr ich mit dem Rad als frischgebackener Student über die Schlachtfelder von Verdun (Erster Weltkrieg). Überall an der Straße riefen die Schilder mit Totenköpfen und der Aufschrift »Lebensgefahr« uns auf, uns ja nicht in das noch von Blindgängern übersäte Gelände hinauszuwagen. Noch kann ich den Schock fühlen, der bei mir durch eine kurz nach dieser Reise veröffentlichte Zeitungsmeldung hervorgerufen wurde: Eine Schulklasse aus Frankreich mußte, diese Warnung nicht achtend, das Verlassen der Straße mit zahlreichen Todesfällen und Verletzungen bezahlen.

Die mahnende Aufschrift war zugleich der Garant für die Unversehrtheit. Gebote Gottes säumen als Leuchtzeichen der Freiheit unseren Weg. Sie bewahren uns damit vor unserer Selbstvernichtung. Woher nehmen sie diese Vollmacht? Stehen sie nicht im Widerspruch zu des Menschen Drang: »Ich will nicht so unterworfen sein?« (Jer. 2,20).

Antwort auf die uns wegen unserer Orientierung bewegenden Fragen können wir nur geben, wenn wir auf das wirkende Wort der Schrift hören. Das soll zunächst geschehen, indem wir auf den Vorspruch der »Zehn Worte« (so wörtlich) hören (2. Mose 20,2).

1. Die Hoheit und die Nähe

»Ich, der Ewige, dein Gott.« So lautet der Vorspruch zu den Zehn Worten. Er ist das begleitende Leitmotiv, das keinen Augenblick vergessen werden darf.

Mit einem besonderen Akzent kommt dies in jeder Einzelanweisung zu Wort: Gottes Hoheit will geehrt – und vermehrt werden. Mehr noch: Sie allein verleiht letzte Autorität und Durchschlagskraft. Dieser Mittelpunkt, das Ich des lebendigen Gottes, verweist Menschenmacht und Menschenrecht in die zweite Reihe.

Er, der allein Gute (vgl. Mt. 19,17) weiß – und bestimmt –, was gut ist. »Es ist dir gesagt, Mensch, was gut ist« (Mi. 6,8). Wir können es uns nicht selbst sagen, ohne nicht zugleich das Gute und das Richtige zum Vorspann unserer Interessen zu erniedrigen.

Dieser Ewige – die beste, vom hebräischen Text her angemessene Wiedergabe in deutscher Sprache – lebt. Er ist Zeuge und Bürge für alles Beständige. »Alles vergehet, Gott aber stehet, sein Wort und Wille hat ewigen Grund« (Paul Gerhardt). Er umgreift die Vergangenheit, bestimmt die Zukunft und hat darum die Gegenwart in festem Griff.

Er regiert, thront aber nicht in weiter Ferne. Dein Gott – so lautet die entscheidende Aussage. Immer und überall, alle unsere Tage bis zum letzten Tag unserer Zeit, kommt er zu uns und das »Immanuel« (Jes. 7,14;

Mt. 1,23) ist der Herzschlag seiner Existenz. Er hat immer Zeit für uns. Das ist seine Liebe.

Zu seiner Existenz gehört unbedingt sein Handeln. »Ich habe dich aus Mizrajim, dem Haus der Sklaverei, geführt« (Mose 20,2). Seine entscheidende Tat ist die Befreiung seines Volkes. Aus Mizrajim!

Natürlich ist dies geographisch gesehen: Ägypten. Aber Mizrajim ist aussagekräftig. Es kommt von dem Wortstamm »zar« – wo es eng wird; es heißt eigentlich »Befestigung«. In einem hebräischen Wörterbuch heißt es: »Der Name, der sich in allen semitischen Sprachen, aber nirgendwo auf ägyptischen Denkmälern findet, ist sicher semitisch. Es heißt eigentlich Einschluß, Absperrung, das ist ein eingeschlossenes Land.« Von daher reimt sich dieser Name gut zur Bezeichnung »Sklavenhaus«, also der Stätte, in der Menschen gedrückt und unterdrückt werden und wo ihnen die Würde der freien Selbstbestimmung genommen ist. Unter diese Existenz der Unfreiheit ist durch Gottes Eingreifen der Schlußstrich gezogen. Die Wende wird herbeigeführt.

2. Freiheit zur Verantwortung

Die Konsequenz dieser Befreiung ist die an Gottes Weisung gebundene Freiheit. Freiheit ohne die an Gottes Gebot sich haltende Verantwortung kann auf Dauer keine Antwort auf Gottes Anrede sein; sie kann echte Freiheit weder bewähren noch bewahren. Sie entartet zur Willkür, die nur das eigene Ich im Mittelpunkt hat. Sie fällt damit erneut in die Unfreiheit zurück. Diese Gefahr besteht.

»Zur Freiheit hat Christus uns befreit; darum bestehet in der Freiheit« (Gal. 5,1). Dieses Bestehen ist ein Gehen des Weges im Gehorsam gegen Gottes Gebot; nur so hat die Freiheit Bestand.

3. Die eigenmächtige Willkür

Bei uns beherrschen ratlose Unsicherheit, aber auch tiefe Gleichgültigkeit die Szene. Nirgendwo ist ein fester Punkt sichtbar, von dem aus eine einsichtige Ausrichtung unseres Lebens erkennbar würde. Ein Richter schreibt: »Man fordert von uns, das Gesetz zu achten; was aber tun, wenn das Gesetz ungerecht ist?«[2] Woher nehmen wir überhaupt den Maßstab, um Ungerechtes zu entlarven? Ein Philosoph, ganz auf die Diesseitigkeit der Welt eingeschworen, fordert: »Beständiges, das aber nicht ewig sein darf ..., d. h. einen vernunftgemäßen Raum zu schaffen, ohne ihn zu vergöttlichen.«[3] Welche von uns Menschen zu bestimmende Autorität kann aber über Gut oder Böse entscheiden, ohne daß dieses Urteil im letzten Sinn willkürlich und darum nicht beständig wäre? Natürlich ist es gut, wenn wir bescheiden von der Gerechtigkeit in unserer Hand denken, wie Kardinal Lustiger meint: »Die wahre Gerechtigkeit ist die, die ihre Grenzen kennt.«[4] Aber was gilt als Norm jenseits dieser Grenzen? Einen rechtsfreien Raum darf es nicht geben. Das ist das Chaos. Der Theologe Alkuin hatte recht, als er im Jahre 800 an Kaiser Karl den Großen schrieb: »Solche Leute sollten nicht gehört werden, die an dem Wort festhalten: ›Des Volkes Stimme ist Gottes Stimme‹. Denn das stürmische Wesen der Masse liegt immer an der Grenze des Wahnsinns.«[5] Dies gilt noch in einem viel tieferen Sinn: Bei uns Menschen ist keine letzte und darum verbindliche Autorität zu finden.

4. Die entscheidende Autorität

Eine wirklich überzeugende Vollmacht – Hoheit und Nähe zugleich – liegt nur beim lebendigen Gott. Diese Autorität hat er seinem Wort verliehen. Deshalb muß sie uns nicht fernbleiben, weil sie sich auch in unsere Worte kleiden will.

»Siehe, ich lege meine Worte in deinen Mund« (Jer. 1,9). Dies ist die Last und die Lust eines jeden Zeugen: Lust, weil der lebendige Gott uns würdig erachtet, uns seine Weisungen kundzutun; Last, weil wir dem uns auferlegten Auftrag oft – meist! – nicht genügen.

Zweierlei Hindernisse scheinen unter uns die klare Weisung für heute zu blockieren. Zum einen eine Flucht in die Innerlichkeit, bei der wir hauptsächlich auf unsere redliche Gesinnung setzen, etwa auf die Liebe zu unseren Mitmenschen; dadurch verharmlosen wir weithin das aus den Zehn Worten sich ableitende Recht und machen es stumpf. Zum andern wollen wir kühn vorwegnehmen, was Gott selbst erst der »letzten Zeit« (Jes. 2,2) vorbehalten hat, nämlich »Schwerter in Pflugscharen« (Jes. 2,4) umschmieden zu wollen.

Natürlich kann die in Menschenhand gelegte Gewalt mißbraucht werden, wie ein Blick in die Tageszeitungen uns ausreichend klarmacht. Aber wie sollen wir das Schwert im Dienst des Rechtes für die Wehrlosen und Hungernden gebrauchen, wenn weithin – auch in den Kirchen – zu seiner Abdankung aufgerufen wird? Daraus zieht nur der Gewissenlose und Machthungrige – zu Lasten der Geschundenen und Unterdrückten – Nutzen; deren Grundsatz lautet: »Gewalt geht über Recht« (Hab. 1,3). Meist können solche Menschen nicht durch einleuchtende Worte überzeugt, sie müssen durch eine im Dienst des Rechts stehende Macht in die Schranken gewiesen und gehalten werden.

Wenn aber die Dämme zerbrochen sind? Wenn bei einer Sintflut die Gewalt des Chaos der modernen Unmenschlichkeit wie ein tiefer Abgrund sich auftut? Dann ist es zu spät, und alle müssen sich besinnen, warum der lebenserhaltende Riegel der Gebote so gedankenlos zerbrochen wurde. Ein Angehöriger der SS hat angesichts der Greuel in einem Vernichtungslager dem evangelischen Christen Kurt Gerstein gesagt: »Wenn es einen Gott gibt, wird unsere Strafe schrecklich sein.« Darauf Kurt Gerstein: »Seien Sie beruhigt, es gibt einen Gott.«[6]

Wir dürfen uns nicht beruhigen: Gottes Weisungen als sein Wort wollen Antwort – und fordern Rechenschaft. Dies dürfen wir in keinem Augenblick vergessen (vgl. dazu Mt. 25,31-46). Unser Versagen kann nur in der Vergebung getilgt werden – nicht in dem Sinn eines angenehmen Ruhekissens, sondern als Auftakt zu einer belebenden und ermutigenden Kraft, in stiller Bescheidenheit das Nötige und das Richtige zu tun. Neuer Aufbruch ist immer angesagt, d. h. das jeweils Hindernde hinter sich zu lassen und die Bewegung der Nachfolge gehorsam zu vollziehen (vgl. Mt. 19,21).

Woran soll sich dieser Aufbruch aus dem Althergebrachten ausrichten? Es können nur die Zehn Worte sein. Sie sind jedermann verständlich, ohne in unverbindliche Allgemeinheiten abzugleiten. Sie sind allen einsichtig, zumindest, was die zweite Tafel anlangt, es sei denn, man sperrte sich wider besseres Wissen dagegen. Sie bleiben konkret und lassen keine Flucht in noch so einleuchtende Grundsätze zu, die oft eine Blitzableiterfunktion haben und zur Untätigkeit anleiten. Und vor allem tragen sie den ihnen von Gott aufgedrückten Stempel der Gültigkeit.

Unter diesem Vorzeichen ist nicht alles gleich gültig. Es gehört zum Trick des sogenannten Pluralismus, dies zu behaupten, obwohl dort weithin heimlich unter dem Banner einer angeblichen Toleranz Aussagen mit Vorrang gemacht werden, die stracks diesen Zehn Worten zuwiderlaufen.

Gleiche Gültigkeit führt in den Irrgarten der Gleichgültigkeit. Es wird nahezu alles gestattet, was im sogenannten Trend liegt. Wie kann gegen eine solche Irreführung Widerstand geleistet werden, wenn nicht eine letzte Autorität feststeht, besteht und Bestand hat? Das Gute ist kein Gegenstand von Mehrheitsentscheidungen. Es ist entschieden. Darum auch der wichtige Aufruf an uns alle: »Du sollst nicht dem großen Haufen folgen zum Bösen« (2. Mose 23,2).

II. Die Gliederung

Eine wichtige Vorentscheidung über den Inhalt fällt schon bei der Gliederung. Dabei ist es unerläßlich, die in der Bibel vorgegebene Zählung der Gebote beizubehalten. Das bedeutet: Das zweite Gebot, das jede Art von bildlicher Darstellung Gottes untersagt, ist in die normale Zählung einzufügen, wie es auch gilt, das in einem Vers (2. Mose 20,17) stehende neunte und zehnte Gebot als ein einziges aufzuführen.

Mit Recht wurde in der biblischen Tradition von einer ersten und zweiten Tafel gesprochen. Darunter wird verstanden, daß in der ersten Tafel Gottes Weisungen an des Volkes und des Menschen Verhalten zu seiner Offenbarung, zu ihm selbst, stehen. Hier soll gleich angemerkt werden, daß das die Eltern betreffende Gebot auf der der Verehrung Gottes vorbehaltenen Seite steht. Die zweite Tafel bezieht sich auf das unter dem Vorzeichen der Hoheit Gottes geforderte gegenseitige Verhalten der Menschen zueinander.

Natürlich dürfen wir die beiden Tafeln nicht voneinander abkoppeln. Nicht nur in dem Sinn, daß es überall um den hohen und nahen Gott geht! Mir scheint, daß eine Aufhellung der gegenseitigen Beziehung auch dadurch zustande kommen kann, daß wir versuchen »querzulesen«, das heißt, daß wir das jeweils auf der ersten und zweiten Tafel nebeneinander stehende Gebot miteinander lesen und durcheinander erklären.
Daraus ergibt sich der Rahmen der Gliederung:

1. Das erste und das sechste Gebot:

Wenn wir auf die Stimme anderer Götter als die des lebendigen Gottes hören, verfallen wir der Anmaßung und der Maßlosigkeit. Wir kennen dann im Grunde keine Ehrfurcht vor dem Leben unserer Mitmenschen.

2. Das zweite und das siebte Gebot:

Wenn wir uns trotz der im Bunde Gottes mit seinem Volk verbrieften Gemeinschaft Bilder von Gott machen, werden wir dadurch nicht nur diesen Bund Gottes verfehlen, sondern auch den lebenslangen Bund der Ehe in Frage stellen und brechen.

3. Das dritte und das achte Gebot:

Wenn wir den Namen Gottes als Instrument für eigene Interessen mißbrauchen, begehen wir einen Diebstahl. Wir reißen an uns, was uns nicht gehört. Der Weg zum Stehlen wird damit aufgetan.

4. Das vierte und das neunte Gebot:

Wenn wir den Sabbat, den Ruhe- und Feiertag im Sinne des Lehrens und Lernens des Wortes Gottes und des Preisens seines Namens nicht mehr heiligen, um durch dieses Zeugnis unser tägliches Reden reinigen zu lassen, müssen wir damit rechnen, daß unser Zeugnis im weitesten Sinne des Wortes verkommt und unglaubwürdig wird.

5. Das fünfte und das zehnte Gebot:

Wenn wir Vater und Mutter nicht mehr ehren wollen, die als Partner Gottes auf seiner Seite stehen, werden wir über kurz oder lang dem eigenen Begehren anheimfallen.

Es kann in dieser knappen Übersicht nicht alles gesagt werden. Eines wird aber jetzt schon deutlich: Aus diesem »Querlesen« ergeben sich überraschende Perspektiven.

III. Die Auslegung

Das Maß und die Anmaßung (Erstes und sechstes Gebot)

1. Das gültige Maß (Das erste Gebot)

1.1 Der eine Gott und die vielen Götter.

Gott gibt sich im Vorspruch zu den Zehn Worten als der Eine und Einzige zu erkennen. Jede Einführung einer Mehrzahl ist seine Abwahl. »Götter« sind ein Widerspruch in sich selbst, und wie ein in der Bibel dafür gebrauchtes Wort aussagt: »Nichtse« (2. Mose 19,4).

Besonders deutlich wird der Zusammenhang zwischen der Nichtigkeit der Gewalt dieser Mächte und ihrem protzenhaften Auftreten beim Propheten Jeremia: »Alle Menschen sind Narren mit ihrer Kunst, und alle Goldschmiede bestehen mit Schanden mit ihren Bildern, denn ihre Götzen sind Trügerei und haben kein Leben. Es ist eitel Nichts und verführerisches Werk« (Jer. 51,17.18).

Das bedeutet nicht, daß diese Mächte und Gewalten nicht existierten! Sie tyrannisieren uns, obwohl sie uns Freiheit vorgaukeln. Entlarvt werden sie aber als »Nichtse», als Wegbereiter und Helfershelfer für einen Weg, der in Chaos und Tod führt.

Sie maßen sich unbeschränkte Macht an und fordern bedingungslosen Gehorsam. Da sie in der Mehrzahl auftreten, müssen sie auch ihre gegenseitige Rivalität austragen. Sie tun dies unerbittlich. Ihre Spuren sind Blut und Tod.

Von Haus aus ist niemand gegen diese giftige Konkurrenzwirrnis gefeit, nicht einmal das Evangelium. Darum gilt es die Hoheit Gottes zu bezeugen auch gegenüber seinem Volk, der Kirche und allen Menschen. Er allein ist und bleibt das Maß aller Dinge. Wenn es einigermaßen ordentlich gehen soll mit und unter uns Menschen, müssen seine Worte Richtschnur bleiben – und so ein Damm werden gegen alle zur Maßlosigkeit ausufernde Anmaßung.

Die oft unbemerkte Einfallspforte für das Regiment der dem Chaos dienenden Götter ist die Anmaßung, der Mensch sei das Maß aller Dinge, das heißt seiner Träume und Ziele, seiner Wünsche und Ansprüche, seiner Weltanschauungen und Religionen.

Je mehr diese Art von Selbstverwirklichung sich durchsetzt, um so mehr wird der wirkliche Mensch auf dem Altar dieser modernen Götter geopfert. Denn die Selbstverwirklichung – ein abschwächendes Modewort für Eigensucht – duldet keine Einschränkung im Sinne einer Rücksicht.

Der vom Recht geforderte Kompromiß einer Rücknahme der eigenen Person wird unterlaufen, das Einverständnis über Gemeinsames untergraben. Die Unsicherheit wächst. Das Grundwort der Anmaßung lautet: »Wir wollen nicht, daß dieser über uns herrsche« (Lk. 19,14).

Wenn überhaupt noch von Religion (oder auch der Kirche) die Rede ist, wird sie zum Instrument der Feierlichkeit für wichtige Abschnitte in unserem Leben mißbraucht. Eines können Götter nicht dulden – den alleinigen Herrn, der als unser Partner in Liebe für uns da ist, darum für unseren Weg verbindliche Weisungen ausgibt und gerade so uns nicht im Stich läßt.

1.2 Der klare Durchblick

Wer durchschaut aber das verführerische Spiel, das diese Mächte mit uns treiben? Wer besitzt die nötige Klarheit und den erforderlichen Mut, sie zu entlarven?

In ihrem prophetischen Amt hat die Kirche – leider! – weithin jeden Biß verloren, weil sie zu viel und zu lang die zweite Stimme zu den von der Welt angestimmten Melodien singt, weil sie zu oft auf der Kanzel nachplappert, was zuvor in Magazinen und Zeitungen zu lesen war, und weil sie nur zu oft die angebliche Tagesmeinung erläutert. Wer fühlt sich denn noch beunruhigt durch die Existenz und das Zeugnis von Kirche und Christen?

Denken wir dabei zum Beispiel an jenen Beamten der Gestapo in Darmstadt (1936), der Pfarrer Wilhelm Busch ansprach: »Jetzt wollen wir sehen, wer die Macht hat – wir oder jener imaginäre Herr, von dem Sie dauernd reden.« Wir haben es erfahren. Das Abschieben des lebendigen Christus auf ein Nebengeleise hat in einem Meer von Blut und Tränen geendet. Haben wir daraus gelernt und die Konsequenzen gezogen?

1.3 Der Mensch – das Maß aller Dinge?

Wer hat nach dem letzten Weltkrieg die Macht ergriffen – im Osten wie im Westen? Doch der Mensch, das heißt aber die Mächte und Gewalten, die ihn gängeln und seine Anmaßung nur noch steigern. Sind wir dadurch der Krisen überall auf der Welt auch nur einmal durchschlagend Herr geworden? Haben unsere Vorschläge über den Frieden – wirklich Frieden gebracht? Wenn inmitten des Folterns und des Tötens, des Hungerns und Verhungerns von mancher Seite Hilfe gebracht wird – ist das je mehr gewesen als ein Tropfen auf den heißen Stein?

Und wie steht es damit, wenn eine Krise in unser Blickfeld gerät? Wir diskutieren unaufhörlich, ohne zu klaren Entscheidungen zu finden. Im Grunde schauen wir zu und warten ab, bis der Schwelbrand zur Feuersbrunst wird, den wir nicht mehr austreten können. Unsere Weltanschauungen und unsere verschiedenen »Götter« lähmen uns.

Diese anmaßenden »Götter« – wie auch ihre Namen lauten mögen – haben uns fest im Griff. Der Unterschied zum lebendigen Gott springt in die Augen; dieser schafft und erhält Leben, sie aber können Leben nur vernichten und zerstören. Sie ergreifen immer wieder die Macht. Sie vernebeln den Blick, und wir geben uns damit zufrieden. Vor allem deshalb, weil sie uns schön nach dem Mund reden: »Denn es wird die Zeit kommen, wo sie die gesunde Lehre nicht ertragen werden, sondern sich nach ihren eigenen Begierden Lehrer in Menge verschaffen, um sich die Ohren kitzeln zu lassen« (2. Tim 3,4). Ist hier nicht manches wichtigtuerische Geschwätz unserer Tage deutlich abgemalt?

Gott kommt uns aber entgegen in des Wortes doppelter Bedeutung, um uns auf den rechten Weg zu bringen. Götter in ihrer vielfachen Gestalt machen uns den Hof, bis wir, eingelullt und eingefangen durch ihre Parolen, ihre Gebundenen werden.

Auch dadurch, daß wir durch Genuß in eine Abhängigkeit geraten, aus deren eisernem Griff wir uns nicht mehr befreien können. »Ja, wenn einer käme, Dunst und Trug vorlöge: Predigen will ich dir von Wein und Rauschtrank – das wäre ein Prediger für diese Leute« (Mi. 2,11). Klingt dies nicht modern? Wenn aber die Falle zuschnappt, wenn wir hörige Sklaven werden, wenn damit unser Leben – hier und heute – verspielt wird –, was dann?

Die falschen Herren führen in die Gosse. Wo das Maß weg ist, wird das Maß voll, und wir geraten von einer Pein in die andere. Der Pate dieser Anmaßung und ihr heimlicher Drahtzieher – ist der Tod. Wo durch diese Mächte bei uns der lebendige Gott ausgeklammert wird, fällt auch die Ehrfurcht vor dem Leben aus.

Dies wird in einer erschütternden Begebenheit aus einem Vernichtungslager deutlich, die der Nobelpreisträger Elie Wiesel so beschreibt: Vor den Gefangenen, die auf dem großen Appellplatz angetreten sind, scheinen zwei Menschen eine der Wirklichkeit entrückte Szene zu spielen: »Verleugne deinen Glauben, und du wirst eine ganze Woche zu essen haben,« schrie der Offizier.

»Nein«, sagte der Jude ganz leise.

»Verfluche deinen Gott, du Elender! Verfluche ihn, und du wirst eine ruhige Arbeit haben.«

»Nein«, sagte der Jude ganz leise.

»Verleugne ihn und ich, ich werde dich schützen.«

»Niemals«, sagte der Jude ganz leise.

»Niemals? Was soll das heißen? Eine Minute? In einer Minute wirst du verrecken. Also, du Hund, wirst du mir endlich gehorchen?«

Die Gefangenen halten den Atem an. Die einen schauen den Offizier an, die anderen haben nur Augen für ihren Kameraden.

»Du hängst also an Gott mehr als am Leben? Du hältst von ihm mehr als von mir? Du Narr, du hast es so gewollt.«

Er holt einen Revolver, hebt die Hand und zielt. Und er schießt. Die Kugel trifft den Gefangenen an der Schulter. Er schwankt, und seine Kameraden in den ersten Reihen sehen, wie sein Gesicht sich verzieht. Sie hören ihn den alten Ruf der Märtyrer murmeln: »Adoschem hu haelohim, adoschem hu haelohim. Gott ist Gott. Gott ist allein Gott.«

»Hundesohn, verruchter Jude«, schreit der Offizier, »siehst du denn nicht, daß ich mächtiger bin als dein Gott? Dein Leben liegt in meiner und nicht in seiner Hand! Ich bin für dich nützlicher als er! Entscheide dich, und du kannst ins Krankenrevier gehen, du wirst gesund, du kannst reichlich essen und du wirst glücklich sein.«

»Niemals«, sagte der Jude röchelnd.

Der Offizier sieht ihn lange an. Man könnte sagen, daß er ergriffen ist. Dann feuert er eine zweite Kugel in die andere Schulter des Gefangenen. Dann eine dritte, eine vierte. Der Jude murmelt weiter: »Gott ist Gott. Gott ist ...« Da erhält er die letzte Kugel in den Mund. »Ich war zugegen«, erzählt sein Sohn. »Ich war da, und die Szene kommt mir so unwahrscheinlich vor. Sehen Sie, mein Vater war ein Held ... Aber er war nicht gläubig.«[7] Aber auf jeden Fall war er ein treuer Zeuge für die Hoheit des lebendigen Gottes.

2. Die selbstmörderische Anmaßung (Sechstes Gebot)

2.1 Das bedrohte Leben

2.1 a Wem gehört unser Leben?

»Dein Leben liegt in meiner und nicht in seiner Hand«, haben wir eben gelesen. Sehen wir einmal von dieser brutalen, erschütternden Szene ab, so ist eine solche Aussage weithin zu unserer alltäglichen Grundanschauung geworden. Was hat dies zu bedeuten?

Wir sind der Überzeugung, daß wir allein die Verfügungsgewalt über unser Leben besitzen. Der lebendige Gott ist ausgeklammert: Er hat hier nichts zu sagen und darf sich nicht in unsere Angelegenheiten einmischen. Natürlich stimmen wir dem Verbot des Tötens zu, aber nur so lange, als dies eine tatsächliche Bedrohung unseres Lebens bedeutet. Sind wir aber nicht inkonsequent, wenn wir den Kern und Keim des Tötens in uns nicht wahrnehmen wollen? Sind wir nicht alle wie ein sprungbereites Raubtier – in einem meist noch stabilen Käfig? Aber wehe uns allen, wenn die Gitterstäbe locker werden! Oder anders gesagt: Wenn das Töten – unter der Hand und ohne Widerspruch – zu einem Kavaliersdelikt entartet! Wenn die noch vorhandene Zähmung des Raubtiers nachläßt, weil das beschützende Recht nicht mehr mit Macht androhen und dadurch auch bewahren kann!

Keine Angst: Wir sind schon so weit. Halten wir uns doch nur für einen kurzen Augenblick die Worte Jesu in der Bergpredigt wie einen

Spiegel vor: »Wer (zu seinem Bruder) sagt: 'Du Tor'[8] – der ist der Hölle mit ihrem Feuer verfallen« (Mt. 5,22). Ein solches Wort ist Mord, und hat die verdiente Strafe zur Folge. Mehr noch: Schon der – nicht einmal ausgesprochene – Haß ist in Gottes Urteil das vollendete Verbrechen des Tötens: »Wer seinen Bruder haßt, der ist ein Totschläger« (1. Joh. 3,15). In diesen uns vorgehaltenen Worten sollen wir uns erkennen. Nicht nur, damit wir erschrecken über uns, sondern daß eine solche Erkenntnis zur wirksamen Bremse wird, nicht auch noch zur bösen Tat zu schreiten.

2.1 b Geschützt durch das Recht

Von daher gesehen müssen wir erst recht für das schützende und zur Verantwortung ziehende Recht eintreten, um es zu stärken. Es ist ein Damm gegen die Bosheit von uns Menschen; wir sind alle gekennzeichnet durch das kurz vor der Sintflut gesprochene Wort Gottes: »Die Menschen wollen sich nicht mehr zurechtweisen lassen durch meinen Geist; denn sie sind Fleisch« (1. Mose 6,3). Der Damm des Rechts darf nicht brechen. Ehe wir uns einzelnen Punkten, um die heftige Auseinandersetzung, zuwenden, muß ein Punkt deutlich in Erinnerung gerufen werden. Nach unserer Rechtsordnung gibt es keinen rechtsfreien Raum; das besagt: Verstöße gegen das Recht müssen in Gestalt der bestehenden Gesetze geahndet werden. Wo immer ein Staat auch nur einen Bürger wegen eines Bruchs der Gesetze nicht mehr zur Rechenschaft zieht, widerspricht er sich selbst und untergräbt seine eigenen Grundlagen.

Wo sind heute Schwachstellen, die das unbedingte Verbot des Tötens und die daraus sich ergebende Bestrafung in Frage stellen?

2.1 b 1 Die Schwangerschaftsunterbrechung

Ehe wir auf einzelne Punkte eingehen, sei daran erinnert, was der bedeutende Theologe Karl Barth (1886-1968) dazu gesagt hat: »Die Abtreibung besteht ohne Zweifel und im vollen Sinn dieses Ausdrucks darin, ein menschliches Leben auszulöschen.«[9] Dies müssen wir uns bei allen Erörterungen ständig vor Augen halten. Die Genehmigung einer Schwangerschaftsunterbrechung kann nur in einer Notlage erfolgen; sie wird dadurch weder rechtlich gebilligt noch moralisch gerechtfertigt. Es wird nur auf die für eine Tötung vorgesehene Strafverfolgung verzichtet.

Es muß darum unser Gewissen geschärft werden. Recht und Unrecht sind keine Frage der Mehrheitsverhältnisse. Sie sind uns vorgegeben durch die Zehn Gebote. Wer das darin ausgesprochene Verbot des Tötens auf den Müll der Geschichte zu werfen bereit ist, soll wissen, in welcher Gesellschaft er sich befindet: »Gegen die sogenannten Gebote eröffnen wir die Feindseligkeiten« (Adolf Hitler).[10]

Bei der Debatte um diese Frage darf das Schicksal der Frauen in den Tagen nach dem Eingriff nicht ausgeklammert werden. Wenn der Konflikt in einer konkreten Notlage so tiefgreifend war, wenn nach ernsthaften Gesprächen mit dem Arzt und Seelsorger und vor allem solchen mit dem Mann, kein anderer Ausweg sich bot, mag nach diesem Mittel gegriffen werden. Dies wird aber nie Anlaß zum Triumph oder gar zum lautstarken Prahlen damit sein. Wer einen solchen Eingriff und die damit zusammenhängende Not in eine ganz normale Operation umfunktioniert – immerhin wird dabei ein Mensch getötet! – und wer sich gar noch in der Öffentlichkeit brüstet, dem ist sicher nicht eine verantwortungsvolle Einstellung zu bescheinigen. Ein solches Prahlen grenzt an gewissenlose Leichtfertigkeit. Nur tiefe Betroffenheit und stechender Schmerz über ein solches Handeln können Anlaß, aber auch Grundlage zu einem Begleiten sein, in dem ein fühlendes Aufrichten hilfreich werden kann.

Aus der Sicht einer Betroffenen sehen die Tage danach so aus: »Ich habe fünf Kinder, drei Jungen und ein Mädchen. Ein Kind ist tot. Ich habe es abgetrieben.« Sie hat an diesem Eingriff schwer getragen und meint: »Aus der Sicht der Frau ist es eine Vergewaltigung, aus der Sicht des Kindes ist es das endgültige Aus.« Vor allem aber weist sie die unsinnige Aussage zurück: »Die Tatsache, daß Leute behaupten, eine Frau, die ein Kind in sich trägt, trage eine Nicht-Person, eine Kaulquappe oder einen Zellhaufen in sich, ist eine große Mißachtung der Frau. Denn wenn man annehmen würde, daß die Frau eine vollmenschliche, seelisch-geistige Person ist, kann man nicht annehmen, daß in dieser Frau ein Vieh wächst.«

Weil es aber beim Embryo um einen schutzlosen Menschen geht, kann seine Entfernung aus dem Mutterleib nicht in das Belieben der Frau gestellt sein, wie dies durch die vom Bundestag beschlossene Fristenlösung (1993) der Fall ist: »Abtreibung ist keine Privatsache; der Staat muß das ungeborene Kind schützen.«

Dabei spielen die Männer oft eine ungute Rolle, indem sie sich anmaßen, den Frauen ihre Schuld abzunehmen und sie freizusprechen. Die schon zitierte Betroffene meint: »Diese Herren waschen ihre Hände in Unschuld, sie geben sich so mächtig, die Frauen von der Schuld zu befreien, und machen sich zum Herrscher.« Welch ein Mensch kann anderen Menschen Schuld abnehmen, es sei denn, er lackiere die längst veraltete wie unwirksame Methode des Verdrängens und Bagatellisierens neu auf? Dabei bleiben die Frauen todeinsam. Darum trifft die hier genannte Betroffene mit ihrer bitteren und wahren Bemerkung ins Schwarze – »Der Mensch spielt wieder den Herrgott«[11] – im Sinne der Anmaßung und der Maßlosigkeit, die Töten rechtfertigt und die entstandene Schuld nicht aufarbeiten und die Trauer nicht heilen kann.

2.1 b 2 Fatale Konsequenzen?

Wenn das Gesetz über die Fristenlösung bleibt, wenn also in einem rechtsfreien Raum getötet werden darf, ohne dafür zur Rechenschaft gezogen zu werden, muß die Frage erlaubt sein, welche Menschen als unbequem in der Reihe der unerwünschten Zeitgenossen anstehen. Etwa die Behinderten, weil sie so viel Geld kosten? Vielleicht genießen sie noch Schutz, weil ehedem Adolf Hitler diese so beeinträchtigten Menschen zum »lebensunwerten Leben« erklärte und ausrottete, und weil man – noch! – nicht als Komplize dieses Diktators erscheinen möchte. Oder geht es um die Alten, die Kinder aufgezogen haben und auch auf ihre Weise für das Sozialprodukt ihren Beitrag leisteten? Wir wissen es nicht. Aber der alle Zeitgenossen schützende Damm ist dadurch brüchig geworden, und unmenschliche Barbarei ist keine Utopie mehr.

2.1 b 2 a Das sogenannte humane Sterben

Wenn zu Beginn eines menschlichen Lebens dem werdenden Menschen die Existenzberechtigung abgesprochen werden kann, so taucht diese Frage eigenmächtigen Handelns auch gegen das Ende unserer Tage auf. Es geht hier um das sogenannte humane oder auch legale Sterben.

Auch hier geht es um eine ähnliche Frage. Wenn bei der Schwangerschaftsunterbrechung einem schon lebenden Menschen der Eintritt ins Dasein verwehrt wird, handelt es sich bei diesem Vorgehen um den vorzeitigen Abbruch unseres Lebens.

2.1 b 2 b Die verschlüsselten Aussagen

Als Grund für einen solchen Eingriff werden unerträgliche Schmerzen genannt, aber auch die Sinnlosigkeit eines unverständlichen Leidensweges wird angeführt. Um diesen tödlichen Eingriff durch entsprechende Formulierungen zu verschleiern und zu verharmlosen, werden Aussagen gemacht wie etwa, es handle sich um einen »endgültigen Schlaf« oder es gehe darum, »friedlich einzuschlafen«, oder wir müßten, »aus Achtung vor dem menschlichen Leben die Existenz anhalten«.[12] Einschlafen, ohne nachher wieder aufwachen zu können. Solche Bezeichnungen werden aus Gründen der Verschleierung mit dem Prädikat der Würde ausstaffiert. Dabei ist es eine feige, ängstliche Kapitulation vor der Macht des Todes, ein Zeichen dafür, daß dieser letzte Feind immer neu verdrängt wird, obwohl doch unsere ganze Existenz geradewegs auf ihn zuläuft.

Im Grunde genommen ist dieses Töten auf Verlangen ein Anschlag auf die Würde des Menschen. Es muß festgehalten werden, daß durch diese sogenannte Sterbehilfe andere Personen, vor allem Ärzte, zum Töten angeleitet und ermutigt werden. Hier entsteht ein rechtsfreier Raum, und in den Niederlanden wurde deshalb von einem Ärzteverband vorgeschlagen, »die Gesetzgebung (darüber) außerhalb des Strafrahmens anzusiedeln«.[13] Im Klartext heißt dies: In bestimmten Fällen zieht das absichtliche Töten keine Strafverfolgung nach sich. Ob sich damit die Ärzte einen guten Dienst leisten, wenn sie den angeblichen Interessen ihrer Patienten den Vorrang geben vor ihrer eindeutigen Pflicht, das Leben des Menschen im Schatten des Todes zu schützen?

2.1 b 2 c Vermindertes Recht auf Leben?

Die ganze Auseinandersetzung dreht sich um einen Punkt, nämlich um die Frage: Was ist der Mensch? Die Antwort auf diese Frage bedeutet schon eine entscheidende Weichenstellung. Hören wir – kurz zusammengefaßt – die Thesen, die Peter Singer – und nicht nur er – vertritt.

Einmal: Menschliches Leben ist nicht »heilig«, und nicht unter allen Umständen unantastbar.

Dann: Nicht allen Angehörigen der menschlichen Gattung, sondern nur aktuell personalen Wesen steht ein eigenständiges Recht auf Leben zu. Insbesondere Föten und Neugeborene (!) bleiben deshalb vom Lebensrecht ausgeschlossen.

Endlich: Ein Leben, das infolge einer unheilbaren Krankheit für den Betreffenden keinen Wert mehr besitzt, darf mit seiner Zustimmung, sei es aktiv, sei es passiv, beendet werden.[14]

Eines steht auf jeden Fall fest: Hier erhebt ein Mensch den anmaßenden Anspruch zu entscheiden, wer als Mensch ein Recht auf Leben habe und welches Leben keinen Wert mehr besitze und deshalb ausgeschaltet werden dürfe.

Dieses selbstherrliche und willkürliche Ziehen einer Demarkationslinie zwischen lebenswertem und -unwertem Leben zeigt einmal, wie der Mensch mit solchen Aussagen sich stillschweigend auf den Thron Gottes setzt und damit irgendwelchen Göttern huldigt. Es wird damit offenbar, daß solche Ausgrenzungen sich bewußt gegen wehrlose Gruppen richten, die Ungeborenen und die Säuglinge, die Alten und die Behinderten. In einem solch widergöttlichen Wahn wird bestimmt, wer noch als Mensch zu gelten hat und wer nicht mehr. Hier werden gefährliche Schleusen geöffnet.

Ein »Kinsauer Kreis« hat diese Abschreibung von Menschen mit Hitlers Gedanken der Tötung »lebensunwerten Lebens« in Zusammenhang gebracht.[15] Natürlich hängt Singer keinen nationalsozialistischen Gedanken nach. Ist aber seine Unterscheidung zwischen lebenswerten Menschen und des Lebens unwürdigen »Nicht-mehr-Menschen« nicht Aussagen von Hitler sehr ähnlich? Dieser führte im Blick auf den angeblichen Gegensatz zwischen Juden und Nichtjuden aus: »Zwei Menschen stehen einander gegenüber: der Gottesmensch und der Satansmensch. Der Jude ist der Gegenmensch, der Antimensch. Der Jude ist das Geschöpf eines anderen Gottes.«[16] Dem Menschen zu irgendeinem Zeitpunkt seine Menschlichkeit für sein Leben absprechen, heißt gleichzeitig, ihm die bewahrende Ehrfurcht für sein Leben abzuerkennen. Er fällt damit aus dem allen Menschen geltenden Rechtsschutz heraus. Er wird nicht mehr geachtet; er ist geächtet.

2.1 b 2 d Alle müssen Angst haben

Die Folgen einer solchen Einstellung sind unabsehbar. Angst und Argwohn muß sich unter allen Gruppen ausbreiten, die nach dieser Ansicht nicht mehr als Menschen gelten können. Werden außer den Behinderten nicht auch die Schwerpflegefälle einbezogen werden?

Schon 1984 wurden auf einem Ärztekongreß in Nizza die Redner mit stürmischem Beifall bedacht, die Anweisungen für den eigenen Tod ausgegeben haben – vor allem deshalb, weil eine solche Sterbehilfe ein Mittel sein könnte, die unerträglichen Gesundheitskosten für die Gesellschaft zu erleichtern – und Platz für die Jugend (!) zu machen.[17]

2.1 b 2 e Zu hohe Gesundheitskosten?

Der oben schon erwähnte »Kinsauer Kreis« fragt bestürzt: »Wird es künftig ein Indikationsmodell für Pflegebedürftige geben? Wird künftig ihr Recht auf Leben abgewogen werden gegen das Interesse derer, die physisch und materiell die Last der Pflege zu tragen haben?«[18] Anders ausgedrückt: Das Mißtrauen muß steigen, wenn solche Gedanken auch nur da und dort laut werden. Wenn erst einmal »das Töten auf Verlangen« legalisiert ist, ist ein Gefälle mit eigener Dynamik in Gang gesetzt worden, das im Sinne seiner »Logik« vor niemand mehr haltmachen wird. Es wird darum dort auch gesagt: »Ist eine solche Tötung auf Verlangen ... erst einmal gesellschaftlich akzeptiert, dann hat der, der nicht freiwillig aus dem Leben geht, die Last selbst zu verantworten, die sein Leben für andere bedeutet.«[19] Das bedeutet: Er (oder sie) sieht sich einem wachsenden Druck ausgesetzt, das Feld zu räumen. Und was wird wohl geschehen, wenn Erbberechtigte sich einschalten und dieses böse Spiel unter dem Deckmantel der Menschlichkeit betreiben? Gibt es gegen diesen, in den Abgrund rollenden Wagen eine wirksame Bremse? Der oben genannte Kreis meint zu Recht: »Das ärztliche Berufsethos steht und fällt damit, daß der Arzt keine andere Aufgabe übernimmt als den Dienst am Leben.«[20]

3. Der untilgbare Adel des Menschen

Gut so! Aber dazu brauchen wir eine klare Antwort, wer der Mensch ist. Denn die oben zur Sprache gekommene gleitende Menschlichkeit, die vor und nach der Geburt nicht lückenlos gilt, ist kein Fundament für eine verbindliche Orientierung. Die uns allen geltende Aussage lautet: Jeder Mensch ist Gottes Ebenbild (1. Mose 1,27). Der lebendige Gott will den Menschen als seinen Partner; deshalb hat er ihm diesen unveräußerlichen Adel verliehen.

Auch nach seinem Aufruhr, auch nach dem Gericht der Sintflut bleibt diese Auszeichnung. Gerade im Blick auf die Bedrohung des Menschen durch das Morden wird unterstrichen: Der Mensch bleibt Ebenbild Gottes (1. Mose 9,6). Auch da, wo er sich gegen Gottes Gebote vergeht! Wir mögen ihn »Bestie« nennen – übrigens eine Beleidigung gegen jedes von seinem Instinkt getriebene Tier –, das Adelsprädikat wird nicht gestrichen.

Jeder Mensch bleibt Mensch –vom Entstehen des Lebens bis zu seinem letzten Atemzug. Töten ist deshalb – in welcher Form auch immer – ein Attentat gegen den lebendigen Gott. Nur von hier aus haben wir den festen Grund, von dem aus wir gegen alle Verharmlosung des Todes und des Tötens vollmächtig und darum auch verbindlich angehen können.

Von dieser Gewißheit her setzt der katholische Episkopat in Frankreich einer durch Gesetz ermöglichten Erlaubnis der sogenannten Euthanasie ein striktes Nein entgegen: »Das Gesetz darf die Euthanasie nicht hinnehmen und noch weniger legitimieren.« Dabei weisen die Bischöfe – zu Recht – auf das daraus entstehende Mißtrauen der Kranken hin: »Der einigen verordnete sanfte Tod könnte für viele Kranke zur Quelle einer unwiderstehlichen Angst werden.«[21] Ein Arzt, Dr. Maurice Abiven, erfahren in der Sterbebegleitung, meint: »Es muß dabei bleiben, daß die Tatsache, einem Nebenmenschen den Tod zu verabreichen, ein unbedingtes Verbot bleiben muß.«[22]

3.1 Voreilige Verfügungen

Natürlich hat diese Aussage des Arztes einen, aus der Ehrfurcht vor dem Leben stammenden Grund. Aber auch Erfahrungen solch freiwilliger Todeskandidaten zeigen, daß das sogenannte friedliche Einschläfern – um es vorsichtig auszudrücken – bei weitem nicht immer dem wirklichen Ablauf im Leben entspricht. Dafür nur ein Beispiel! Es geht hier um die Anleitung zu einem Selbstmordversuch, der als »humanes Sterben« ausgegeben wird. Ein schwerkranker fünfzigjähriger Mann hatte nach »reiflicher Überlegung« auf Grund der Anweisungen der »Gesellschaft für humanes Sterben« einen Selbstmordversuch unternommen. Als seine Frau nach der Ausführung dieser Selbsttötung zurückkehrte, war der Mann bewußtlos, atmete aber immer noch. Die von der Frau alarmierte Feuerwehr brachte den Patienten auf eine Intensivstation, wo eine Entgiftung eingeleitet wurde, obwohl sich eine handschriftliche Verfügung des Selbstmordkandidaten vorfand, die jede Behandlung untersagte. Er wurde trotzdem wegen der erheblichen Folgeschäden behandelt. Nach zehn Tagen war er wieder ganz wach. In dem Bericht heißt es: »Zu diesem Zeitpunkt bestand ein sehr gespanntes Verhältnis zu seinen behandelnden Ärzten, da er von der Notwendigkeit der ärztlichen Vorgehensweise nicht zu überzeugen war ... Allerdings gelang es bald, seine Lebensqualität in einem ihm selbst nicht mehr für möglich gehaltenen Maß zu verbessern.«[23]

Noch nach fünf Wochen war der Patient weiterhin zu einem Selbstmord entschlossen. Doch nach acht Wochen nahm er »seinen Wunsch zum Selbstmord« zurück. Inzwischen hatte sich herausgestellt, daß er ein anderer Mensch geworden war, der dankbar »seinen Lebenswillen äußerte«.[24]

Zweierlei ergibt sich daraus: Einmal, daß der Versuch eines Selbstmords in eine Sackgasse führen kann. Fürs andere und viel wichtiger, daß eine entsprechende Begleitung im Leiden eine wirkliche Hilfe zum Leben, aber auch zum Sterben bedeuten kann. Dabei sollten wir bedenken, daß wir keine Verfügung – zum Selbstmord oder zum Töten – treffen sollten. Das Leben mit seinen Höhen und Tiefen verläuft nie so, wie wir es befürchten oder erwarten. Ein Widerruf kann zu spät und manchmal auch unmöglich sein.

Gibt es eine sinnvolle Alternative? Ich meine ja.

4. Leiden und Begleiten

4.1 Die tiefe Einsamkeit

Eine nicht in Frage zu stellende Beobachtung muß hervorgehoben werden – die schreckliche Einsamkeit eines Menschen, der durch seine schwere Krankheit spürbar, täglich dem Tod Schritt für Schritt entgegengeht. Kann diese zur Einsamkeit sich steigernde Verlassenheit nicht zur verführerischen Einfallspforte werden, den Tod rasch herbeizusehnen? Warum fällt aber weithin die liebevolle, zumindest aber ernsthafte Begleitung aus? Sind Ärzte und Pflegepersonal nicht zutiefst überfordert – zeitlich, aber auch seelisch? Ist das nicht der eigentliche Pflegenotstand, der dem Sterbenden die Würde raubt? Beruhigende Sprüche sind wohlfeil; sie werden uns aber auch nicht abgenommen.

4.2 Behutsames Begleiten

Ärzte haben immer wieder beanstandet, daß bei ihrer Ausbildung das rechte Verhalten im Umgang mit Sterbenden ausgeklammert und vernachlässigt wird. Schon 1984 erhob ein Arzt den Vorwurf: »Es trifft zu, daß die Probleme um den Tod und das Sterben in den medizinischen Fakultäten schlecht gelehrt werden.«[25] Sieben Jahre später klingt der gleiche Ton wieder auf: »... Das Pflegepersonal ist schlecht ausgerüstet, die letzten Augenblicke mit ihren Kranken zu erleben.« In diesem Zusammenhang geißelt der Verfasser »das Desinteresse des ärztlichen Berufs für einen therapeutischen Umgang mit dem Todeskampf, was die Größe ihres Auftrags – das Gegenteil ist der Fall – nicht in Nichts zusammenfallen läßt.«[26]

Der »Abkürzungsweg« durch das Töten – ob durch aktive oder passive Sterbehilfe – ist kein Rezept für einen würdevollen Umgang mit einem Sterbenden. Ein Mediziner berichtet: »Ich bin der Arzt und kann bezeugen, daß ich in 100 Prozent der Fälle mein Möglichstes getan habe, um das Sterben zu erleichtern. Verstehen Sie darunter bitte, den Schmerz und die Angst zu beruhigen, ohne daß der Kranke zu sehr das Bewußtsein verlor. Aber ich habe nie aktive Sterbehilfe geleistet, auch wenn ich manchmal Verlangen danach hatte. Es ist möglich, daß ich mich geirrt habe und daß ich nicht genügend auf meine ärztliche Macht gesetzt habe ...«[27]

Dieser behutsame Umgang mit Sterbenden ist bewundernswert, und dieser Arzt kann sich sicher bestätigt und gestützt fühlen durch die Erfahrung eines Freundes, der es mit 2 500 Sterbenden zu tun hatte: »Er hat (darum) Autorität, darüber zu sprechen, um so mehr, als er bis zum Schluß an ihrem Bette blieb. Er hat sich nie zum Töten ermächtigt gesehen. Aber er hat oft in der Reichweite des Kranken oder seiner Familie ein tödliches Medikament hinterlassen. Am Morgen ist das Medikament immer noch dagewesen.«[28] Die Nähe der Familie im Ausharren bei dem Sterbenden war offenkundig wichtiger. Nur den Kranken nicht sich selbst überlassen in diesen Stunden!

Der eben schon genannte Arzt Dr. Abiven kann aus seiner Erfahrung berichten: »Wenn die schmerzlindernde Therapeutik richtig angewandt wird, muß sich kein Sterbender dazu gedrängt fühlen, zu seiner Erleichterung den Tod zu verlangen.«[29]

4.3 Angst vor Sterbenden?

Neben dem Hinweis nach einer guten, fachlichen Ausbildung ruft dieser ganze Problemkreis noch ganz andere, entscheidende Fragen auf. In vier knappen Fragen soll dies angerissen werden. Einmal: Wer hat den Mut, einen Sterbenden bis zum letzten Augenblick zu begleiten? Dann: Wer bringt die Geduld auf, eine solche stille Nähe der Begleitung durchzuführen? Weiter: Wer kann es sich leisten, in der Hetze unseres Alltags dafür die nötige Zeit auszusparen? Und vor allem: Wer kann es bei einem Sterbenden aushalten, wenn er selbst nicht den Weg weiß? Oder anders formuliert: Wie kann er den orientierend und damit hilfreich begleiten, wenn er nicht den einen um sich und bei dem Sterbenden weiß, der gesagt hat: »Ich bin der Weg und die Wahrheit und das Leben ...« (Joh. 14,6).

4.4 Zeugnis der Kirche?

Einer der oben schon erwähnten Ärzte hatte vor einiger Zeit ausgeführt: »Ich bedaure, daß die katholische wie die protestantische Kirche nicht genügend über das Sterben noch über den Tod nachdenkt ... Ich hatte vorgeschlagen (in dem Augenblick, als die Sexualität das Thema einer Synode der Reformierten Kirche Frankreichs war), daß man den Tod als späteres Thema wähle. Wie vorauszusehen war, wurde dieser Bitte keine Folge geleistet. Und doch ist dies die einzige Sache – ich sage ganz bewußt die einzige -, deren wir alle ohne irgendeine Ausnahme sicher sind, nämlich, daß jeder von uns eines Tages sterben wird. Ich weiß das ganz bestimmt; man weiß nur nicht, wann, woran und wie.«[30]

Warum stecken wir hier den Kopf in den Sand? Es geht gut ein, wenn klug formuliert wird, daß unsere Zeit begrenzt ist. Warum wehren wir aber ab, wenn nur angedeutet wird, daß dies unser Sterben und unseren Tod in sich schließt?

Es wird ein Test für die Frohe Botschaft sein, daß sie uns angesichts unseres – sicher eintreffenden – Todes aufrichtet, den Blick auf den Herrn über Leben und Tod freigibt und den Gekreuzigten als den Sieger erkennen läßt.

Wir dürfen – ja müssen – uns die Bitte des Psalmisten zu eigen machen: »Herr, lehre uns bedenken, daß wir sterben müssen, auf daß wir klug werden« (Ps. 90,12).

5. Der gewaltsame Tod

Wird mit der Abtreibung das Leben des werdenden Menschen zu Beginn seiner Existenz bedroht und durch das sogenannte humane Sterben das Leben des alten Menschen in Frage gestellt, so lauern Mord und Totschlag als böse Feinde auf uns Menschen während unseres ganzen Lebens. Wie sollen wir darauf reagieren?

Wenn schreckliche, mit dem Tod endende Verbrechen, vor allem an wehrlosen Kindern, geschehen, flammt unter uns eine verständliche Leidenschaftlichkeit auf, die den Tod des von einem Gericht überführten Mörders fordert. Aus diesem von tiefer Wut und schrecklicher Angst geprägten Teufelskreis gilt es auszuscheren, um einer nüchternen und sachlichen Beurteilung Raum zu schaffen.

5.1 Die Frage der Todesstrafe

5.1 a Der Sinn der Strafe

Jede Strafe hat den Sinn, einen Rechtsbrecher durch Einsicht in seine Schuld und durch geeignete Maßnahmen zu einem radikalen, möglichst endgültigen Bruch mit seiner Vergangenheit anzuleiten und ihm beim Einschlagen des neuen Wegs behilflich zu sein.

Durch sein Sterben und Auferstehen hat Jesus Christus alle unsere Schuld gesühnt und getilgt. Menschliche Strafe kann daher nicht mehr leisten wollen, als was durch Jesus Christus schon geschehen ist. Sie darf davon ausgehen.

Strafe wird auf jeden Fall den Charakter der Zurechtweisung haben. Dadurch soll dem Rechtsbrecher eine wirkliche Abkehr von seiner Schuld und Tat und so eine neue Zukunft ermöglicht werden. Darum darf ihm die dafür nötige Zeit – sein Leben – auf keinen Fall abgesprochen werden.

5.1 b Gleiches mit Gleichem vergelten?

Besonnene Befürworter der Todesstrafe haben erkannt, daß dieses Höchstmaß nur gefordert werden kann in einer Rechtsordnung, in der die Sühne als oberster Strafzweck gilt. Darum haben sie sich teilweise zu der Erkenntnis durchgerungen, daß sie in unserem augenblicklichen Strafrecht keinen Platz hat. Bei uns wird nicht mehr Gleiches mit Gleichem vergolten, sondern mit Entsprechendem (Geld- oder Haftstrafe) geahndet. Es soll hier noch einmal auf Punkt 5.1 a verwiesen werden: Die Sühne als Strafzweck ist durch die Mitte des Evangeliums überholt. Wir sollten ihr als mögliche Begründung unserer Rechtsordnung weder nachtrauern noch sie zurückwünschen.

5.1 c Abschreckende Wirkung?

Meistens wird als Begründung zur Wiedereinführung der Todesstrafe die Abschreckung ins Feld geführt. Sind wir uns darüber im klaren, daß wir mit der Abschreckung als Strafzweck die Fundamente unserer rechtsstaatlichen Ordnung unterminieren? Das Strafmaß für einen Rechtsbrecher können wir doch nicht von daher festsetzen, daß dadurch möglichst viele Menschen von einer solchen Untat abgehalten werden. Jeder Rechtsbrecher hat das unveräußerliche Recht, für das verurteilt zu werden, was er getan hat, und nicht im Blick auf das, was andere unter Umständen tun bzw. nicht mehr tun könnten. Abschreckung als Begründung für das Strafmaß ist darum zutiefst unsittlich; sie kann Nebenwirkung, nie aber Grund und alleiniger Strafzweck sein.

Dazu kommt, daß die Wirkung der Abschreckung nicht erwiesen ist. Fachleute sind der Überzeugung, daß die Androhung der Todesstrafe kaum eine abschreckende Wirkung hat. Dies ist auch meine persönliche Erfahrung aus einem Vierteljahrhundert des Dienstes als Pfarrer im Strafvollzug. Einmal ist die Zahl derer, die einen Mord begangen haben, immer konstant geblieben, hat also in der Zeit ohne das Vorhandensein dieser Strafe nicht zugenommen. Fürs andere hat die Abschreckung niemand von dieser schrecklichen Tat eines Mordes abgehalten. Denn im Augenblick der Verübung eines solchen Verbrechens hat eine nicht mehr zu beherrschende Mischung aus Angst und Verzweiflung, Haß und Enttäuschung für die entscheidenden Augenblicke jede Kontrolle über sich selbst und auch das Bedenken der Konsequenzen ausgeschaltet. Schon vor fast zweihundert Jahren hat der Franzose Ducpétiaux sehr scharfsinnig auf den inneren Widerspruch der Todesstrafe hingewiesen: »Damit die Todesstrafe wirkungsvoll sei, müssen Hinrichtungen in ganz nahe aufeinander liegenden Zeitabständen erfolgen. Damit die Hinrichtungen nahe beieinander liegen können, müssen die Verletzungen der Gesetze häufiger sein. So gründet sich die sogenannte Wirksamkeit der Todesstrafe auf die Häufigkeit der Verbrechen, vor denen sie schützen sollte.«[31]

5.1 d Fehlbare Menschen – unwiderrufliches Urteil

Bei der Überlegung über die Anwendung der Todesstrafe sollten wir auch die nicht mehr gutzumachende Unwiderruflichkeit bedenken. Richter und Geschworene sind fehlbare Menschen. Eine vollstreckte Hinrichtung kann nicht mehr korrigiert werden. Victor Hugo hat (1848) vor der Französischen Nationalversammlung ausgeführt: »Sie schreiben an die Spitze des Vorspruchs Ihrer Verfassung ›Im Namen Gottes‹ und Sie wollen nun damit beginnen, diesem Gott das Recht, das ihm allein zusteht, nämlich das Recht über Leben und Tod, zu entwinden. Meine Herren, es gibt drei Dinge, die Gott allein zugehören und damit den Menschen nicht zustehen: das Unwiderrufliche, das Irreparable, das Unauflösliche. Wehe dem Menschen, der in diese Gesetze einbricht!«[32] Hier wird ausgesprochen, wie das Töten von Menschen damit zusammenhängt, daß sich der Mensch an die Stelle Gottes setzt und sich damit über den lebendigen Gott stellt.

Ein vollzogenes, zu Unrecht verhängtes Todesurteil kann durch eine Rehabilitations-Zeremonie am Grab des der Hingerichteten nicht wiedergutgemacht werden, während eine unschuldig im Gefängnis verbrachte Zeit einigermaßen wieder in Ordnung gebracht werden kann.

Hundertprozentig sichere Mordfälle gibt es nicht. Am 3. November 1959 wurde in Frankreich ein Todesurteil gefällt. Mit Zustimmung der zuständigen Behörden wurde mit allen Gerichtsakten in fünf verschiedenen Städten Frankreichs neu verhandelt. Nur in Straßburg wurde auf Todesstrafe erkannt, in Lille, Cherbourg und Versailles wurde eine lebenslängliche Strafe verhängt, in Poitiers wurden dagegen nur 20 Jahre Haft ausgesprochen.[33] Die Verhängung der Todesstrafe kann doch nicht dem Zufall der geographischen Zuständigkeit ausgeliefert sein!

Darum sollten wir hören, was Lafayette zum Ausdruck gebracht hat: »Ich werde so lange die Abschaffung der Todesstrafe fordern, bis man mir die Unfehlbarkeit des menschlichen Urteils beweist.«[34]

Darum muß Artikel 102 unseres Grundgesetzes bestehen bleiben. Er formuliert knapp: »Die Todesstrafe ist abgeschafft.« Denn sie ist weder theologisch geboten noch kriminalpolitisch notwendig.

5.2 Das Problem des Krieges

Viel ist schon über diese schreckliche Geißel der Menschheit geschrieben worden. Rezepte wurden immer wieder angeboten: Bis jetzt konnte der Patient – wir Menschen! – noch nicht geheilt werden. Fast alle Kriege sind von jeder Seite als notwendige Verteidigung gegen einen tatsächliche – oder vermeintliche – Bedrohung dargestellt worden. Ein solches Urteil hat bis heute seine rechtfertigende Kraft noch nicht verloren. Dies geht auch aus allen Berichten über die jüngsten kriegerischen Auseinandersetzungen in Europa oder anderswo hervor.

5.2 a Kein übergreifendes Recht!

In jedem Rechtsstaat klappt es einigermaßen, einen Damm gegen Verbrechen durch eine griffige Rechtsordnung aufzurichten und die von einem Gericht überführten Täter ihrer Strafe zuzuführen. Einschränkend muß bemerkt werden, daß die organisierte Kriminalität mit Terror und Druck, mit Bestechungen und durch Tötungen einen Art von Gegenmacht zu werden droht und dadurch ein normales Einschreiten der Staatsgewalt auf den Prüfstand stellt und sie zu einem sachgemäßen Eingreifen herausfordert. Glücklicherweise besteht noch die entscheidende Grundlage, nämlich ein von der Mehrheit der Bevölkerung getragener Konsens über Recht und Unrecht.

In den Beziehungen zwischen den Völkern gibt es kein übergreifendes Recht. Natürlich soll an den den Frieden sichernden Bestimmungen der UNO-Charta nichts abgebrochen werden. Aber weithin sind es Vokabeln, auf die man sich geeinigt hat, und deren Formulierung jeweils für verschiedene, manchmal sogar gegensätzliche Deutungen offenstehen. Dabei ist es ausschlaggebend, auf welchem kulturellen, weltanschaulichen und religiösen Mutterboden diese Bestimmungen gewachsen sind. Von daher haben sie ihren besonderen Sinn und ihre bedeutsame Prägung erhalten.

5.2 b Vieldeutigkeit des Friedens

Wir bezeichnen diese Verschiedenartigkeit heute mit dem besonderen Begriff »multikulturell«. Mag sein, daß solche verschiedenen, manchmal auch gegensätzlichen Auffassungen unter dem gemeinsamen Dach eines Rechtsstaates einigermaßen miteinander auskommen können. Was geschieht aber, wenn Völker als Rechtspersonen aus einem vorgegebenen Vertragstext ganz andere Folgerungen ziehen als ihre Partner? Es kann geschehen, daß die eine Partei unter dem Ausdruck »Frieden« nur einen jederzeit kündbaren Waffenstillstand versteht, während der Partner Frieden als letztes Ziel und Sinn der Verhandlungen auffaßt. Kritische und wehrhafte Wachsamkeit bleiben geboten, und es kann sein, daß ein solcher »Friedensvertrag« enttäuschende Nachwirkungen hat. Die ausgewiesene Erforscherin des Islam, Bat Ye'or meint: »Da der Jihad ein immerwährender Krieg ist, ist der Begriff des Friedens ausgeschlossen, ein vorläufiger Waffenstillstand aber erlaubt, der mit der politischen Konjunktur verknüpft ist.«[35]

Der Frieden nur als Waffenstillstand, um die nächste Runde der kriegerischen Auseinandersetzung vorzubereiten? Hand aufs Herz: Das ist doch weithin das Schicksal aller Friedensverträge gewesen. Nach dem Abschluß eines solchen Vertrags können sich – manchmal langsam, manchmal rasch – die wirtschaftlichen und politischen Interessen ändern, und zu oft wird zur Bereinigung der Konflikte – auch heute noch! – der Krieg als letztes Mittel eingesetzt. Meist erkennen wir nachher – erst nachher? -, daß der ungeheure – auch finanzielle – Aufwand und auch alle die Opfer an Blut und Tränen sich nicht gelohnt haben. Aber wer kann verzweifelten, angstgetriebenen, von einem falschen Stolz besessenen Volksgruppen schon mit vernünftigen Argumenten kommen? Dies zeigen ja auch die bis jetzt vergeblichen Versuche einer friedlichen Regelung der Probleme im ehemaligen Jugoslawien. Blutvergießen schürt den Haß, macht blind, und erst ein Zusammenbruch macht gesprächsbereit. Das ist eine üble Erfahrung und keine gute Prognose. Solange das Raubtier in uns Menschen nicht nur gezähmt, sondern auch überwunden ist, hat der Frieden unter uns keine guten Karten.

5.2 c Achtung vor allen Menschen!

Dankbar können wir sein, daß wenigstens in Westeuropa sich ein Wandel durchgesetzt hat. Eine Ächtung des Krieges bleibt so lange wirkungslos, wie die Achtung verschiedenartiger Menschen voreinander sich nicht durchsetzt. Daran mitzuhelfen – durch ungezwungene Begegnungen, durch Erlernen der Sprache der anderen, durch Knüpfung von Freundschaften, durch das Kennenlernen der anderen Kultur -, ist entscheidend. Hier können Kirchen mit ihren grenzüberschreitenden Beziehungen den Rahmen schaffen und Pionierdienste leisten; ich selbst habe erfahren, wie segensreich und wirkungsvoll das sein kann.

5.2 d Die Ohnmacht der Völkergemeinschaft

Trotz aller Bemühungen in dieser Richtung müssen wir anerkennen, daß das Fehlen eines jedermann einsichtigen und für alle verbindlichen Rechts ein schwerwiegendes Defizit ist. Wenn dazu aber auch die Macht fehlt, um nötigenfalls schlimme Menschenrechtsverletzungen zu ahnden und die Verantwortlichen vor ein Tribunal zu bringen, ist dies ein Zeichen verhängnisvoller Schwäche.

Denken wir nur daran, welche Widerstände zu überwinden waren, um eine kriegerische Koalition gegen den Präsidenten Saddam Hussein zusammenzubringen, als er sich widerrechtlich Kuweit eingegliedert hatte! Und was kann dieser Herrscher sich nach einer Niederlage gegenüber den Vereinten Nationen erlauben! Wir sehen, wie im Alltag Menschenrechte nur schwer durchzusetzen sind, obwohl sicher nicht wenig Menschen, etwa in diesem Land und auch anderswo, unter bösen Übergriffen leiden.

5.3 Die irreführende Propaganda

Vorurteile und Fehlinformationen können das Klima gegenseitiger Beziehungen tief vergiften. Sie schaffen eine Atmosphäre gegenseitiger Angst und Bedrohung. Noch schlimmer ist es, wenn eine solche Propaganda von den Medien getragen wird und ihr nicht mit kritischen Fragen widersprochen werden kann. Unter dem Vorzeichen von Verdächtigungen und hinterhältigen Beschuldigungen ist Frieden und Verständigung schon im Ansatz unterminiert.

5.3 a Israel und die palästinensischen Araber

Diesen grundsätzlichen Ausführungen wird niemand widersprechen. Sobald es aber konkret wird, muß Farbe bekannt werden. Als Beispiel soll das Verhältnis zwischen Israel und den palästinensischen Arabern dienen.
Schon diese Bezeichnung wird Widerspruch erregen. Denn diese Araber hat die PLO[36] in ihrer Charta (1964 bzw. 1968) zu einem Volk ernannt, obwohl sie sich weder in Sprache, Geschichte oder Religion von den übrigen Arabern unterscheiden. Seither hat eine die geschichtlichen Fakten ignorierende Rückdatierung eingesetzt, als handele es sich bei ihnen um die Urbevölkerung Palästinas. Dagegen hat ein arabischer Professor in den Vereinigten Staaten, Philip Hitti (noch 1946) vor einem Untersuchungsausschuß ausgesagt:»Es gibt nicht so etwas wie Palästina, – überhaupt nicht.« Und fast gleichzeitig meinte Professor John Hazam noch grundlegender:»Es gab nie eine Palästina-Frage, überhaupt kein Palästina als politische oder geographische Einheit.«[37] Der schon genannte Professor Hitti gab dafür auch den Grund an:»Dies (Palästina) ist im Bewußtsein des Durchschnittsamerikaners – und vielleicht auch des Engländers – mit den Juden verknüpft.«[38] Aber zwanzig Jahre danach entsteht auf einmal das palästinensische Volk!

5.3 b Die Charta der PLO als Kriegserklärung

Die von den Palästinensern vorgebrachte Forderung nach der Bildung eines schon (15.11.1988) proklamierten Staates wird meist unkritisch bejaht. Die Berufung auf das Selbstbestimmungsrecht scheint einleuchtend; denn es entspricht dem Völkerrecht. Doch findet eine solche Selbstbestimmung dort ihre Grenze, wo sie die Souveränität eines schon bestehenden Staates in Mitleidenschaft zieht.[39] Die immer noch gültige Charta bestimmt in ihrem Artikel 2:»Palästina ist innerhalb der Grenzen, die es zur Zeit des britischen Mandats hatte, eine unteilbare territoriale Einheit.«[40] Der Staat Palästina soll also nicht an der Seite, sondern an der Stelle Israels zustande kommen. Dies schließt eine Vernichtung Israels ein; dies ist dem Völkerrecht entgegengesetzt.
Dieses Beispiel kann sicher durch andere, in anderen Teilen der Welt vorherrschende Desinformationen ergänzt werden. Unkritische Übernahme von unrichtigen Standpunkten kann nicht friedensstiftend wirken. Informationen müssen, soweit uns dies möglich ist, überprüft werden.

Dies erfordert Zeit und Sachkenntnis. Aber es lohnt sich letztlich.

5.4 Tödliche Roheit

Als ich vor zwanzig Jahren – auf Grund meiner Erfahrungen bei straffälligen Jugendlichen – immer wieder auf die Schädlichkeit roher und gewalttätiger Darbietungen auf dem Fernsehschirm hinwies, erntete ich Kopfschütteln. Es wurde mir vorgehalten, dies sei wissenschaftlich nicht erwiesen.

5.4 a Die Gewalt auf dem Bildschirm

Heute läßt sich dies nachweisen. Aber wertvolle Zeit für eine Vorbeugung ist verstrichen. Zwei Fachberater für die Schulen in Frankfurt (Main), Gabriele Freudenberger und Werner Rothenberger, haben in einer Studie herausgestellt, daß die Gewaltbereitschaft unter den Schülern zunimmt. Brutale, unmenschliche Roheit kommt immer wieder zum Zug. Dafür nur ein Beispiel: In einer Grundschule legten drei Jungen einer Schülerin während der Pause einen Strick um den Hals und würgten sie. Das Mädchen verfärbte sich bereits, als der Lehrer aufmerksam wurde. Auf die Frage nach dem Grund dieses Tuns antworteten die Schüler: »Wir wollten mal sehen, was passiert, wenn sie blau wird.« Von allen anderen Erwägungen einmal abgesehen, müssen sich Eltern fragen, ob die Schulpflicht nicht in Frage gestellt wird, wenn die Sicherheit der Kinder so wenig gewährleistet ist.

Die beiden Fachberater sind auch der Ursache für dieses Fehlverhalten der Schüler auf die Spur gekommen – die tägliche Gewalt auf dem Bildschirm. Schon vor Jahren warnte Rothenberger vor einer solchen Entwicklung. Offenbar vergebens! »Es hat in den vergangenen Jahren eine Werteverschiebung stattgefunden« (Freudenberger). Im Klartext: Die grauenhaft unmenschlichen Szenen, die durch das Fernsehen auch ins Haus geliefert werden, sind Vorbild und Leitlinie geworden. »Nachts nistet sich die Gewalt in den Köpfen der Kinder ein. Was sie abends sehen, behalten sie zu 50 %. Heute zeigen die 14–16jährigen die Strukturen, die vor Jahren in sie hineingelegt worden sind« (so im Gutachten). Vor Jahren! Das heißt, die Pest der Gewalt hat offenbar eine beständige, durch niemand und nichts angefochtene oder unterbrochene Reifungszeit hinter sich.

Und die Eltern? Sie lassen gewähren.

5.4 b Kein Unterscheidungsvermögen zwischen Gut und Böse.

Das Ergebnis ist furchtbar; diesen Jugendlichen ist die Fähigkeit abhanden gekommen – falls sie sie je besessen haben, »zwischen Gut und Böse zu unterscheiden«. Von den Heranwachsenden wird dies als folgenschwerer Mangel empfunden. Kürzlich meinte ein achtzehnjähriger Schulsprecher: »Ihr habt vergessen, uns Normen zu geben.« Dieser schreckliche Satz trifft ins Schwarze; er klagt an. Es ist nicht damit getan, daß die zuständige Schuldezernentin fordert: »Es muß schnell etwas geschehen.« Die Fachberater können eine rasche Lösung nicht erkennen.[41]

5.4 c Längst fällige Konsequenzen

Was muß geschehen? Verbindliche Normen sind die Zehn Worte. Sie müssen den Kindern und Jugendlichen bekanntgemacht werden. Anschaulich muß deutlich werden, daß ohne das Rahmenwerk dieser Weisungen unser ganzes – auch das alltägliche – Leben im Chaos versinkt und letzten Endes jeder den anderen gefährdet und bedroht.

5.4 c 1 Das notwendige Einverständnis
Zunächst ist es erforderlich, daß die Kirche – und das heißt wir Christen – sich an die Brust schlägt und unumwunden bekennt, wie sie weithin vergessen hat, den tiefen Ernst, die unwandelbare Verbindlichkeit und auch die durch nichts aufgehobene Notwendigkeit der Gebote Gottes zu bezeugen.

5.4 c 2 Verbindlichkeit für alle
Es muß deutlich werden, daß die Zehn Gebote den Rahmen abstecken für das Verhalten aller Menschen; vor allem ist die zweite Tafel jedermann einsichtig und verständlich.

5.4 c 3 Gebote müssen gelernt werden
Die Bedeutung dieser Gebote in Predigt und Unterweisung darf um keinen Preis verstummen. Auch außerhalb des kirchlichen Rahmens muß betont werden, daß die Befolgung der Gebote die Menschlichkeit des Menschen in sich schließt; sie sind keine religiöse Sonderweisheit, sondern dienen einem achtungsvollen Umgang der Menschen miteinander.

5.4 c 4 Das Vorbild der Erwachsenen
Entscheidend bleibt das Vorbild – der Eltern, der Lehrer, auch der Vorgesetzten, überhaupt der Erwachsenen. Die Zehn Gebote können nicht wie eine Arznei neben den andern verordnet werden, ohne daß wir sie nicht selbst »einnehmen«, sie annehmen und uns daran orientieren. Es gibt keinen Abkürzungsweg, der an ihnen vorbeiführte. Das Ernstnehmen ist

der Preis, den wir – gerne! – für unsere Glaubwürdigkeit bezahlen sollten.

6. Zusammenfassung

Wie kann dieses Gebot kurz positiv formuliert und so die Ehrfurcht vor dem Leben unterstrichen werden? Antwort: »Du sollst und darfst das Leben schützen und bewahren.« Mehr noch: Solange nicht die Dunkelkammer unseres Herzens, besetzt mit hinterhältiger und offenkundiger Ichsucht, ausgeräumt und entrümpelt wird, solange diese unmenschlichen Geister nicht bezwungen und vertrieben werden, wird unter uns das Leben nicht geschützt werden, sondern unerträglich bleiben.

IV. Der Bund und der Bruch

(Zweites und siebtes Gebot)

A. Unsere Bilder – der Irrweg (Das zweite Gebot)

Schon der äußere Umfang dieses Gebotes setzt in Erstaunen. Offenbar soll erklärt werden, wo die – meist nicht beachtete – Einfallspforte für die widergöttlichen Mächte sperrangelweit offensteht. Oder anders gesagt: an welchem Punkt der Bund Gottes mit seinem Volk entstellt, empfindlich gestört und letztlich zerstört wird. Bis in unsere Zeit hat es schwerwiegende Folgen gehabt, daß dieses Gebot aus dem Katechismus der lutherisch geprägten Kirchen ausgeklammert wurde. Theologie und Kirche wurden zu leicht dadurch zur Spielwiese unserer eigenen Bilder und Vorstellungen.

1. Das Bild – unsere Einbildung

Das Verbot einer bildhaften Darstellung Gottes ist radikal und umfassend. Keine Nische wird ausgespart. Wenn wir uns den lebendigen Gott nach unserer Art vorstellen, wird der Zugang zu ihm verstellt. Ein Bild von Gott zu entwerfen und ihm so zu huldigen, bedeutet: Wir haben Gott aus unserem Gesichtskreis verloren. Wir Menschen bleiben so bei uns selbst und verspielen Gottes Nähe. Unsere Bilder von Gott vertreiben seine Gegenwart, weil dies immer nur ein Abbild bleibt. Der damit Gemeinte verschwindet; er entzieht sich unserem menschlichen Zugriff.

1.1 Der ungestüme Drang nach Sichtbarkeit

Aber gerade dieses Greifen nach einem sichtbaren Gott steckt uns allen im Blut. Die sich verzögernde Rückkehr Moses vom Berg Sinai, wo er in der Anbetung vor Gott und im Gespräch mit ihm weilt, schürt die Ungeduld. Das Volk will sichergehen. Zu Aaron gewandt ruft es: »Auf, mache uns Götter, die vor uns hergehen!« (2. Mose 32,1). Aaron geht darauf ein. Und wenn schon ein Gott, muß er herrlich sein. Gold und Geschmeide werden geopfert; das goldene Kalb wird gegossen, ein Produkt ungeheurer Freigebigkeit. Allerdings auch ein Zeichen schrecklicher Begehrlichkeit, nämlich, die Hand auf Gott legen zu können, anstatt durch seine Hand geschützt zu sein. Zugleich ist es aber auch ein Zeichen einer zu nichts führenden Lächerlichkeit, wie Jesaja das Anfertigen von Bildern Gottes beschreibt: »Wem wollt ihr denn Gott nachbilden? Oder was für ein Gleichnis wollt ihr ihm zurichten? Der Meister gießt wohl ein Bild und der Goldschmied vergoldet es und macht silberne Ketten daran. Desgleichen wer nur ein armes Opfer vermag, der wählt ein Holz aus, das nicht fault und sucht einen klugen Meister dazu, der ein Bild fertige, das beständig sei ... Wem wollt ihr denn mich nachbilden, dem ich gleich sei« (Kap. 40,18-20.25).

1.2 Gefangen in Bildern

Dieses – gestaltmäßige oder geistige – Abbilden greift tiefer als wir denken. Wir gleichen hier dem aus der griechischen Sage bekannten König Midas. Er hatte den folgenschweren Wunsch geäußert, alles möge zu Gold werden, was er berühre. Dieses tödliche Begehren wurde erfüllt; er konnte nicht einmal mehr essen.

Ist dies bei uns nicht ähnlich? Alles, was wir ansprechen, alle unsere Worte wurzeln in Bildern und Vorstellungen. Wenn wir Gott aussprechen, wird er sofort zum Bild unserer Vorstellung. Wir bleiben im Gefängnis unserer Bilder eingeschlossen – ohne den lebendigen Gott.

1.3 Bilder – Zeichen der Einsamkeit

Das Bild verhindert jede Begegnung. Mit Bildern bleiben wir auf uns selbst angewiesen – todeinsam. Ein Bild von Gott ist ein Ausdruck für die Sonderung von Gott. Es ruft eine Isolierung hervor, die wir nicht sprengen können. Mehr noch: Der Philosoph Ludwig Feuerbach hat es auf den Punkt gebracht, nämlich, daß der Mensch sich Gott zum Bilde schaffe und damit Gott nichts anderes sei als die Projektion unserer Sehnsucht auf die Leinwand unserer Wünsche. Schon lange zuvor hat der Genfer Reformator Johannes Calvin – auf Grund des biblischen Befundes festgestellt, unser Herz sei eine Götzenfabrik, weil es dauernd Bilder von Gott entwerfe.

Auf die völlige Untauglichkeit unserer Bilder für das Erfassen Gottes selbst hat François Boespflug (1980) hingewiesen: »Wenn man Gott in seiner göttlichen Natur nicht darstellen kann ... und wenn der Begriff des Bildes und der Vorstellung der Ähnlichkeit oder Entsprechung mit dem Dargestellten in sich schließt, (muß gefolgert werden): Entweder ist das, wovon es ein Bild gibt, nicht Gott oder es ist nicht wirklich ein Bild. Man muß also auf den zweideutigen Ausdruck vom ›Bild Gottes‹ verzichten.«[42]

1.3 a Neue, von Frauen geprägte Bilder?

An diesem Sachverhalt ändert auch die sogenannte feministische Theologie nichts; sie versucht, die angeblich falschen, weil männlichen Bilder durch eigene Entwürfe zu korrigieren. Die Theologin Elisabeth Molt-mann-Wendel meint: »Wir müssen Gott aus dem patriarchalischen Gefängnis befreien und viele Namen und Bilder Gottes entdecken, wieder entdecken.« Frauen werden angewiesen, »nach befreienden und heilenden Bildern zu suchen, die ›nicht durch die Mühlen männlicher Vorstellungen gedreht sind‹«.[43] Reinhild Trinkler (Zürich) sprach (1992) »von einem Versuch, ein neues Jesusbild zu gewinnen«.[44] Diese Ansätze für neue Bilder von Gott, je nach Standpunkt unterschiedlich gefärbt und akzentuiert, gleichen dem Versuch, den Wechsel von einer Zelle in eine andere innerhalb des gleichen Gefängnisses als den Weg in die Freiheit zu verkünden. Hier wird noch nicht die Breite und Weite, aber auch nicht die Tiefe des Bilderverbots erkannt.[45]

Die Katze läßt aber die neue Frauenbeauftragte der Evangelischen Landeskirche von Württemberg, Gabriele Bartsch, aus dem Sack. Von ihrer Sicht mag es noch angehen, die Gleichberechtigung zwischen Mann und Frau nicht nur in den leitenden Gremien der Kirche anzustreben und durchzusetzen. Aber greift sie mit dieser »Vision der vollen Parität in der Kirche« nicht zu weit hinaus, wenn sie erklärt: »Es geht hierbei nicht um Erbsenzählerei, sondern um eine Sprachänderung nach und nach.«[46]

Hier geht es um die Grundlagen unseres Glaubens. Muß etwa das apostolische Glaubensbekenntnis als eine Kurzfassung unseres Glaubens neben »Gott, dem Vater, den Allmächtigen, den Schöpfer des Himmels und Erde« nicht auch die Frau, die Mutter stellen?[47] Wird dies auf die Dauer nicht auch den Wortgebrauch und den Sprachschatz der heiligen Schrift selbst verändern, wenn Worte und Wörter aus der sogenannten Frauenspiritualität eingefügt werden sollen? Und wie steht es mit der weithin ungeliebten – weil nicht verstandenen – Dreieinigkeit?

2. Gott stellt sich vor

Eines muß uns bei all diesen Fragen umtreiben: Wie kommen wir aus dieser Sackgasse? Oder anders gefragt: Wer schiebt den rostigen Riegel dieses Gefängnisses zurück? Wie gelangen wir aus der Sklaverei unter unsere Bilder zur Begegnung mit dem lebendigen Gott?

Zunächst ein kleiner Hinweis. Dieses Gebot wiederholt als einziges die im Vorspruch an uns gerichtete Zusage: »Ich, der Herr, dein Gott« (2. Mose 20,5). Seine Nähe ist entscheidend. Er hat für uns Zeit und tritt für uns ein. Er bleibt treu in seinem Bund. Kern und Krone seines Bundes ist sein Name. Allein er selbst kann diesen Namen kundtun. »Da kam der Ewige hernieder in einer Wolke und trat daselbst zu ihm (Mose) und rief aus des Ewigen Namen« (2. Mose 34,5.6). Er stellt sich selbst vor, indem er uns anredet. Damit vertreibt er alle unsere Vorstellungen und Bilder.

In seiner unbegreiflichen Liebe will er uns nicht uns selbst und unseren Bildern überlassen. Gottes Liebe brennt – das ist das Siegel ihrer Gültigkeit, ist sein Eifer, wie es in der hebräischen Sprache heißt: Er läßt sein Anrecht auf alleinige Liebe und Anerkennung nicht kränken. Sonst bleiben wir krank.

3. Lehren und Lernen

Wenn Väter und Mütter, wenn Prediger und Professoren hier vor dem Zeitgeist kapitulieren, wenn sie immer wieder neue Bilder zeichnen, anstatt »den Namen, der über alle Namen ist« (Phil. 2,9) zu ehren, zu preisen und weiterzugeben, werden sie an den kommenden Generationen schuldig.

3.1 Das ausbleibende Gespräch

Was heißt das? Durch dieses Fehlen und Verfehlen des Hörens wird das Gespräch mit dem lebendigen Gott abgebrochen. Der in einem Bild eingeschlossene Gott bleibt stumm. Von daher erfolgt keine Anrede mehr. Wo die Anrede ausfällt, fehlt auch die Antwort – im Gebet zunächst, aber auch im tätigen Gehorsam. Die richtige Orientierung geht verloren. Der Zeitgeist schiebt unverblümt und ohne irgendwelche Zurückhaltung den Geist Gottes auf die Seite.

3.2 Der liebende Widerspruch

Trotzdem! Mitten in dem Chaos der vielen Meinungen will der lebendige Gott unser Herr werden, sein und bleiben. Dieses Trotzdem ist seine Gnade. Er will uns nicht so behandeln, wie wir es verdient hätten. Er will die Schuld der Eltern und der im Glauben Unterweisenden nicht ewig währen lassen; ein solcher Abbruch darf nur einige Generationen dauern. Gott selbst bricht den Abbruch unserer Beziehung ab. Das ist seine Zuwendung: Sie währt bis ins tausendste Glied.

Schon wenn wir diese Zahl wörtlich nehmen und dabei eine Generation mit vierzig Jahren ansetzen, kommen wir auf eine erstaunliche Summe; sie übersteigt die Zahl der uns durch die Geschichte überlieferten Jahre mehrfach. Daraus wird verständlich, wie diese Zahl in biblischer Zeit einer Aussage gleichkam, daß es sich dabei um eine unbegrenzte Dauer handelt. »Alles Ding währt seine Zeit, Gottes Lieb in Ewigkeit« (Paul Gerhardt; Gesangbuch 232,10). Der Bund Gottes mit seinem Volk bleibt. Die Taufe als menschliches Siegel wird nicht ungültig.

3.3 Die gültige Hausordnung

Im Rahmen diese Bundes gilt eine Hausordnung, nämlich, die Gebote zu bewahren und zu halten. Wir sind Gottes Partner im Bund. Es kommt darauf an, gemeinsam zu hören und zu lernen. Entscheidend bleibt, daß dieses Hören und Reden auf »zweier oder dreier Zeugen Mund« besteht (5. Mose 19,15; Mt. 18,16).

Lernen ist nicht nur Gegengift gegen das Entwerfen von Bildern, sondern setzt auch Zeichen des Bundes – in der gehorsamen Tat. Dafür nur ein Beispiel! Die Bergpredigt schließt: »Wer diese meine Rede hört und tut sie, den vergleiche ich einem klugen Mann« (Mt. 7,24). Dadurch können wir auch in Katastrophen fest stehen – und bestehen. Gottes Wille allein hat Bestand.

Auf die wichtige Unterscheidung zwischen Wort und Bild weist der Jurist und Theologe Jacques Ellul (1912–1994) hin: »Zwei Beobachtungen müssen in Beziehung zueinander gesetzt werden: das Eindringen der Bilder und die Entwertung des Wortes... In der modernen Gesellschaft erdrückt das Bild das Wort ... Ich will die Wirklichkeit nicht entwerten, aber die Bibel macht mich darauf aufmerksam, daß das Wort in den Bereich der Wahrheit gehört und das Bild nur dem Bereich der Wirklichkeit angehört.

Man darf das Wirkliche nicht anbeten, indem man glaubt, daß es das Wahre sei; man darf das Idol – das Bild – nicht für Gott halten. Es gibt kein Bild Gottes. Gott handelt und erschafft – einzig und allein durch sein Wort. Gott ist Geheimnis, und er ist unerkennbar, und er wählt den Weg des Wortes, um sich zu erkennen zu geben. Jesus ist das Wort, und er ist der Träger des Wortes Gottes; denn das Wort wurde Fleisch.«[48] Darum Vorsicht vor allen Bildern!

B. Das siebte Gebot

1. Die besondere Bewährungsprobe

1.1 Der Bund Gottes als Ehe

Der Bund Gottes mit seinem Volk wird immer wieder durch den Vergleich mit dem Ehebund gekennzeichnet. Vor allem die Propheten Hosea und Hesekiel unterstreichen diesen entscheidenden Punkt. Besonders augenfällig wird dies im ersten Kapitel des Hosea dargestellt. Er muß im Auftrag Gottes eine Prostituierte zur Frau nehmen (Kap. 1,2), und zwei ihrer gemeinsamen Kinder zeigen durch ihre Namen »Lo-Ruchama« (»Kein Erbarmen«, Kap. 1,6) und »Lo-Ammi« (»Nicht-mein-Volk«, Kap. 1,7), welch bösartige Konsequenzen das Nachlaufen hinter anderen Göttern nach sich zieht.

Das Volk bricht den Bund und – trotzdem! – Gott hält an ihm fest. Denn schon im zweiten Kapitel des Hosea hören wir: »O, ihr Kinder des lebendigen Gottes!« (Kap. 2,1).

1.2 Der menschliche Bund der Ehe

Die Ehe – der für das ganze Leben geschlossene Bund zwischen Mann und Frau – will unter dem Vorzeichen des Bundes Gottes mit seinem Volk Licht und Orientierung bekommen, bestehen und Bestand haben.

1.2 a Die wichtige Grundlage:

Die entscheidende Grundlage der Ehe besteht in der Initiative Gottes. Gott führt dem Adam (= der Mensch) die Eva (= das Leben) zu. Wenn dem lebendigen Gott diese ausschlaggebende Rolle beim Zustandekommen des ehelichen Bundes verwehrt und wenn er in die Szenerie einer verklärenden Feierlichkeit – auf dem Standesamt oder in der Kirche – abgedrängt wird, verfehlen Mann und Frau den Sinn der Ehe – und damit sich selbst. Der Mann nimmt sich nicht seine Frau, indem er sie ungeduldig an sich reißt. Es geht um die Einsicht, daß ein rechtes Zusammenfinden in der Ehe sich letztlich nicht ohne die Fügung und Führung Gottes (1. Mose 2,22 b und 23) vollziehen kann. Er ist der Dritte im Bunde, der nur als der Erste zu haben ist.

1.2 b Der bedeutsame Sinn

Der Sinn der Ehe ist, als ein von Gott gestifteter Bund, die Abbildung der einzigartigen Beziehung zwischen Christus und der Kirche zu sein (Eph. 5,23). Da es nur einen Gott, nur einen Christus und nur eine Gemeinde Jesu gibt, kann es nur einen Bund zwischen je einer – dieser! – Frau und je einem – diesem! – Mann geben. Ein solcher Bund bedeutet darum auch Abschied von und Verzicht auf alle anderen Bindungen, durch die der Bestand dieses Bundes bedroht, unterhöhlt und letztlich vernichtet wird.[49]

Im Sinne der Bibel ist darum die Kurzformel der Ehe: »Sie werden sein ein Fleisch« (1. Mose 2,24). Der Ausdruck »ein Fleisch« meint: Eins und eins ist eins. Anders gesagt: Mann und Frau zählen in diesem Bund der Zusammengehörigkeit nur noch als eine Person. Darin sind alle gegenseitigen Beziehungen eingeschlossen. Eine Auflösung dieses Bundes ist darum von seinem Sinn her nicht möglich. Sie ist nicht einfach die Kündigung eines gegenseitigen Vertrags, sondern bedeutet die Halbierung dieser einen Person. Eine Scheidung ist darum eine tiefgreifende Verletzung beider Partner, deren Heilung nicht einfach durch das Wagnis einer neuen Partnerwahl erfolgen kann.

1.2 c Die immerwährende Dauer

Die Unauflöslichkeit der Ehe hat ihre Wurzel in dieser von Gott gewollten Einheit. Die Partnerschaft von Mann und Frau in der Ehe ist von Gott auf Ausschließlichkeit und auf Dauer angelegt.

Die Stiftung der Ehe erfolgte im Paradies, das heißt, vor dem Zeitpunkt der folgenschweren Auflehnung des Menschen gegen Gottes Gebot.

Diese auch als Selbstbehauptung oder Selbstverwirklichung des Menschen bezeichnete Lebensweise gefährdet das Zusammenleben von Mann und Frau. In unserer aus den Fugen geratenen Welt wird unsere Ehe gelebt.

Sie bedarf eines besonderen Schutzes; die rechtliche und öffentliche Bestätigung – der oft leider geschmähte und herabgewürdigte Trauschein – sichert die Ehe nach innen – ein Paar kann auf Grund eines heftigen Streites nicht einfach auseinanderlaufen – und schützt sie auch nach außen. Verführerische Zumutungen an Ehepartner im Sinne einer Abwechslung – durch Partnertausch – stören und zerstören eine Ehe. Das Recht steckt den Rahmen ab, innerhalb dessen ein Paar – nicht unter einem harten Joch, sondern in dankbarer Freude und verantwortlicher Freiheit den großartigen Lernprozeß gegenseitiger Ergänzung und Erfüllung leben und erleben darf. Das Lernen endet erst dann, wenn der Tod diese Bindung zerreißt.

1.2 c 1 Rechtlose Partnerschaft?

Mit der so schön klingenden Aussage, eine gegenseitige Partnerschaft ohne den Schutz des Rechts, also in ungebundener Freiheit, einzugehen, überfordern sich offenbar Mann und Frau gegenseitig. Professor Zeidler aus München stellt fest (1991): »Wer das Auseinandergehen vor dem Zusammengehen einkalkuliert, der legt bereits den Grundstein für das Scheitern. Der Trennungsgedanke darf zu Beginn einer auf Dauer angelegten und auf Harmonie gegründeten Verbindung keine Rolle spielen. Dies gilt ebenso für konventionelle Ehen wie für Gemeinschaften ohne Trauschein.«[50] Nur mit dem Unterschied, daß es Partnern einer vor dem Standesamt geschlossenen Ehe schwerer fällt, einfach auseinanderzulaufen; gerade dadurch wird es ihnen aber bei Störungen leichter gemacht, zu der ersehnten Gemeinschaft sich wieder zusammenzufinden.

Der fehlende Trauschein ist keine Garantie für dauerhaftes Zusammenbleiben. Es hat sich ergeben, daß nach zehn Jahren nur noch sechs solcher Paare beieinander waren, während sich die »unerprobten« Frauen und Männer als ungleich ehestabiler erwiesen; von ihnen waren nur 27% innerhalb von zehn Jahren zum Scheidungsrichter geeilt. Dies trifft offenbar für einen längeren Zeitraum zu (1991): »Während von den ›unerprobten‹ Paaren des Hochzeitsjahrgangs 1950 noch 90% ihre Silberhochzeit feiern konnten, trennten sich deren Kinder (Ehejahrgang 1977) bereits dreimal so schnell, obwohl ein beachtlicher Teil von ihnen mehr oder minder lange Zeit ›zur Probe‹ zusammenlebte.«[51]

1.2 c 2 Die normale Frucht der Ehe

Sie besteht im Zeugen und Gebären von Kindern sowie in der dauernden Bemühung, diese durch Vorbild und Wort zu Menschen zu erziehen, die diesen Namen verdienen. Das Zeugen und Gebären ist ein verantwortlich zu vollziehender Vorgang, der nach dem Zeugnis der Heiligen Schrift (1. Mose 1,28) unter dem Vorzeichen des Segens und darum nicht des Übels oder der Schande steht.

Grundsätzliche und dauernde Ablehnung von Kindern in einer Ehe ist ein klarer Widerspruch gegen die Anordnung Gottes. Dies wirkt sich auch im Blick auf den Solidaritätspakt zwischen den Generationen als eine durch nichts zu überbietende Eigensucht aus. Im Alter müssen diese Mitbürger nämlich durch die Arbeit von Kindern aus anderen Ehen versorgt werden.

Ein vorschnelles Urteil darf hier jedoch nicht gefällt werden. Zwei Ausnahmen müssen bedacht werden. Es gibt Paare, die von Herzen gern Kinder hätten, aber keine bekommen können. Und fürs zweite: Andere Paare wollen keine Kinder haben, weil sie um ihre eigene Erbbelastung wissen und diese nicht auf ihre Kinder übertragen wollen. Dabei muß unterstrichen werden: Solche kinderlose Ehen sind und bleiben vollgültige Ehen. Sie zeigen nur an, was eine Ehe mit Kindern vor deren Geburt war und nach dem Erwachsensein wieder sein wird: ein Bund zu zweit, der sich genügt.

Zahl und zeitlicher Abstand der Geburt der Kinder gehören in den Bereich der Verantwortung der beiden Partner. Die hier angewandten Mittel sind zweitrangiger Natur. Entscheidend ist, daß sie nicht gesundheitsschädlich sind – weder für die Frau noch für den Mann – und die Würde der beiden Partner nicht antasten.

Im Auftrag der Ehe, auch Kinder zu bekommen, ist ein klares und deutliches Nein zu allen gleichgeschlechtlichen Partnerbildungen enthalten. Sie stehen in einem klaren Gegensatz zu dieser von Gott gewollten – und darum auch gesegneten – Lebensgemeinschaft zwischen Mann und Frau.

1.2 c 3 Der öffentliche Beginn. Das Recht des Staates

Der Beginn einer Ehe hängt mit ihrer besonderen Achtung innerhalb der Gesellschaft zusammen. Er muß in aller Öffentlichkeit erfolgen. Denn der Ehe gilt ein besonderer Schutz. Darum ist das rechtliche Zusammenfügen je einer Frau und je eines Mannes – in Gegenwart von Zeugen – der Beginn einer Ehe; die unerläßlich zu einem solchen Vorgang gehörenden Fragen an die Eheleute und die Antwort der Zustimmung sowie ihre Protokollierung durch ihre Unterschrift verleihen dem hier geschlossenen Bund seine Gültigkeit – und im Sinn des Evangeliums seine Endgültigkeit.

1.2 c 4 Die kirchliche Trauung

Die in der Kirche vollzogene Trauung erinnert die Eheleute daran, daß der lebendige Gott selbst diesen Bund segnen, leiten und begleiten will, und daß er zu diesem Bund steht in unverbrüchlicher Treue. Seine Treue will uns fähig machen und willig erhalten, daß wir uns trauen, einander treu zu bleiben. Mehr noch: daß wir gehalten werden durch diese Treue, die uns noch hält, wenn wir untreu werden. »Er kann sich nicht verleugnen« (2. Tim. 2,13). Denn Gottes Treue ist das Siegel der Vergebung.

1.2 d Die Chance der Vergebung

Was aber, wenn die Treue gebrochen und der Bund dadurch zerbrochen wurde? Gibt es aus dieser Sackgasse eine Umkehr nach vorne, die mehr ist als unsere – oft sehr inhaltslosen – Beteuerungen, die in dem Maß an Gewicht verlieren, als sie wiederholt werden? Das erneute Vertrauen nach einem Bruch der Treue läßt sich von uns nicht wiedergewinnen, ist doch unser eigenes Bemühen mit dem Makel der Fragwürdigkeit gezeichnet.

Vergebung ist – leider! – ein Ausdruck geworden, der einen bösen Kurssturz erfahren hat, und darum immer wieder neu in die Nähe des Verschweigens und Verdrängens gebracht wird. Vergeben – dazu gehört einmal, das Versagen offen auszusprechen gegenüber dem jeweiligen Partner und nicht darauf zu warten, bis unser Schweigen von anderer Seite gebrochen wird.

Der Mut zu einer solchen Ehrlichkeit ist ein entscheidendes Kennzeichen der Bereitschaft zu einem neuen Anfang. Dazu gehört auch das Eingeständnis unserer eigenen Ohnmacht, gegen die wir uns sträuben; wir wollen uns nicht dem Partner ausliefern. Gerade ein solcher Schritt kann aber als letztes, ein dringliches Suchen nach einer Wiederanknüpfung an die verspielte Treue sein. Es ist ein schmerzender, bitterer Preis. Er kann nicht ermäßigt werden.

Darum gilt es, die Vergebung schon vor einer solchen – hoffentlich vermeidbaren – Katastrophe einzuüben. Dazu ermutigt uns Paulus: »Vergebet einer dem anderen ...« (Eph. 4,32). Bei allen oft schwierigen Belastungen und bösen Mißverständnissen in der Ehe bewirkt dies eine lebendige Hoffnung – voreinander und durcheinander den Zuspruch der befreienden Vergebung zu erhalten.

Der Grund für ein solches Vertrauen: »gleichwie Gott euch vergeben hat in Jesus Christus«. Jesus Christus hat die gegen uns gerichtete Anklageschrift durchgestrichen, indem er sie an sein Kreuz geheftet hat (Kol. 2,14). Dort ist die Anklage »gestorben«; niemand soll sie wieder »aufwecken«. Denn weil das Lamm – Jesus Christus – die Sünde weggetragen hat (Joh. 1,29), dürfen wir nicht nur von der Schuld befreit werden, sondern auch frei werden füreinander – zu einem neuen Anfang.

1.2 e Das Recht als hilfreicher Rahmen

1.2 e 1 Das Recht als Hilfe
Das Jasagen von Mann und Frau zueinander geschieht in dieser Welt. Eine solche Verbindung ist ohne verbindliches Recht nicht denkbar. Es stellt den Rahmen dar, der uns Schutz gewährt. Denn das Zusammenleben von Mann und Frau findet in keinem rechtsfreien oder gar rechtlosen Zustand statt.

Formulieren wir es ganz einfach: Liebe gedeiht und entfaltet sich nur auf der Grundlage gegenseitiger Treue. Das Trauen und Vertrauen wird eingeübt; das Mißtrauen wird überwunden, ja ausgeschaltet. Das durch tägliche Erfahrung bestätigte Sich-Trauen führt zu dem Entschluß, sich trauen zu lassen. Dieses vor dem Standesbeamten gegebene öffentliche Ja ist zugleich das durch die Gesellschaft anerkannte Siegel der Gültigkeit. »Die oder der hat sich mir zugesellt« (vgl. 1. Mose 2,23.24). Dies ist zugleich ein Schutz- und Warnschild, in diese Gemeinschaft nicht einzubrechen. Das Tragen von Ringen ist dafür ein sichtbares Zeichen; die Ehe – gleichnishaft dargestellt durch den runden Ring – ist eine geschlossene Gesellschaft.

Das Recht ist eine hilfreiche, ein solches Paar zusammenhaltende Klammer. Die Andersartigkeit von Mann und Frau schließen verschiedenartige Konflikte in sich, die oft recht spannungsgeladen sein können; deren Ursachen reichen oft weit über bloße Mißverständnisse hinaus. Hier gilt es voneinander und miteinander zu lernen, sich geduldig auszuhalten, und vor allem aufeinanderzuzugehen. Dieser oft schwierige Lernprozeß kann durch den festen Rahmen des Rechts gefördert werden: Partner können nicht einfach auseinanderlaufen und dabei lernen, Lebensgefährten, Gefährten für das ganze Leben zu werden. Flucht löst keine Fragen. Sie verschleppt sie nur.

1.2 e 2 Partner ohne Trauschein?
Im Augenblick wird dies weithin anders gesehen. Das Zusammenziehen ohne Trauschein ist große Mode. Diese Art von Miteinander gibt sich oft als das bessere, weil durch keinen Zwang geprägte Zusammenleben aus.

Dreierlei scheint hier vor allem gepriesen zu werden. Einmal die Freiheit, in der sich Mann und Frau ohne rechtliche Vorschriften begegnen können. Bildet diese Freiheit als Verzicht auf eine öffentlich eingegangene Verbindung nicht eine Art von Hintertüre, die wir uns offenlassen, um gegebenenfalls ohne alle weiteren Umstände auseinanderzuziehen? Zweitens wird hier das Recht als Zwang in Mißkredit gebracht. Täuschen sich solche Partner nicht über das Gewicht des Rechtes im normalen, alltäglichen Ablauf der Ehe? Es ist kein Tyrann, sondern vielmehr der treue Hüter, der ein zu rasches, weil unbesonnenes Auseinandergehen verhindert – und bei Konflikten auch mehr Zeit und die Chance für das Wiederzusammenraufen bietet. Schließlich die Wortwahl: Bis in die Ebene der hohen Politik werden solche nicht verheirateten Frauen oder Männer als Lebensgefährtin bzw. -gefährte vorgestellt. Was soll dieser Sprachgebrauch? Warum sind einander auf Lebenszeit angetraute Partner keine Lebensgefährten? Und warum wird dieser schöne und würdige Ausdruck ausgerechnet den auf Abruf eingestellten Partnern zugeteilt? Dieser unter uns um sich greifenden Sprachverwirrung sollte Einhalt geboten werden – auch deshalb, weil sie – mittelbar – auch eine ungute Verunglimpfung jedes Ehepartners ist.

1.2 e 3 Ohne Recht – und doch Rechtsanspruch?

Noch in einer ganz anderen Beziehung muß hinter diese Partnerschaften ein dickes Fragezeichen gesetzt werden. Sie sind aufgebrochen in ein Neuland, in dem sie meinten, abseits von jeden rechtlichen Regelungen nach ihrem eigenen Geschmack leben zu können.

Das ist eine Selbsttäuschung, und so mehren sich Stimmen – aus dem Kreise solcher Partnerschaften -, die auf einmal Anspruch auf rechtliche Gleichstellung mit Ehepaaren stellen. Ulrike Zielke hebt hervor: »Schon mehren sich die merkwürdig widersinnigen Forderungen nach rechtlicher Gleichstellung verheirateter und unverheirateter Paare. Widersinnig deshalb, weil doch gerade der Verzicht auf ein rechtliches Korsett nach dem erklärten Selbstverständnis der also lose Verbandelten den besonderen Pfiff solcher Partnerschaften ausmachen soll.«[52] Das Bonner Justizministerium hat – bis jetzt – allen solchen Forderungen eine glatte Absage erteilt, mit der einleuchtenden Begründung: »Wer seine Zweisamkeit gesetzlich geregelt sehen möchte, dem bietet der Staat ein bewährtes Modell – die Ehe.«[53] So der damalige Staatssekretär in diesem Ministerium und heutige Außenminister Kinkel.

Daß die Fragen nach dem Recht notwendigerweise entstehen, liegt darin begründet, daß wir nicht in einem rechtsfreien Raum leben. Denken wir doch nur daran, wie ungeschützt beide Partner dastehen, wenn eine Trennung erfolgt. Wem gehört was? Was ist mit der Wohnung? Und wenn Kinder geboren werden, liegen sie nicht der Mutter auf dem Hals, es sei denn, hier meldet sich schon wieder das Recht, daß eine solche Frau ihren ehemaligen Partner auf Alimente verklagt.

Kinder sind in einer solchen Partnerschaft meist nicht vorgesehen. Bei einer solchen Partnerschaft geht es im allgemeinen um die Lust und die Freude aneinander, ohne eine solche Verantwortung auf sich nehmen zu müssen.

1.2 e 4 Heiraten mit Verlust der Rente?

Noch ein anderer Punkt muß erwähnt werden. Ältere Menschen, Frauen und Männer, die zumeist verheiratet gewesen sind und viel für den Aufbau unseres Landes geleistet haben, entdecken nach dem Tod ihres Ehepartners – zu Hause oder im Heim – einen neuen Partner oder eine neue

Partnerin; sie möchten aus ihrer Einsamkeit ausscheren, würden wohl auch gerne heiraten – aber da ist die Rente, die eine Frau verlieren würde, die sie sich als Gattin ihres (verstorbenen) Mannes durch ihre Arbeit im Haushalt und in der Erziehung der Kinder erworben hat. Es ist zu fragen: »Muß eine Frau ihre Rentenansprüche verlieren – und damit auch ihre Selbständigkeit -, wenn sie erneut heiratet?«[54] Wird dadurch nicht ein Zusammenziehen ohne Trauschein gefördert, der bei nicht wenigen ein ungutes Gefühl wie einen schmerzenden Widerhaken zurückläßt? Es ist an der Zeit, dies in einem guten Sinne zu regeln.

2. Zusammenfassung: Die Ehe als Chance

Die Begegnung von Mann und Frau und ihr gegenseitiges Verhältnis ist im Bund der Ehe gut aufgehoben. Sie ist auf Einheit und auf Dauer angelegt. Dies darf unter uns nicht beschädigt werden. Die Leidtragenden sind dabei Frau und Mann, und wenn vorhanden, auch die Kinder.

Weil uns Gott seine Nähe in seinem Bund anvertraut, weil er – trotz allem – uns in Jesus Christus die Treue hält, können wir im Rahmen des Ehebundes gegenseitig Vertrauen üben und Treue lernen. Darum kurz gesagt: Wir dürfen trauen lernen – Gott selbst und einander. Das ist unsere Freude – und Chance.

3. »Artgemäßes« Verhalten als Versuchung

Dieser Titel über das Kapitel der gleichgeschlechtlichen Liebe ist mit Absicht so gewählt. Der Ausdruck »artgemäß« hat vor sechzig Jahren theologisches Gewicht bekommen, als unter dem Einfluß der nationalsozialistischen Weltanschauung manche Kirchen, Theologen und nicht wenige Christen das Evangelium den damals herrschenden Gedanken angleichen wollten. Es führt immer zu einer Kapitulation vor dem Zeitgeist, wenn wir uns so von den Strömungen der herrschenden – veröffentlichten – Meinung mitreißen lassen. Ein Kennzeichen der jedermann geltenden Frohen Botschaft der Bibel besteht auch in dem Mut, gegen den Strom zu schwimmen.

Die Versuchung – und darum auch der Versuch – ist offenbar immer groß, sich vor dem Zeitgeist zu verneigen und zu verbeugen. Darum warnte Paulus in seinem 2. Timotheusbrief: »Es wird eine Zeit kommen, da sie die gesunde Lehre nicht leiden werden, sondern werden sich selbst Lehrer aufladen, nach denen ihnen die Ohren kitzeln und werden ihre Ohren abwenden von der Wahrheit und sich Mythen zuwenden. Du aber sei nüchtern allenthalben« (4,3.5). Diese nüchterne Sachlichkeit der Beurteilung kann nur gewonnen werden, wenn wir auf die unverkürzte biblische Wahrheit hören. Auf sonst nichts! Daran muß sich messen lassen, was von der Frage der Gleichgeschlechtlichkeit zu halten ist.

3.1 Die Bibel als Maßstab

3.1 a Die klaren Aussagen im ersten Teil der Bibel

Zunächst darf noch einmal daran erinnert werden, daß nach dem Bericht der Bibel Mann und Frau als gegenseitige Ergänzung und auf Dauer füreinander bestimmt sind. Sie zählen als eine Person (1. Mose 2,24).

Dabei darf nicht ausgeblendet werden, daß die aus dieser Gemeinschaft entstehenden Kinder wesensmäßig diesem Paar anvertraut sind (1. Mose 1,28). Eine Ehe kann Kinder grundsätzlich nicht ausschließen; sie ist keine Einrichtung zu gegenseitigem Lustgewinn, sondern die beiden Partner übernehmen mit diesem Schritt auch Verantwortung für die kommenden Generationen.

Aussagen der Bibel über die Gleichgeschlechtlichkeit sind eindeutig: Sie wird klar mißbilligt – im ersten wie im zweiten Teil der Bibel. Diese Frage darf nicht auch noch dazu mißbraucht werden, einen Keil zwischen die beiden Teile der Heiligen Schrift zu treiben.

Die wenigen Stellen reden eine deutliche Sprache. »Du sollst nicht bei einem Manne liegen wie bei einer Frau; es ist ein Greuel« (3. Mose 18,22). Dieses wird an einer anderen Stelle (3. Mose 20,13) noch verschärft: Dort wird festgelegt, daß »dieser Greuel« mit dem Tod geahndet werden soll.

Dazu muß zweierlei bemerkt werden. Diese Art von Liebe ist etwas Abscheuerregendes.[55] Kein Wort oder auch nur eine leise Andeutung sind vorhanden, daß eine solche Verhaltensweise zunächst mit Götzendienst gleichgesetzt wurde, um diese Praxis – so sicher die Absicht der Schrift der Evangelischen Kirche im Rheinland (1992) – nach der Überwindung dieser Götzenabhängigkeit durch das Evangelium als zumindest annehmbar zu bezeichnen.[56]

Muß nicht gefragt werden, ob ein derartiges Tun, hier als Gewohnheit des Heidentums bezeugt,[57] nicht als eine Angleichung an heidnische Lebensart bewertet werden muß?

Dazu ein zweites: Daß wegen gleichgeschlechtlicher Liebe Todesurteile ausgesprochen wurden, wird in der Bibel nicht bezeugt. Muß aber die Androhung dieser Strafe nicht zumindest bedeuten, daß solche Praktiken innerhalb des von Gott zu seinem Dienst berufenen Volkes keinen Platz haben konnten?

Wie stark ein solches Handeln in der Bibel verfemt war, geht auch aus der bösen Geschichte von Sodom hervor, nämlich, daß Lot um keinen Preis in das üble Begehren der Bürger von Sodom einwilligt, mit seinen Gästen gleichgeschlechtliche Liebe zu treiben und dafür lieber das – uns heutigen Menschen unverständliche, aber abgelehnte – Angebot macht, mit zwei noch unberührten Töchtern geschlechtlichen Umgang zu pflegen (1. Mose 19, 5-8; vgl. Jud. 19,22-26).

3.1 b Das Zeugnis im zweiten Teil der heiligen Schrift

Auch im zweiten Teil der Bibel findet sich keine Stelle, durch die auch nur andeutungsweise der Homosexualität die Tür geöffnet würde. Paulus bezieht eindeutig Stellung; eine nicht unwichtige Folgeerscheinung der Abkehr vom lebendigen Gott ist »ein eitler Wahn und ein unverständiges Herz« (Röm. 1,21). Und worin äußert sich unter anderem diese Entfremdung? Darin, daß sie – Frauen zuerst, aber auch die Männer – den natürlichen Verkehr in einen widernatürlichen verwandelten (1,27). Dieses Verhalten wird ohne Umschweife als »Verirrung« bewertet; denn dieses Tun ist zu einem Einfallstor für böses, die Täter wie die Opfer schädigendes Treiben geworden (1,29-31). Ja, sie finden an dieser von Gottes Weisung abweichenden Art (Ab-Artigkeit) auch noch Gefallen.

Der bekannte Theologe Roger Mehl (Straßburg) unterstreicht dies: »Auch wenn man sich nicht darauf beschränkt, allein die Homosexualität zu verurteilen, so bedeutet das in keiner Weise, ihren perversen Charakter herabzumindern. Trotz seiner soliden griechischen Bildung verwendet Paulus das Wort ›Natur‹ nur selten. Aber er greift hier auf dieses Wort zurück, um anzuzeigen, daß ein solcher Gebrauch des Leibes ›gegen die Natur‹ (Röm. 1,26.27) ist, das heißt, er überschreitet eine Grenze, die Gott der Schöpfer gezogen hat.«[58]

Von diesem Zeugnis her ist es nur konsequent, wenn Paulus im 1. Korintherbrief die die Gleichgeschlechtlichkeit Praktizierenden einreiht unter die Menschen, die »das Reich Gottes nicht ererben werden« (6,9,10). Diese Aussage wird von einer Warnung und einer erfreulichen Feststellung eingeklammert. Einmal hören wir: »Irret euch nicht!« (6,9). Offenbar war schon damals das Gerede von einer billigen Gnade im Umlauf, als könnte durch sie der Verstoß gegen Gottes Gebote schöngeredet und so zugedeckt werden, ohne daß es zu einer Änderung unseres Verhaltens gekommen wäre. Und das zweite, was nicht übersehen werden darf: »Und das sind einige von euch gewesen« (6,11). Gewesen! – das heißt, durch das Eingreifen Gottes in Taufe, Wort und Heiligem Geist ist die tatsächliche Befreiung erfolgt. Daß die Schatten dieser Versuchung die Kirche auch in ihrer Frühzeit begleitet haben, geht daraus hervor, daß im späten 1. Timotheusbrief (1,9) auch die »Knabenschänder« unter den Menschen erwähnt werden, die praktizieren, was »der gesunden Lehre entgegensteht.«[59]

3.1 c Heilung als Hohn?

Die im 6. Kapitel des 1. Korintherbriefes angesprochenen Glieder der Gemeinde, die der gleichgeschlechtlichen Verirrung anheimgefallen waren, konnten einen Schlußstrich ziehen. Befreiung ist erfolgt; Heilung ist ihnen widerfahren.

Auf einer Tagung in der Akademie Bad Boll (27.–29.5.1994) bestand offenbar Einigkeit darin – es wird nicht gesagt, ob diese Einigkeit auch über den Kreis der Gleichgeschlechtlichen hinausgriff –, daß »die Veränderung der sexuellen Orientierung nicht der Weg sei, die immer wieder als ›Heilung‹ nahegelegt wird« ... »das wäre seelischer Selbstmord, Selbstverkrüppelung«.[60]

Es geht jetzt nicht darum, welch tiefe Not in solchen Aussagen offenbar wird. Es muß aber ernsthaft gefragt werden, ob ein solches Verhalten der biblischen Botschaft entspricht. Ist nicht ein Grad von bestürzender Verlassenheit erreicht, wenn jemand sagen kann: »Die reden immer nur von Sünde und Heilung. Ich will aber nicht geheilt werden. Ich bin doch nicht krank.« Wie schrecklich einsam muß es in einem Menschen aussehen, wenn er schon die Chance einer Umkehr und Rettung im Grundsatz von sich weist! Oder klingt es nicht wie ein Hohn auf die in der Bibel bezeugten Rettungstaten Gottes, wenn jemand sagen kann: »Ja, ich bin schwul, das war eine Befreiung für mich. So habe ich die befreiende Kraft des Evangeliums (!) erfahren.«[61] Besteht die Macht des Retters Jesus Christus darin, daß er uns dort läßt, wo wir gebunden sind? Was würde es bedeuten, wenn als Konsequenz aus dieser Einstellung Alkoholabhängige oder Drogensüchtige so argumentieren würden?

Eine andere Frau meinte: »Man kann jemand mit Bibelstellen totschlagen.«[62] Die Botschaft der Bibel schlägt nicht tot. Sie rettet. Aber sie läßt sich nicht nach dem Zeitgeist verbiegen. Sie will aus den Ketten befreien, die uns fesseln. Diese Frau hat mit ihrer merkwürdigen Gegenwehr verstanden, daß es beim Evangelium um Leben oder Tod geht. Viel einfühlsamer Takt, hingebungsvolle Liebe und feines Gespür sind nötig, um dieses feste Eis bedrückender Unbußfertigkeit oder stillschweigender Verhöhnung der Macht Jesu Christi aufzutauen.

3.2 Abweichende Meinungen

3.2 a Angeborene Gleichgeschlechtlichkeit?

Das schon zitierte Papier der Synode der Evangelischen Kirche im Rheinland muß noch einmal erwähnt werden, legt es doch den Gemeinden eine Aussage zur Prüfung vor, die eine Berechtigung der Homosexualität innerhalb der Kirche anzuerkennen bereit ist. Schon der eingeschlagene Weg dieses Papiers ist mit einem Fragezeichen zu versehen, schließt er doch ein bedenkliches Gefälle in sich. Er beginnt mit einem bewegenden Bericht über die »homosexuell lebenden Christinnen und Christen«[63], um sich dann den Aussagen der Humanwissenschaften zuzuwenden. Diese werden unter anderem zitiert: »Es besteht weitgehend Einigkeit darüber, daß konstitutionelle Homosexualität unaufhebbar und therapeutisch nicht korrigierbar ist.«[64]

Außerdem wird die Aussage als unbegründet abgewiesen, als müsse man »Angst haben vor einer möglichen Verführung junger Menschen, homosexuell zu werden«.[65] Dagegen lege ich Widerspruch ein. In meiner fast 25jährigen seelsorgerlichen Erfahrung im Vollzug hatte ich es auch mit Jugendlichen zu tun, die in dieser Hinsicht geprägt waren; es ist mir kein einziger Fall bekannt geworden, der nicht seinen Ursprung in einer Frühverführung durch erwachsene Männer gehabt hätte.

3. 2 b Ungesicherte Behauptungen

Aus diesen Vorgaben wird – trotz des entgegenstehenden biblischen Befunds – in dem Düsseldorfer Papier der Schluß gezogen: »Anlagebedingte Homosexualität, partnerschaftliche homosexuelle Praxis und homosexuelle Liebe nimmt die Bibel nicht wahr.«[66] Natürlich nicht, weil für die Bibel feststeht, daß derartige Praktiken dem Plan Gottes mit uns Menschen entgegenstehen und eine Importware aus dem Heidentum sind.

Dazu kommt, daß die Humanwissenschaften den Nachweis schuldig bleiben, an welchen Kriterien eine sogenannte anlagebedingte Gleichgeschlechtlichkeit von einer erworbenen sich unterscheiden läßt. Kann so die Behauptung einer Anlagebedingtheit nicht zu leicht zum Alibi werden, mit der Homosexualität sich abzufinden, die man sich auf diese oder jene Weise angeeignet hat? Einer der am meisten renommierten Gerichtsgutachter in Deutschland, Professor Dr. Wilfried Rasch, hat in einem Interview auf die Frage, ob Pädophilie angeboren sei, geantwortet: »Nein, angeboren ist das genausowenig wie Homosexualität.«[67]

3.3 Biblische Begründung für die Homosexualität?

Natürlich hat das oben genannte Papier der Evangelischen Kirche im Rheinland auch nach einer biblischen Begründung gesucht. Bedenklich erscheint allerdings, daß die theologische Aussage in die Rolle eines Lakaien gedrängt wird, die eine schon vorher feststehende Behauptung rechtfertigen soll. Diese Reihenfolge – persönliche Betroffenheit, These der Humanwissenschaften, Aussagen der Theologie – muß in einer Sackgasse enden.

Es ist erstaunlich, wie in diesem von der Synode vorgelegten Papier eine biblische Basis für die Gleichgeschlechtlichkeit gesucht – und auch gefunden wird. Im ersten Korintherbrief setzt sich der Apostel Paulus mit der Frage auseinander, wie Frauen, die zum Glauben an Jesus gekommen sind, sich zu ihren Ehepartnern verhalten sollen, die diesen Schritt (noch) nicht vollzogen haben. In einer feinen seelsorgerlichen Pointe überläßt Paulus in seinem Rat dem nicht-christlichen Partner die Initiative über das weitere Zusammenleben oder die Trennung (7,12-16). In diesem Zusammenhang fällt die Aussage: »Nur, wie der Herr einem jeden zuteilt, wie Gott einen jeden berufen hat, so wandle er« (7,17). In völliger Freiheit gilt es zu fragen und auch zu entscheiden, ob die Berufung zum Glauben an

Jesus Christus und die dadurch erfolgte Eingliederung in die Gemeinde eine Trennung nötig macht oder ob eher ein weiteres Beieinanderbleiben für dienlich gehalten wird. Diese Frage wird in den nachfolgenden Versen (7,18-24) auch auf das Verhältnis zwischen Juden und Nichtjuden, Sklaven und Freien ausgedehnt, wobei das entscheidende Vorzeichen die Berufung zum Eigentum Jesu Christi ist. Darum ergeht an alle Glieder der Gemeinde die Mahnung, sich ja niemandem, keinem Menschen, als höriger Sklave unterzuordnen (28).

Wie aus diesem Text die Gleichgeschlechtlichkeit gerechtfertigt werden soll, bleibt einem nüchternen und unbefangenen Bibelleser ein nicht ergründbares Rätsel. Ist Homosexualität eine Berufung Gottes wie die Ehe oder die Ehelosigkeit? Oder wird sie gestattet im Rahmen des Gemeindeaufbaus? Wir hören in dem schon mehrfach genannten Papier die verblüffende Aussage: »Unter diesem Kriterium können denn auch Christinnen und Christen im Rahmen ihrer homosexuellen Veranlagung die ihnen verliehenen Gnadengaben erkennen.«[68] Wie reimt sich dies mit dem schon geäußerten Urteil des Paulus über die Homosexualität? Im vorangehenden Kapitel hat er dieses Verhalten als mit der Existenz eines Christen unvereinbar angeprangert und die Befreiung von diesen Praktiken als entscheidende Frucht der Zugehörigkeit zu Jesus Christus gepriesen. Und jetzt soll auf einmal die Homosexualität unter dem Vorzeichen des Gemeindeaufbaus als eine von Gott ausgehende Berufung gelten? Das verstehe, wer will. Der Text gibt eine solche Begründung nicht her.

3.3 a Gleichgeschlechtlichkeit als Schöpfungsvariante?

Trotzdem wird unverdrossen die Möglichkeit homosexueller Liebe in der Kirche vertreten als eine Lebensart, die durch das Evangelium gedeckt sei. Aus der Fülle des Materials seien nur drei Beispiele angeführt, die uns beunruhigen müssen. Ernst Werner Kleine glaubt in der Homosexualität »eine gleichberechtigte Schöpfungsvariante anerkennen«[69] zu müssen und begründet dies damit, daß »nach Luther die Ehe ›ein weltlich Ding‹« sei (ebenda). Daraus zieht er die bestürzende Folgerung: »Die Forderung nach Sexualität in der Ehe kann nicht zu einem Glaubensartikel erhoben werden« (ebenda). Die Ablehnung einer kirchlichen Bevormundung der Ehe hat doch keinen gebotsfreien Raum innerhalb der vom Evangelium geprägten Nachfolge geschaffen. Gottes Gebot für unser Verhalten bleibt verbindlich. Mit welcher biblischen Begründung soll der sexuellen Freibeuterei das Wort geredet werden? Die liebende Beziehung zwischen Mann und Frau ist auf gegenseitige Treue und immerwährende Dauer angelegt; dieses köstliche Gut darf nicht durch ungezügelte Willkür und schlimme Hörigkeit verspielt werden. Der Rahmen der Ehe als Schutz hat eine bewahrende Funktion.

3.3 b Homosexualität – eine kirchliche Lebensform?

1992 hatte die »Vereinigung der württembergischen Vikarinnen und Vikare« die Meinung vertreten, daß die Kirchenleitung über eine gesetzliche Regelung »die Privatsphäre von kirchlichen Mitarbeitern zu disziplinieren versuchen«. Darum wurde es als untragbar kritisiert, daß innerhalb der Kirche Ehe und eheloses Leben als einzige Lebensform vorgeschrieben werden. Nach ihrer Ansicht kann Sexualität als Teil der Schöpfung sowohl in hetero- als auch in homosexuellen Ausprägungen gestaltet werden.[70] Also Gleichgeschlechtlichkeit im gleichen Rang wie die von der Bibel gewiesene Partnerschaft von Mann und Frau? Wie kann eine solche Meinung verbindlich sein, wenn sie damit mittelbar die in der Bibel (1. Mose 1,28) dem ersten Menschenpaar, einem Mann und einer Frau gemachte Einladung zur Fruchtbarkeit einfach ausklammert? Und woher leitet dieses Votum sein verbindliches Gewicht ab, wenn es der Kirchenleitung – zu Unrecht! – vorwirft, daß in der Kirche Tätige »diszipliniert« werden dadurch, daß sie von ihren Mitarbeitern ein Mindestmaß an biblischer Orientierung verlangt?

Geben wir noch einmal dem evangelischen Theologen Roger Mehl (Straßburg) das Wort: Er hat den Mut, auf notwendige Konsequenzen aufmerksam zu machen. Nachdem er ausdrücklich gegen jede rechtliche Benachteiligung der Homosexuellen Stellung bezogen hat und vor jeder Verdrängung dieser Gruppe in ein Ghetto warnt, hebt er hervor, daß sie wegen ihrer geschlechtlichen Besonderheit verschiedene Berufe nicht ausüben sollten. Dabei zählt er auf: »Erzieher, Verantwortliche für Jugendorganisationen und Ferienlager, Lehrer (je nach Alter der Schüler) und selbstverständlich Pfarrer ...« Der Ausschluß von bürgerlicher und kirchlicher Trauung geht nicht weit genug.[71] Die Auswahl der genannten Personengruppen ist klar; die Ausübung eines Berufes soll nicht in Frage kommen, wo es – von daher – zu Kontakten mit Jugendlichen kommt.

3.3 c Heimatrecht der Homosexualität auch bei kirchlichen Amtsträgern?

Waren die bisher vorgebrachten Äußerungen noch Aussagen von Einzelpersonen oder Gruppen innerhalb der Kirche, so wiegt es schwerer, wenn eine leitende Persönlichkeit der Kirche zu diesem Problem Stellung nimmt. Die Bischöfin Maria Jepsen (Hamburg) hat sich für mehr Toleranz eingesetzt und ist dafür eingetreten, homosexuelle Lebensgemeinschaften von Pastoren kirchenrechtlich anzuerkennen. Sie meinte: »Ich bin für eine Änderung der Pfarrergesetze, die solche Verbindungen untersagen.« Sie begründet es damit: »Die Homosexualität ist weder sündhaft noch krankhaft.« Daraus zieht sie den Schluß, es sei »unmenschlich und unchristlich, diese Lebensgemeinschaft zu unterdrücken.«[72] Erlaubt muß die Frage sein, welcher biblische Maßstab diesen Aussagen zugrunde gelegt wurde. »Weder sündhaft noch krankhaft«? Was aber dann? Warum ist es »unmenschlich und unchristlich, solche Lebensgemeinschaften zu untersagen»?

Schon dieser Satz unternimmt den Versuch, jeden Widerspruch gegen die Homosexualität mit dem Stigma der Unmenschlichkeit zu brandmarken. Dabei geht es hier gar nicht um die Frage einer Zulässigkeit der Gleichgeschlechtlichkeit, sondern darum, ob diese in der Heiligen Schrift nicht vorgesehene, sondern durchweg abgelehnte und verurteilte Praxis Heimatrecht für die Amtsträger in der Kirche bekommen soll. Wie sollen wir uns das vorstellen? Kann das Zeugnis von Amtsträgern und Mitarbeitern in der Kirche noch redlich, wahr und vollmächtig sein, wenn sie sich in ihrem Leben sexuellen Beziehungen hingeben, zu denen die Botschaft der Bibel ein Nein sagt? Und erst recht: Wenn die Aussagen der Bibel dem gegenwärtigen Trend zugunsten der Homosexualität angepaßt werden, wird dann nicht eine Heilige Schrift zugrunde gelegt, die nicht mehr sagen darf, was sie sagt?

Auf eine mehr pragmatische Weise zieht der evangelische Theologe Jean-François Collange die Gleichgeschlechtlichkeit eines Pfarrers beim Ausrichten seines Dienstes in Frage. Er führt zunächst aus, daß für jeden Beruf bestimmte geistige und körperliche Voraussetzungen nötig sind und meint:»Man müßte wissen, ob der Umstand, seine Homosexualität ... zu leben, ein unübersteigbares Hindernis für die Ausübung des pfarramtlichen Dienstes bildet. Ich weiß es meinerseits nicht, ob es unübersteigbar ist, aber ich weiß, daß es ein wirkliches und ernsthaftes Hindernis ist, und daß es in der gleichen Weise besser ist für jemand, nicht Dockarbeiter sein zu wollen, wenn er zu schmächtig ist, es ebenso besser ist für einen homosexuellen Menschen, sich nicht mit einem Amt zu 'belasten', wo gerade seine Lebenseinstellung das Risiko in sich schließt, viele Probleme auszulösen im Verhältnis zu denen, die zu führen als seine Pflicht erachtet wird.«[73]

Doch noch einmal zurück zur Bischöfin Maria Jepsen! In der vorliegenden Äußerung ist eine erfreuliche Inkonsequenz zu vernehmen; sie lehnt die Trauung solcher Paare ab mit der Begründung:»Das ist etwas für Mann und Frau.«[74] Ein doch noch vorhandener heimlicher Widerstand? Also doch kein Segen? Wie können wir denn im Namen Gottes eine Beziehung segnen, die durch Gottes Willen nicht gedeckt ist? Die oben schon erwähnte Stelle über die Fruchtbarkeit (1. Mose 1,28) ist ausdrücklich mit dem Segen verknüpft. Eine gleichgeschlechtliche Partnerschaft klammert im Grundsatz jede Nachkommenschaft aus; sie kann von daher gesehen nicht unter dem Segen des Leben schaffenden Gottes stehen. Das dort im hebräischen Urtext stehende Wort für Segen heißt von seiner Wortableitung her »die Knie beugen« – vor dem lebendigen Gott. Wie können wir diese Anbetung des lebendigen Gottes als die Wurzel des Segens mit der bewußten Ablehnung von Kindern zusammenreimen?[75]

4. Gleichgeschlechtlichkeit und die Solidargemeinschaft

Von daher scheint es geboten, bei der Auseinandersetzung um diese Lebensweise – vor allem von den Befürwortern – eine bescheidene Zurückhaltung an den Tag zu legen. Die so lautstark auf das Recht dieser Lebensweise Pochenden müssen eindringlich gefragt werden, wer denn in ihrem Alter ihre Rente zahlen wird. Ist es angemessen, diese unbestritten wichtige Frage hier auszuklammern? Wo bleibt denn ihr konkreter Beitrag zur Solidargemeinschaft – über die Beiträge hinaus, die sie bezahlt haben? Es kann doch nicht angehen, daß Kinder und Enkel aus der normalen Verbindung von Mann und Frau für diese Altersversorgung aufkommen, ohne daß von seiten des homosexuellen Bereichs diese Tatsache angemessen zur Kenntnis genommen und anerkannt wird. Muß nicht auch darauf aufmerksam gemacht werden, daß diese Partnerschaften diesen wichtigen Beitrag für die Zukunftssicherung der Solidargemeinschaft nicht leisten. Auch das ist zu bedenken, und es muß gefragt werden, ob dieser Gesichtspunkt auf lange Sicht aus der Diskussion um diese Lebensweise ausgeklammert werden darf.

4.1 Die Unsicherheit in der Kirche

Wie auch die Gleichgeschlechtlichkeit im einzelnen beurteilt werden mag, sie hat keine biblische Grundlage. Sie ist ein massiver, ungeschminkter Einbruch des Heidentums in unserer Kirche; diese Lebensweise weiß sich listig mit der verführerischen Maske der Toleranz zu schmücken. So wenig aber die Zeugen der biblischen Botschaft mit dieser Lebensweise paktieren oder hier Zugeständnisse machten, so wenig steht es uns frei, dies zu tun.

Auch in den zuständigen Organen der Kirche herrscht Unsicherheit. Die Landessynode der Evangelischen Kirche in Württemberg konnte auf ihrer Klausurtagung (16.–18.6.1994) keine einhellige Stellungnahme erarbeiten. Es gab zwar von allen Synodalen ein grundsätzliches Ja zu Ehe und Familie. Aber welchen Wert hat eine solche Erklärung bei zwei Gesprächskreisen, wenn diese Entscheidung durch ihre Äußerungen zur gleichgeschlechtlichen Partnerschaft tatsächlich unterlaufen werden? Der Gesprächskreis »Offene Kirche« befürwortet die christliche Ehe als »ein Leitbild des gleichberechtigten Zusammenlebens von Mann und Frau«, tritt aber auch dafür ein, daß Homosexuelle »ohne Angst als Christen in unserer Gemeinde leben können« und Hilfe in Konflikten erfahren. Dazu gehört auch die Frage, ob nicht homosexuelle Menschen als Mitarbeiter in der Kirche ihre Homosexualität offen (!) bekennen und leben können. Offenbar wird hier nicht einmal die Frage gestellt, ob dieses Verhalten sich überhaupt mit den Aussagen der Bibel deckt. Ähnliches gilt auch für den Gesprächskreis »Evangelium und Kirche«. Er bringt zum Ausdruck, daß die Ehe als Grundform menschlichen Zusammenlebens den Blick für andere Lebensformen nicht verstellen dürfe. Homosexuelle Christen sollten sich ohne Angst zeigen können und ihren Platz in der Kirche haben.

Nur der Gesprächskreis »Lebendige Gemeinde« nimmt eine andere Stellung ein. Er weist darauf hin, daß die Ehe »eine heilsame Ordnung Gottes« sei und daß ihr wie auch der Familie der besondere Schutz der Gesellschaft und eine besondere Fürsorge der Kirche zukomme. Praktizierte Homosexualität wird dagegen als »nicht der Ordnung Gottes entsprechend« klar abgelehnt.[76]

Müssen wir uns nicht fragen, warum die Verantwortung der Kirche – noch – ein klares, verbindliches, mit der Botschaft der Bibel sich deckendes Wort schuldig bleibt? Woran sollen die Gemeinden sich orientieren, wenn in der Synode kein wegweisendes Wort auf Grund der Heiligen Schrift laut wird?

4.2 Das Fortschreiten und das Bewahren

Bei der Berichterstattung über diese Klausurtagung wurde nur eine einzige Gruppe mit einem bewertenden Beiwort versehen; der Gesprächskreis »Lebendige Gemeinde« wurde als »konservativ« eingestuft. Sicher ist es immer fragwürdig, wenn Begriffe aus dem politischen Sprachgebrauch in die kirchlichen Ausdrucksformen Eingang finden, vor allem dann, wenn wie hier nur eine Gruppe so gekennzeichnet wird und dadurch eine Unterscheidung (das Fremdwort dafür heißt Diskriminierung) stattfindet. »Konservativ« heißt bewahren wollen. Dieser Ausdruck hat in unserer Sprache – leider! – den geringschätzigen Akzent von »rückständig« bekommen.

Von der biblischen Botschaft her sind das Fortschreiten und das Bewahren keine Gegensätze, sondern ergänzen sich. In aller Kürze sei gesagt: Der an Abraham sichtbar werdende, aber auch für alle Christen verbindliche Aufbruch in der Nachfolge fällt damit zusammen, daß wir unbedingt angewiesen werden, das uns in der Bibel geschenkte Wort zu halten und zu bewahren. Kein Fortschreiten ohne Bewahren und kein Bewahren ohne Fortschreiten! »Halte, was du hast, so will ich dir die Krone des Lebens geben« (Offb. 3,1; vgl. Offb. 2,10).

4.3 Seelsorge als Kapitulation?

Aber was dann? Bleibt es bei der »relativ unkorrigierbaren Homosexualität«?[77] Ist nur noch eine Kapitulation möglich? Verkümmert dadurch die Seelsorge als Zeugnis vom machtvollen Sieg des Auferstandenen zu einer menschlichen Begleitung? Das scheint die Einstellung des Düsseldorfer Papiers zu sein, wenn es dort heißt: »Therapeutische oder seelsorgerliche Bemühungen können nur[78] den Sinn haben, ... den homosexuell lebenden Menschen zu helfen, ihre Veranlagung zu akzeptieren... und ihre Verwirklichung mitmenschlich zu gestalten.«[79] Nur? Seelsorge als Zementierung des Bestehenden? Was sollen wir denn tun?

5. Seelsorge als Herausforderung

5.1 Die neue Schöpfung

Von dem an Ostern geschehenen Sieg Jesu Christi dürfen wir ausgehen. Ist dort der entscheidende, uns Menschen ohne Ausnahme geltende Durchbruch gelungen, darf aus dieser Machtergreifung niemand – niemand! – ausgeklammert werden. Jesus Christus klopft durch seine Zeugen und Boten an jede verriegelte Türe, mehr noch, er zerbricht die Riegel, nicht nur um uns zu befreien, sondern um uns aus unserer – jeder! – Gebundenheit zu lösen, in der Kraft des Heiligen Geistes.

Eine entscheidende Stelle für diesen Neuanfang ist das Zeugnis des Apostels Paulus: »Ist jemand in Christus, so ist er eine neue Schöpfung; das Alte ist vergangen – siehe Neues ist geworden« (2. Kor. 5,17). Wenn und wo der jedermann angebotene Umzug vollzogen ist, wenn wir in Jesus Christus die gute Heimat gefunden haben, dort also gedeckt und geschützt sind, hat das in unser Leben eingreifende, es verändernde Auswirkungen. Wir müssen nicht mehr so bleiben, wie wir waren. Denn »das Alte ist vergangen«, das heißt, das von bitterer Zerwürfnis und auswegloser Verlorenheit bestimmte Leben gehört der Vergangenheit an.

Warum? Die Einwirkung Jesu Christi in der Kraft des Heiligen Geistes ruft eine »neue Schöpfung« hervor. Das in der hebräischen Sprache dafür verwandte Wort, »bará«, war dem Gamalielschüler Paulus (Apg. 22,3) wohl vertraut. Zweierlei ist von diesem Wort zu sagen: Einmal ist bei der Verwendung dieses Wortes nur Gott – nie der Mensch! – das handelnde Subjekt; fürs andere: Die ursprüngliche Bedeutung heißt »scheiden«, und deshalb »erschaffen«.[80] Anders gesagt: Das erschaffende Wirken Gottes bedeutet gleichzeitig die Trennung zwischen Licht und Finsternis, zwischen festem Grund und dem bodenlosen Wasser. Erst diese Trennung ermöglicht Leben. Mehr noch: Dies ist ein Zeichen dafür, daß das Sinnlose, Leere, Vergebliche, das Tohuwabohu (1. Mose 1,2) ausgeschieden wurde. Ihm gebührt in Gottes Schöpfung kein Platz mehr, so sehr diese Macht der Finsternis nach dem Aufruhr des Menschen gegen Gott sich bemüht, durch raffinierte Verführung und durch das böse Beispiel anderer, manchmal auch durch brutalen Druck das ursprüngliche Chaos wiederherzustellen und es erneut durchzusetzen.

5.2 Schach dem Chaos!

Wir wissen alle darum, wie diese Unordnung unser Leben belasten und es zerstören kann. In der guten Ordnung Gottes mit uns Menschen ist der gleichgeschlechtliche Umgang miteinander nicht vorgesehen; er wird als gottwidrig und menschenfeindlich gebrandmarkt. Die neue Schöpfung als die notwendige Wiederherstellung und erfüllende Überbietung birgt in sich die gute Zusage und die nötige Kraft, dem Chaos auch in unserem Leben Einhalt zu gebieten und alle von daher uns auf den Weg geworfenen Hindernisse zu überwinden. Lassen wir uns von dem gegenwärtigen Trend des lautstarken Anpreisens der Homosexualität weder täuschen noch unterjochen. Hinter solchen Fassaden leben oft Menschen, deren zur Schau getragene Lust oft einen tiefen Frust der Sinnlosigkeit übertüncht.

5.3 Freiheit zum Leben

Die sich uns stellende Frage ist einfach, nämlich, ob wir den in der Welt sich zeigenden Strömungen wie einem ungekrönten Potentaten huldigen und die Freiheit der Kinder Gottes (vgl. Römer 8,14-16) verschweigen. Bei unserer Verkündigung und in unserer Seelsorge bedarf es großer Geduld und liebevoller Zartheit, sicheren Taktes und tiefen Einfühlungsvermögens – vor allem des Gebetes und der Fürbitte. Sind wir gewiß, daß der Sieg über die Mächte aller Unordnung in Jesus Christus vollbracht wurde, halten wir an der sich auch unter uns immer neu verwirklichenden »neuen Schöpfung« fest, dann brauchen wir uns weder zu verstecken noch zu kapitulieren, auch wenn uns der Wind in der Form von frechem Hohn, bösem Spott und erschütternder Gleichgültigkeit ins Gesicht bläst.[81]

6. Das alltägliche Verhalten

Welche Folgerungen müssen wir aus unserer Erkenntnis für unseren Alltag ziehen?

6.1 Kein Platz der Unordnung!

Es kann nicht in Frage kommen, dem Einfluß der Gleichgeschlechtlichkeit innerhalb der Kirche Raum zu gewähren. Denn nach all unseren Erörterungen findet sich in der Heiligen Schrift keinerlei Begründung oder Rechtfertigung für ein solches Verhalten. Eindeutig werden in den beiden Teilen der Bibel Frau und Mann einander im dauerhaften Bund der Ehe zugeordnet – mit dem als Segen bezeichneten Auftrag zur Fruchtbarkeit (1. Mose 1,28).

Von daher kann innerhalb der Kirche eine Segnung gleichgeschlechtlicher Paare nicht in Frage kommen. Präl. a. D. Rolf Scheffbuch hat zu Recht gesagt: »Pfarrer können nicht segnen, was nach ihrer menschlichen Meinung gesegnet gehört. Als öffentliche Verkündiger können sie nur das

segnen, was Gott selbst segnet und darum gesegnet haben will.«[82] Es ist
ein beschämendes und bedrückendes Zeichen theologischer Verwilde-
rung, wenn eine unter Christen eigentlich vorhandene Selbstverständlichkeit ausdrücklich angemahnt werden muß. In diesen Zusammenhang
gehört es auch, daß Gerhard Hennig auf eine förmliche Anfrage eines
Synodalen wegen der Gleichgeschlechtlichkeit zur Antwort gab: »Wer in
einer homosexuellen Partnerschaft lebt, kann nicht in den Pfarrdienst
aufgenommen werden.«[83] Das nicht nur aus rechtlichen Gründen, sondern
weil einem Pfarrer um keinen Preis die Bürde aufgeladen werden darf, in
dem verheerenden und zerstörenden Zwiespalt zwischen seinem Auftrag
und seinem persönlichen Leben stehen zu müssen. Daß die Erklärung der
oben erwähnten Vikare die Leiblichkeit unserer Existenz anführt, um sie
zum Einfallstor für die Homosexualität zu machen, kommentiert ein Ge-
meindeglied aus Bissingen (Teck) so: »Die württembergischen Vikare
und Vikarinnen haben wohl mehr ›Bravo‹ als die Bibel gelesen, wenn sie
hetero-, homosexuell oder gar bisexuell als gleichwertig nebeneinander-
stellen.« Und es fährt fort: »Im übrigen stimme ich mit ihnen überein,
wenn sie sagen, ›die Leiblichkeit als elementarer Bereich‹ menschlichen
Lebens dürfe von der Kirche nicht verschwiegen werden.«[84] Darum nicht,
weil Gott Menschen leiblich erschaffen und in Jesus Christus sich mit
unserer leiblichen Existenz gleichgestellt hat (vgl. Joh. 1,14).

6.2 Der Umgang mit Homosexuellen

Wie gehen wir mit Mitmenschen um, die gleichgeschlechtliche Neigungen zeigen und praktizieren, ohne zu wissen und zu ahnen, daß sie damit
letztlich ihr eigenes Leben untergraben und zerstören?

Zunächst eines: Es darf um keinen Preis eine gleichgeschlechtliche
Person und ihr Verhalten in der Weise gleichgesetzt werden, daß sie als
Homosexuelle bezeichnet werden, indem ihnen aus ihrem Verhalten ein
Maßanzug geschneidert wird, der über kurz oder lang zur drückenden
Zwangsjacke werden muß. So wenig Gottes Liebe unser Tun und unsere
Person in eines setzt, so wenig dürfen wir Tun und Person auch hier zu-
sammenschweißen; es kommt darauf an, daß immer Bewegungsspielraum
bleibt zwischen der Person und deren Verhalten. Ein Beispiel: In jahre-
langem Umgang mit jugendlichen Strafgefangenen habe ich diese nie als
Mörder oder als Diebe bezeichnet, sondern als Menschen, die einen Mord
oder Diebstahl begangen haben. Die menschliche Person hat immer einen
höheren Rang als der ganze, oft mit Bösem und Häßlichem vollgestopfte
Sack, den wir tragen.

6.3 Die ausgestreckte Hand

Dazu gesellt sich noch eine wichtige Überlegung. Bei der Begegnung mit gleichgeschlechtlichen Mitmenschen darf weder die geballte Faust noch der verurteilende Zeigefinger das Zepter führen, sondern die ausgestreckte Hand.

Anders gesagt: Weil der lebendige Gott nach uns allen seine helfende Hand ausstreckt, dürfen wir sie niemandem verweigern. Dazu gehört vor allem das Zuhören, das Schweigen, das Warten und das Beten, aber auch das helfende Zupacken, wenn die Zeit reif ist. Vor vierzig Jahren bin ich in Paris einer Gruppe von jungen Frauen begegnet, die in aller Unscheinbarkeit im tiefen Elend ihrer Mitmenschen zugegen waren. Sie nannten sich: »L'équipe de la main tendue« (die Gemeinschaft der ausgestreckten Hand). Sie haben viel Gutes bewirkt – vom Evangelium her.

4. Zusammenfassung

Positiv gewandt lauten diese beiden Gebote: Du darfst ein runder und reiner Mensch werden – geradlinig und ohne Bruch.

V. Gottes Gabe – unser Geben

(Drittes und achtes Gebot)

A. Das dritte Gebot

1. Der Name Gottes

1.1 Gott selbst in unserer Mitte – sein Name

Gottes Name ist seine entscheidende Gabe an alle Menschen. Damit gibt er sich selbst hinein in unsere Mitte. Weil er seinen Namen uns schenkt, sich damit in seiner unergründlichen Liebe und unwandelbaren Treue uns vorstellt, so zum Anredenden wird, wartet er auf unsere Antwort. Seine Anrede zeigt, daß er das Gespräch mit uns will. Darin kommt zum Ausdruck: Wir Menschen müssen keinen Augenblick mehr allein sein, wenn wir, in Tat und Wort, auf diese Anrede antworten.

1.2 Die störenden Bilder

Diese Anrede schiebt in der ihr eigenen Vollmacht immer unsere festgeprägten Bilder und tiefsinnigen Vorstellungen über Gott auf die Seite, die uns in die Sackgasse der Einsamkeit verbannen. Mit unseren Bildern alleingelassen – das ist immerwährende Gottesferne. Der Bilder »Rede« ist nur das von unseren Gedanken vorgegebene Echo. Die Anrede des lebendigen Gottes allein schlägt eine Schneise durch das sonst undurchdringlichste, wuchernde Dickicht aus trüben und heiteren Stimmungen und einem störenden Stimmengewirr. Gott redet und bringt seinen Namen als die einzige Adresse uns nahe und zur Geltung. Diese Anrede zeigt, daß er nicht tot ist, auch wenn wir Menschen ihm immer wieder den Totenschein ausstellen, sondern lebendig bleibt bis ans Ende der Tage.

1.3 Der Name als Preisgabe

Der Name Gottes unter uns Menschen als die sich selbst schenkende Gabe und treue, uns zugewandte Hingabe – ist auch seine ohnmächtige Preisgabe. Der Name kann mißbraucht werden, indem er nicht mehr Vorstellung des lebendigen Gottes bleibt, sondern zu einer Formel erstarrt, durch die wir Gottes Walten in die eigene Regie zu bekommen versuchen. Auf diese tödliche Gefahr einer vollkommenen Entleerung hat der jüdische Religionsphilosoph Martin Buber (1874–1965) im Jahre 1928 hingewiesen: »Auf das Bedenken Moses, er wisse nicht, was er dem Volke sagen solle, wenn es ihn fragen würde, was es um den Namen sei, als dessen Bote er zu ihnen spreche ..., das heißt, wie es sich in seiner Not des Geheimnisses dieses Namens nach allgemeinem Völkerbrauch bemächtigen, den Gott beschwören und zwingen könne, ihnen zu erscheinen und sie zu retten, antwortet Gott mit der Erschließung seines Namens ... ›Ich werde dasein, als der ich dasein werde‹ das heißt, ihr braucht mich nicht zu beschwören, denn ich bin jeweils bei euch, wie ich jeweils sein will, ich nehme keine meiner Entscheidungen vorweg, ihr könnt mir nicht begegnen lernen, ihr begegnet mir, wenn ihr mir begegnet.«[85]

Anders ausgedrückt: Wenn Gott sich mit seinem Namen in unsere Hände gibt, erliegen wir nur zu leicht der Versuchung, Gott in unsere Hand zu bekommen und ihn zum Etikett unserer Interessen zu entwerten. Aber sein Name – gut wiedergegeben mit dem Ausdruck »der Ewige« – bleibt siegreich und setzt sich auch hier durch. Denn der uns Gewißheit schenkende Heilige Geist ist und bleibt auch der Beistand, der immer neu die Umtriebe des Widersachers entlarvt und zurechtweist (vgl. Joh. 16,7 b ff.).

2. Wort, Antwort und unsere Verantwortung

2.1 Gottes entscheidende Initiative

Noch einmal soll unterstrichen werden, daß der lebendige Gott durch die Anrede in seinem Wort die unergründliche Einsamkeit des Menschen aufbricht und aufhebt. Gott selbst kündigt dem Mose an: »Ich will ... den Namen des Herrn vor dir ausrufen« (2. Mose 33,19). In diesem Namen ist Gottes ganze Zuwendung in Gnade und Barmherzigkeit eingehüllt. Diese Anrede wiederholt Gott im nächsten Kapitel, indem er seine tragende Geduld und seine beständige Treue hervorhebt, die darin besteht, daß er das schuldig gewordene Volk nicht der verdienten Verlassenheit überläßt, sondern ihm durch seine unerwartete Vergebung einen neuen Anfang gewährt (2. Mose 34,6.7). Diese Selbstausrufung des Namens als die treue und wunderbare Gegenwart Gottes will für alle Menschen hörbar werden. Dazu übergibt uns Gott sein Wort und seinen Namen, daß wir dieses Feuer überall zum Brennen, Leuchten und Wärmen bringen (vgl. Lk 12,49) – durch unser Zeugnis.

2.2 Das Ausrufen und das Anrufen

Schon früh ist in der Bibel davon die Rede, daß der Name des Herrn – des Ewigen – ausgerufen werden muß (1. Mose 4,26; 12,8). Dabei ist von großer Bedeutung, daß der in der hebräischen Ursprache verwandte Ausdruck »kara«[86] beides benennt, nämlich das Ausrufen im Sinne des öffentlichen Predigens wie auch das Anrufen als Gebet (für das erstere s.

Lutherübersetzung; für das zweite s. Züricher Bibel). Anders gesagt: Das Ausrufen als Zeugnis kann nicht getrennt werden von dem betenden Anrufen des Namens. Dies muß beim Ausrufen und Anrufen stets mitbedacht werden: Das Ausrufen ohne die Rückendeckung des Anrufens verurteilt sich zu einer nichtssagenden Sprechübung, wie auch das Anrufen ohne den entscheidenden Drang zum Ausrufen den lebendigen Gott in ein frommes Ghetto einzusperren droht.

2,2 a Das notwendige Ausrufen

Das Ausrufen des Namens zieht sich wie ein roter Faden durch die ganze Heilige Schrift. Dafür zwei Beispiele. Der aus seiner schrecklichen Anfechtung errettete König David gelobt: »Ich will deinen Namen ausrufen meinen Brüdern und ich will dich in der Gemeinde preisen« (Ps. 22,23). Das deutliche Ausrufen und der demütige Lobpreis des Namens Gottes sind verknüpft. Dies geht aus einer anderen Stelle im Psalter hervor; dort werden die aus dem qualvollen Dunkel der harten Gefängnisse Befreiten ermutigt, »zu Zion zu predigen den Namen des Herrn und sein Lob zu Jerusalem« (Ps. 102,22). Das Ausrufen ist hier schon eine Antwort geworden auf die an uns gerichtete Anrede. Dies zieht aber weitere Kreise.

2.3 Die Antwort des Dankens und Lobens

Ist Lob und Dank mit dem Ausrufen des Namens schon immer verbunden, so wird dies sinnfällig und klar in unserer Antwort. Weil Gott uns angeredet hat, dürfen wir ihm dafür danken. Dies ist der entscheidende Schlüssel für das Beten überhaupt.

2.3 a Der Vorrang des Lobens

Das Loben des Namens steht an erster Stelle. Es ist die Türe zum Beten und Bitten. Denn das Lob Gottes kreist zunächst und in erster Linie um Gott selbst. Besonders anschaulich wird dies durch Hiob, der, geprüft durch große Einbußen an Geld und Gut, aber auch durch den Tod seiner Kinder, sagen kann: »Der Herr hat's gegeben, der Herr hat's genommen – der Name des Herrn sei gelobt« (Hiob 1,21). Es geht um die Frage, ob Hiob »umsonst Gott fürchtet« (Hiob 1,9). Anders ausgedrückt. Wer hat Vorrang – Gott selbst oder das Gute aus seiner Hand? Das Lob Hiobs in seinem Unglück ist die gute Antwort. Dieses Lob soll immer laut werden: »Hallelujah – Lobt, ihr Knechte des Herrn, lobet seinen Namen. Gelobt sei des Herrn Name von nun an bis in Ewigkeit« (Ps. 113,1.2).

Dazu gehört auch der Lobpreis des aus tiefer Anfechtung befreiten Beters des 73. Psalms; er hat erfahren, daß der lebendige Gott – trotz allem Augenschein! – Israels Trost bleibt, wenn er nur unbedingt – reinen Herzens! – mit ihm rechnet (73,1). Aber der Abgrund der Not klaffte tief, weil er erleben mußte: »Siehe, das sind die Gottlosen: Immer im Glück häufen sie Reichtum« (73,12). Aber damit machen sie die Rechnung ohne den Wirt, das heißt ohne den lebendigen Gott, an dem letzten Endes niemand vorbeikommt: »Wie werden sie zum Entsetzen im Nu, werden hingerafft, nehmen ein Ende mit Schrecken!« (73,19). Nicht die Mächtigen bleiben, sondern der Herr allein! Der Ewige, der uns das persönliche Du angeboten hat. Darum trotz allem und in allem: »Dennoch bleibe ich stets bei dir; du hältst mich bei meiner rechten Hand« (73,22). Darum das lobpreisende, staunende Bekenntnis: »Wenn ich nur dich habe, so frage ich nichts nach Himmel und Erde« (73,25). Also nicht Erfolg und Glück auf der Erde, nicht Rettung und ewige Seligkeit im Himmel! »Gott allein genügt!« (Teresa von Avila). In Gott selbst ist alles, alles eingeschlossen. Diese Lektion des Lobes und der Anbetung gilt es Tag für Tag zu buchstabieren und zu lernen; sie macht Freude und öffnet den Mund zum Lob für jedermann (73,28).

2.3 b Das Singen der Gemeinde

Die Stafette des Lobens darf nicht abreißen. Dies ist auch der Sinn des Singens in der Kirche: »Ich will den Namen Gottes loben mit einem Lied und will ihn hoch ehren mit Dank« (Ps. 69,31). Das Lob Gottes ist auch lebensrettend. Als der König Nebukadnezar die Sterndeuter und Weisen umbringen will, weil sie ihm den entfallenen Traum nicht sagen können, fleht Daniel um die Mitteilung des Traums, und preist Gott für die Entdeckung des Verborgenen: »Gelobt sei der Name Gottes von Ewigkeit zu Ewigkeit« (Dan. 2,20). Auf Grund seines vertrauten Umgangs mit dem erhabenen, lebendigen Gott wird ihm die Türe zu diesem Geheimnis aufgetan.

2.3 c Das Preisen als Bekenntnis

Zugleich ist das Preisen des Namens auch ein Bekenntnis, das über die Grenzen des Volkes Gottes nach außen dringt. Die Antwort des Königs Nebukadnezar auf Grund der Darlegungen des Daniel lautet: »Es ist kein Zweifel, euer Gott ist ein Gott über alle Götter und ein Herr über alle Könige, der da kann verborgene Dinge offenbaren ...« (Dan. 2,43). Bei jedem Zeugnis geht es darum, daß die Heiden – die Völker, die Nichtjuden – »den Namen des Herrn fürchten und alle Könige auf Erden deine Ehre« (Ps. 102,16).

Weil Gott in seiner liebevollen Zuwendung die ganze Welt umfaßt, will die Ehrfurcht vor seinem Namen alle Menschen ergreifen. Denn letztes Ziel Gottes bleibt, »daß der Name des Herrn gefürchtet werde vom

Niedergang und seine Herrlichkeit vom Aufgang der Sonne ...« (Jes. 59,19). Diese Hoheit Gottes will uns heimführen aus dem Chaos der Willkür in seine unser Leben schützende Freiheit. Dafür steht der Name Jesu Christi gut; denn in diesem Namen, »der über alle Namen ist, sollen sich beugen aller derer Knie, die im Himmel und auf Erden und unter der Erde sind, und alle Zungen sollen bekennen, daß Jesus Christus der Herr sei, zur Ehre Gottes des Vaters« (Phil. 2,9-11; Jes. 45,23).

In einer beispielhaften Weise geschieht dies, als Paulus und Silas, in Philippi wegen ihres Zeugnisses ins Gefängnis gesteckt, »Gott lobten«. Dieses laute Preisen wurde von den Gefangenen gehört (Apg. 16,25).

Diese Anbetung führt zu einer doppelten Antwort, der des Anrufens und der des Tuns.

2.3 d Die Antwort des Betens und des Tuns

Beten und Tun gehören zusammen wie die beiden Seiten einer Münze; würden wir auf den sinnlosen Gedanken kommen, Vorder- und Rückseite eines Geldstücks voneinander zu trennen, würden nur zwei wertlose Metallstücke übrigbleiben ohne irgendeine Kaufkraft. Der durch seine Zuwendung zu armen Waisenkindern bekanntgewordene Pfarrer Gustav Werner hat den schönen Satz geprägt: »Was nicht zur Tat wird, hat keinen Wert.« In einer mehr weltlichen Version hat Erich Kästner gemeint: »Es gibt nichts Gutes, außer man tut es.«

2.3 d 1 Das wichtige Beten
Das Anrufen des Namens schließt die Gewißheit in sich, daß Gott uns hört – und erhört. Elia ist in seinem festen Glauben so frei, daraus eine entscheidende Herausforderung an die Baalspriester auf dem Karmel abzuleiten. Das Holz für das Opfer ist bereitet; es fehlt das Feuer. Er sagt: »Ruft doch an den Namen eures Gottes, und ich will den Namen des Herrn anrufen. Und der Gott, der mit Feuer antwortet, der ist der (wahre) Gott. Da antwortete das ganze Volk: »So sei es« (1. Kön. 18,24).

Beten heißt immer das Wagnis eingehen, daß Gott sich in seiner Antwort zeigt, mehr noch, daß er die, die zu ihm beten, nicht blamiert oder gar im Stich läßt. Dies gilt auch dann, wenn unsere dringenden Wünsche mit seinem weisen Terminkalender nicht übereinstimmen. Darum darf jedermann das Beten angeraten und zugemutet werden, auch den Völkern, das heißt all den Menschen, die von Haus aus nicht zum Volke Gottes gehören.

Mitten in den Katastrophen des Gerichts werden wir ermutigt, »den Namen des Herrn anzurufen« (Zeph. 3,9). Warum? »Weil Gott allen Völkern reine Lippen geben wird, damit sie ihn von Herzen anrufen, ihn lieben, Ehrfurcht vor ihm haben« (Zeph. 3,9), – wird dies nicht ohne Konsequenzen bleiben. Denn was ist die Frucht solchen Lebens? Der

Prophet antwortet: »Ihm einträchtig dienen« (ebenda). Anders gesagt: Gestellt unter das Vorzeichen von Gottes Hoheit, prägen uns seine Weisungen durch und durch, Tag für Tag.

2.3 d 2 Das unerläßliche Tun

Damit sind wir beim Tun. Der Name des lebendigen Gottes ist dafür der entscheidende Orientierungspunkt. Beim Propheten Micha lesen wir: »Ein jegliches Volk wandelt im Namen seines Gottes. Wir aber wandeln im Namen des Herrn, unseres Gottes, immer und ewiglich« (4,5). Gottes Name deckt sich mit »der von Zion ausgehenden Weisung und dem aus Jerusalem stammenden Wort« (4,2 b). Im Klartext: Unabdingbare Norm für das Gehen durchs Leben ist die in den Zehn Worten niedergelegte, das Leben erhaltende Richtung und das daraus sich ergebende Verhalten.

2.3 d 2 a Die vorgegebene Norm

Wir aber! Diese beiden Worte sind im hebräischen Urtext deutlich abgehoben vom vorangehenden Satz. Der hier markierte Gegensatz zum Verhalten anderer Völker – das heißt der Nichtjuden, die sich je nach ihrem Gott ausrichten – darf nicht verwischt werden. Vom ganzen Gefälle des Textes her ist diese Aussage alles andere als ein Freibrief für ein an deren Normen sich orientierendes Leben. Das jüdische Volk – ebenso wie die Kirche – darf nicht den Versuch unternehmen und der Versuchung erliegen, Anleihen bei den jeweils in ihrer Umgebung heimischen Mächten und dort herrschenden Gewalten für das alltägliche Handeln zu machen und damit praktisch die Weisungen Gottes an die zweite Stelle zu rücken.

Das heute viel zitierte Stichwort von der »multikulturellen Vielfalt« unseres Alltags kann nur bedeuten, daß wir mit Menschen anderer Hautfarbe und Weltanschauung geduldig und freundlich umgehen, nicht aber, daß wir deren unterschiedliche Verhaltensmuster ganz oder teilweise übernehmen oder gar sie mit biblischen Zitaten zu einem letztlich undurchsichtigen Gemengsel vermischen. Wir aber! – wir dürfen zu denen gehören, die im Licht der Weisungen Gottes »ihm einträchtig dienen« (Zeph. 3,9), indem wir von anders geprägten Menschen gute Anregungen auch gerne entgegennehmen, kritisch prüfen und unter Umständen auch verwerten. Dabei darf aber nichts in Frage kommen, was dem Namen des lebendigen Gottes in seiner orientierenden Wirkung widerspricht.

3. Der folgenschwere Mißbrauch

Das ist der eigentliche Punkt, um den es in diesem Gebot geht. Wie kann aber vor dem Mißbrauch gewarnt werden, wenn uns der rechte Umgang mit diesem Namen nicht zuvor ans Herz gelegt und so bekanntgeworden ist. Wir dürfen darum wissen, daß Gott mit seinem Namen uns nahe gekommen ist und sich so in unsere Hand ausgeliefert hat, um dadurch uns an die Hand zu nehmen, uns zu leiten und zu begleiten.

3.1 Das verbotene Lügen

Zunächst wollen wir auf den Text hören. Mißbrauch des Namens bedeutet, ihn nicht zum Sinnlosen und Leeren zu verwenden, und, damit verbunden, ihn nicht mit Lügen in Verbindung zu bringen. So wird sein Name entheiligt – und dadurch im Urteil aller Menschen entwertet. Einen solchen Mißbrauch duldet Gott nicht. Er greift ein und weist zurecht. Wie das im einzelnen geschieht, ist Gottes Sache. Aber eines steht fest: Wenn wir in nichtiger und lügenhafter Weise mit diesem Namen umgehen, schädigen wir uns selbst – auf lange Sicht. Um es in der Sprache des Fußballs auszudrücken: Wir schießen ein Eigentor, und tragen so zum Verlust des Spieles bei. Ohne Bild gesprochen: Wir verspielen – und verfehlen unser Leben.

3.2 Die unsinnige Zweigleisigkeit

Wir können beobachten, daß die Entheiligung des Gottesnamens meist kein allgemeiner Satz bleibt, sondern eingebunden ist in eine besondere Verhaltensweise. Offenbar war innerhalb des Volkes Israel die Versuchung immer noch mächtig, der Alleinherrschaft des lebendigen Gottes, des wahren Königs von Israel, zu mißtrauen, und deshalb sich auf Kinderopfer zur Zufriedenstellung des Molochs – des Königs – einzulassen (3. Mose 18,21). Gegen diesen Widersinn der Zweigleisigkeit – in der Bergpredigt stellt Jesus von Nazareth in gleicher Weise klar: »Ihr könnt nicht Gott dienen und dem Mammon« (Mt. 6, 24) – wird mit dem Satz Widerspruch eingelegt: »(Dadurch) entheiligst du den Namen deines Gottes; denn ich bin der Herr« (3. Mose 18,21). Die Ent-Heiligung des Namens beginnt damit und besteht darin, daß wir Gott nicht mehr – rundum! – den Herrn über alles sein lassen.

3.3 Todeswürdige Gotteslästerung?

Die von Gott ausgesprochene Strafandrohung hat dazu geführt, daß sehr konkrete Maßnahmen zur Ahndung der Gotteslästerung ergriffen wurden. Ein besonderer Fall gab Anlaß zum Nachdenken: Ein aus einer Ehe zwischen einem Ägypter und einer jüdischen Frau stammender Mann »lästerte den Namen des Herrn« (3. Mose 24,11 ff). Er wurde gefangengesetzt. Denn es mußte zuvor eine »klare Antwort durch den Mund Gottes des Herrn« (24,12) vorliegen. Die Auskunft: Er muß gesteinigt werden (24,14) durch die ganze Gemeinde. Daraus ergibt sich der Rechtssatz:

»Wer den Namen des Herrn lästert, der soll des Todes sterben; die ganze Gemeinde soll ihn steinigen« (24,16).[87]

Auch nach dem Zeugnis des Neuen Testaments war ein solches Vorgehen noch üblich. Stephanus wurde beschuldigt, »Lästerworte gegen Moses und das Gesetz zu führen« (Apg. 6,11). Sein Zeugnis vor dem Hohen Rat verstärkt diesen Eindruck, so daß sie »ihn zur Stadt hinausstießen und ihn steinigten« (7,58). Saulus – der spätere Apostel Paulus – war zugegen (7,58), und es wird ihm bescheinigt, daß er »Wohlgefallen an seiner Tötung hatte.«

3.3 a Die Chance der Umkehr

Einmal muß der Akzent mehr auf die in der Bibel fortschreitende Entwicklung über die Frage der Todesstrafe überhaupt liegen. Neben der Androhung dieser höchsten Strafe wegen Gotteslästerung steht auch die Strafbarkeit des Tötens eines anderen Menschen durch einen Menschen; ein solches Verbrechen mußte auch durch den Tod gesühnt werden (vgl. 1. Mose 9,6). Innerhalb der biblischen Tradition bahnt sich eine stillschweigende Außerkraftsetzung dieser Anordnung an und setzt sich durch, um so mehr – durch das Zeugnis der Propheten – als das A und O der biblischen Botschaft göttlicher Zuwendung – die dem Menschen angebotene Chance einer Umkehr – die Oberhand gewinnt. Für diese entscheidende Wende soll die tröstliche Stelle aus dem Propheten Hesekiel zu uns sprechen: »Wenn der Gottlose umkehrt von allen seinen Sünden, die er getan hat und hält alle meine Rechte und tut recht und wohl, so soll er leben und nicht sterben. Es soll aller seiner Übertretungen, die er begangen hat, nicht gedacht werden, sondern er soll leben um der Gerechtigkeit willen, die er getan hat ... Meinst du denn, daß ich Gefallen habe am Tod des Gottlosen, spricht der Herr, und nicht vielmehr, daß er umkehre und lebe« (18,21-24).

Umkehr ist das Leitmotiv der Zuwendung Gottes für alle Menschen; es wird dies ganz anschaulich unterstrichen durch den Namen »Hesekiel« – auf deutsch: »Gott ist meine Stärke«.. Gott kann und will diese Umkehr bewirken. Dafür ist Voraussetzung, daß jedem Menschen die dafür nötige Zeit gewährt und sie nicht durch den Eingriff staatlicher Stellen vorzeitig abgebrochen wird. Diesen Ruf zur Umkehr greift das Zeugnis des Neuen Testaments auf; gleich zu Beginn des Markusevangeliums sagt Jesus von Nazareth: »Die Zeit ist erfüllt, und das Reich Gottes ist herbeigekommen. Tut die Umkehr und glaubt an das Evangelium« (1,15).

Dieser Aspekt des Neuanfangs wurde innerhalb des Judentums immer betont. So führt ein chassidischer[88] Weiser, Rabbi Bunma von Pzyha, aus: »Die große Schuld des Menschen sind nicht die Sünden, die er begeht – die Versuchung ist groß und seine Kraft gering. Die große Schuld des Menschen ist, daß er in jedem Augenblick die Umkehr tun kann und nicht tut.«[89]

Es gehört aus unserer heutigen Sicht der Bibel zum Unbegreiflichen, daß die Kirche die Bestrafung der Gotteslästerung in die eigene Hand genommen hat und dadurch Schrecken und Qualen ohne Ende verbreitete – in den Prozessen der Inquisition und in den Verfahren gegen die sogenannten Hexen, die meist in einer Verbrennung ihren Abschluß fanden. Dies ist ein kaum zu tilgendes Brandmal der Schande.[90]

3.3 b Die Todesstrafe – außer Kraft gesetzt!

Von seiten der Kirchen ist kaum bemerkt worden – und das ist das zweite, noch Wichtigere -, daß Jesus von Nazareth sich selbst der Steinigung entzieht, indem er in seiner stillen Vollmacht durch die Menge schreitet, die ihn in Nazareth von dem Hügel eines Berges in die Tiefe stürzen und so steinigen will (Lk. 4,29.30).

Noch deutlicher wird er gegen die Schriftgelehrten und Pharisäer, die unter Berufung auf die Schrift eine beim Ehebruch ertappte Frau steinigen wollen. Er bringt sie von ihrem Vorhaben ab, indem er ihnen die bohrende und beunruhigende Frage stellt: »Wer unter euch ohne Sünde ist, der werfe den ersten Stein auf sie« (Joh. 8,7). Die zur Steinigung Entschlossenen verziehen sich. Jesus hat die auf sonst noch viele Übertretungen gesetzte Strafe auf die Seite geschoben.

3.3 c Die überwundene Lästerung

Aus welchem Grund und in welcher Vollmacht? Nicht um dem Ernst der Gotteslästerung die Spitze abzubrechen oder gar die verhängnisvolle Auswirkung der Beschimpfung Gottes zu leugnen. Im Gegenteil! Er nimmt buchstäblich die ganze Last der Lästerung auf sich und beschreitet damit den Weg in die unvorstellbare Gottverlassenheit, damit wir in unseren Lästerungen nie mehr allein seien und auch erfahren, wohin dieser üble Weg nur führen kann – in die bodenlose Einsamkeit. Mehr noch: Von dort her steckt er – durch den Sieg der Auferstehung – den Schlüssel auch in diese sonst hart verschlossene Gefängnistüre – und öffnet sie.

Erinnern wir uns: Bei dem Verfahren gegen Jesus von Nazareth vor dem Hohen Rat zerreißt der Hohepriester auf das Selbstbekenntnis des Angeklagten, er sei der Christus, aus Entsetzen seine Kleider: »Er hat Gott gelästert. Was bedürfen wir weiteres Zeugnis? ... Was meint ihr? Sie sprachen: Er ist des Todes schuldig« (Mt. 26,63-66). Am Kreuze Jesu Christi ist unser aller Gotteslästerung ein für allemal gesühnt: Gottes eingeborener Sohn ist daran und dafür gestorben. Der Blitz hat dort eingeschlagen; er kann uns nicht mehr treffen, wenn wir uns im Glauben unter seinen Schutz stellen und dort bergen.

3.3 d Notwendige Konsequenzen

Von daher gilt: Wir sind befreit und so erst recht zur Umkehr eingeladen. Wir dürfen dankbar die an die vorhin genannte Frau gerichtete Weisung hören:»Sündige von jetzt ab nicht mehr!« (Joh. 8,12).

Das bedeutet, daß wir uns hüten und davor bewahren, daß »nicht Gottes Name um unsretwillen gelästert wird unter den Heiden« (Röm. 2,24, vgl. Jes. 52,5; Hes. 36,20). Dies erfordert eine tägliche Umkehr und Erneuerung. Wir dürfen uns nicht aufregen, wenn wir selbst Zielscheibe von gehässigen Verleumdungen und üblen Lästerungen werden, wenn wir Jesus Christus nachfolgen; dies darf uns nicht befremden. Denn es ist normal (1. Petr. 4,12). Darum:»Glücklich seid ihr, wenn ihr geschmäht werdet über dem Namen Christi« (1. Petr. 4,14). Was heißt das aber praktisch?

4. Verhalten im Alltag

4.1 Gedankenloser Mißbrauch

Hand aufs Herz! Sicher ertappen wir uns immer wieder dabei, daß wir in Schrecksekunden oder in Augenblicken großer Erregung wie ein ausbrechender Vulkan Aussagen wie »Ach Gott, ach Gott!« oder »Um Gottes willen!« von uns geben. Mag sein, daß diese Ausrufe verstümmelte Gebete gewesen sein mögen oder daß sie noch Spuren sind einer Ahnung, daß Gott in unserem alltäglichen Leben Entscheidendes zu sagen hat. Sie sind aber zu gedankenlosen Formeln verkommen, aus denen deutlich wird, wie der lebendige Gott – in harter Not und tiefer Erregung – zu einem nichtssagenden Ausruf wird, der nicht weiter in den Ablauf unseres Lebens eingreift.

Ein Mißbrauch seines Namens? Ein vergebliches und leeres Ausrufen und Anrufen? Gewiß deshalb, weil hier der auch sonst verbreitete Versuch sich zeigt, den lebendigen Gott in die Hand zu bekommen, zu manipulieren (wie das unter uns geläufige Fremdwort dies aussagt; es ist ja fast eine Übersetzung). Wenn wir dieser Versuchung erliegen, greifen wir nicht nach Gott, sondern bleiben – leider! – mit unseren Vorstellungen von Gott todeinsam. Der lebendige Gott entzieht sich einem solch beschlagnahmenden Griff – immer!

4.2 Gott als Vorspann?

Als vor über siebzig Jahren in Stuttgart noch pferdebespannte Fuhrwerke an der Tagesordnung waren, standen an den aus dem Talkessel auf die Höhe führenden Straßen – so auch an unserem Gartenzaun – Schilder in den schwarzgelben Stuttgarter Farben mit der Aufschrift:»Schonet die

Zugtiere – nehmet Vorspann!« Gott als Vorspann – wir Menschen aber mit dem Leitseil auf dem Kutschersitz! Das ist der grundlegende Mißbrauch seines Namens – im persönlichen wie im öffentlichen Bereich. Anders gesagt: Wir bedienen uns Gottes, anstatt ihm zu dienen.

Dabei kommt mir eine Geschichte in Erinnerung, die der – in meiner Jugend sehr bekannte – Pfarrer Wilhelm Busch (Essen) berichtet hat. Zu später Stunde machte er bei einem todkranken Patienten im Krankenhaus noch einen Besuch, um ihm Gottes aufrichtendes Wort zuzusprechen. Als er nach anderen Besuchen wieder kurz in dieses Zimmer blickte, bemerkte er, wie sich dieser Mann fröhlich scherzend mit seiner Frau unterhielt. Busch lud ihn freundlich ein, für diese unerwartete Wendung Gott zu danken. Da brach es mit elementarer Wucht aus dem Patienten heraus: »Das brauche ich jetzt nicht mehr.«

Nicht mehr? Gott also nur der Handlanger, der nachher abtreten kann? Der Vorspann, den wir ausspannen, wenn wir über dem Berg sind? Das erinnert an die Geschichte von den zehn, von Jesus von Nazareth geheilten Aussätzigen; nur einer – ein Samariter, ein Fremdling – kehrt um, gibt Gott die Ehre und dankt Jesus (Lk. 17,17). Danken und loben also die Ausnahme? Anstatt uns der guten Herrschaft Gottes zu unterstellen und bei ihm zu bleiben, fertigen wir ihn ab mit dem herablassenden Satz: »Der Mohr hat seine Schuldigkeit getan – der Mohr kann gehen.« Und wir? Wir bleiben – trotzdem – allein.

4.3 Zugpferd im öffentlichen Bereich?

Im Bereich der Gesellschaft und Politik wird der Name Gottes auch in Anspruch genommen. Unser Machtstreben und eigene Interessen sollen dadurch gerechtfertigt, begründet und verstärkt werden. Dafür nur drei Beispiele, die alle in die gleiche Richtung weisen, nämlich die angebliche Dienstverpflichtung Gottes für die Pläne des Menschen sicherzustellen. So war auf dem Koppelschloß der Soldaten – im Ersten Weltkrieg – zu lesen: »Gott mit uns!« Ist es nicht anstößig, wenn eine Kriegspartei in dieser Weise Gott vor ihren Wagen spannt, als wären die jeweiligen Gegner aus der Grunderklärung Gottes, seinem »Immanuel« (»Gott ist mit uns«; vgl. Mt. 1,23; Jes. 7,14), seinem Ja zu allen Menschen, herausgefallen?

Um seine Judenpolitik zu rechtfertigen, bemühte Adolf Hitler schon früh – vor seiner Machtergreifung! – Gott zum Schutzpatron dieses Unterfangens. Er führt aus: »So glaube ich heute im Sinne des allmächtigen Schöpfers zu handeln: Indem ich mich des Juden erwehre, kämpfe ich für das Werk des Herrn.«[91]

In jüngster Zeit ist dafür die Liturgie von palästinensischen Christenfrauen für den Weltgebetstag 1994 ein Beispiel. Dort wird nach der Beschreibung des Weges Jesu Christi zum Kreuz auf Golgatha folgender Text eingefügt: »Ob durch die Via Dolorosa in Jerusalem oder in anderen besetzten Städten – überall folgen Mütter ihren mit Handschellen gefesselten Söhnen und Töchtern nach und versuchen sie mit ihren Tränen zu trösten, Kinder in Palästina und in anderen besetzten Ländern ...«[92] Es muß gefragt werden: Sind die heute in Handschellen abgeführten Araber etwa die jetzige Verkörperung des Jesus von Nazareth? Wird hier nicht die Leidensgeschichte zu Lasten des jüdischen Volkes mißbraucht, indem der einzige Unschuldige, der Jude Jesus von Nazareth, gegenüber schuldigen Menschen austauschbar wird? So kann doch nicht zusammengebracht werden, was nicht zusammengehört: die Einzigartigkeit Jesu Christi und das menschliche Leiden.

4.4 Gott nur Lakai?

Die Handhabung des lebendigen Gottes für eigene Zwecke ist nicht nur ein bestürzender Mißbrauch, der diesen Herrn zu einem gefügigen Lakaien entwertet und ihn zum Fahnenträger unserer Wünsche erniedrigt. Diese Art von Schmähung seines Namens führt unausweichlich in die Sackgasse der Einsamkeit. Um der Hoheit Gottes und auch um der Einsamkeit des Menschen willen gilt es – immer und überall! – diesen Etikettenschwindel zu entlarven und ihm zu widerstehen.

Wenn wir auch nur den geringsten Mißbrauch des Namens Gottes zulassen, verdecken wir den Glanz dieses Namens, der als wärmender und richtungweisender Strahl in unser Dunkel dringen will. Der Name Gottes darf um keinen Preis nach dem Maßstab unserer Anschauungen erweitert oder verkürzt, vergoldet oder verdunkelt werden. Er will selbst leuchten.[93]

5. Die Streichung des Namens – der Antisemitismus

Eine kurze Bemerkung muß noch angefügt werden. Hatte Adolf Hitler vor der Machtergreifung den Kampf gegen die Juden durch eine Berufung auf Gott schmackhaft zu machen versucht (siehe Anm. 86), so zeigte sich im Laufe der Jahre, was damit gemeint war: die völlige Vernichtung des jüdischen Volkes. Hier kam zu einer unheilvollen Reife, was der Antisemitismus immer gewesen war – ein schreckliches Gefälle zum Mord, der scheinbar unwiderruflichen Ausschaltung der Juden für immer.

Antisemitismus ist nicht nur Mißbrauch des Namens Gottes – das zeigt sich zum Beispiel in einer bösen Polemik gegen den ersten Teil der Bibel als Judenbuch, wovon dann auch der zweite Teil nicht verschont bleibt –, sondern als Angriff auf die Vernichtung des Namens. »Schem« heißt Name. Das klare Kalkül: Wenn die Namensträger Gottes in der Welt, Israel und das jüdische Volk, ausgerottet sind, wird dieser Name überhaupt weggewischt und ausgelöscht. In einem Bericht des Friedensnobelpreisträgers Elie Wiesel aus der Zeit der Judenverfolgung durch

Adolf Hitler steht der bestürzende, zum Nachdenken zwingende Satz: »Die Juden gleichen ihrem Gott. Auch er verbirgt sich. Die Welt ist nicht nur judenrein, sondern auch Gott-rein. Es braucht nur noch eine kurze Zeit, dann gibt es keine Juden und auch keinen Gott mehr. Niemand wird sich mehr verbergen. Das wird die Hölle sein. Wir werden allein sein.«[94] Gottes Name tritt uns nicht mehr gegenüber. Anrede und darum auch die Antwort sind verschwunden. Das ist Einsamkeit ohne Ende.

6. Gottes Name – unsere Namen

Wir tragen alle einen Namen. Unser Vorname ist von unseren Eltern frei gewählt worden. Es ist angebracht, wenn die Entscheidung für einen Namen nicht in der eiligen Hast nach der Geburt gewählt werden muß – wie dies oft der Fall ist. Beide Eltern, Mutter und Vater, haben doch eine sehr lange Zeit, um sich darüber in Ruhe Gedanken zu machen. Ein Kind sollte um keinen Preis mit einem Namen auf seinen Weg durchs Leben geschickt werden, der unter dem Druck der Anmeldung beim Standesregister zustande kam und deshalb weithin als Zufallsprodukt einzustufen ist. Wie können wir zu einem guten und sinnvollen Entschluß für einen Namen kommen? Zwei wichtige Gesichtspunkte gilt es zu beherzigen. Der eine besteht darin, daß an eine Tradition in der Familie (der Mutter oder des Vaters) angeknüpft wird, um irgendein Glied in der Sippe zu ehren und zu erfreuen; das hat seinen Sinn, vor allem, wenn dadurch eine Vorbildfunktion dem Kind als Vermächtnis auf den Weg gegeben werden kann.

Ein zweiter, sicher ebenso bedeutsamer Aspekt läßt sich darin finden, daß unsere Namen als richtungweisendes Sinnbild und prägendes Vorbild der von Gott mit uns begonnenen Geschichte ausgewählt werden. Diese Namen können unmittelbar aus der Bibel entnommen werden oder einen von dorther bestimmten Inhalt – etwa durch Frauen und Männer aus der Geschichte der Kirche – haben. Dies schließt natürlich ein, daß wir von der Bedeutung dieser Namen wissen.

Ohne erschöpfend sein zu können, soll dies durch einige Namen veranschaulicht werden, zum Beispiel Eva (Mutter des Lebendigen), Elisabeth (Mein Gott schwört), Johanna und Johannes (Gott ist gnädig), Michael (Wer ist wie Gott?), Petra und Peter (der Fels). Andere wieder, die auf die Botschaft der Bibel hinweisen, zum Beispiel Christian und Christiane (Christ, Christin), Christoph (Christusträger) ...

Es wird deutlich, worauf diese Namen abzielen. Durch solche Vorschläge werden wir nicht nur neu zum Nachdenken und zu Fragen angeregt, sondern zugleich auch davor bewahrt, Namen zu wählen, die gerade Mode sind, aber keinerlei Aussagekraft haben. Wenn wir den Namen Gottes ernst nehmen, müssen wir uns liebevoll und fürsorglich gute Gedanken um die Namen von Kindern (vielleicht auch um die von Patenkindern und Enkeln) machen.

7. Zusammenfassung: Die Gabe des Namens

Wir dürfen bewegen und bedenken, daß der Name Gottes Gabe, seine Selbsthingabe, ja seine Preisgabe an uns ist. Die Krönung dieser Gabe ist Jesus Christus in Person: »Er hat auch seinen eigenen Sohn nicht verschont, sondern hat ihn für uns alle dahingegeben. Wie sollte er uns mit ihm nicht alles schenken?« (Röm. 8,32).

Gottes Gabe fragt nach unserem Geben. Dem wollen wir uns jetzt zuwenden.

B. Das achte Gebot

1. Das Geben – unsere Aufgabe

1.1 Hauptsache – das Nehmen!

Die Überschrift über das achte Gebot macht stutzig. Ist es nicht ein Widersinn, ausgerechnet dieser Weisung eine solche Zielrichtung voranzustellen? Heißt nicht – im erlaubten und nicht erlaubten Verteilungskampf – das Stichwort »nehmen«? Nehmen, auch an sich reißen, ohne sich allzu sehr um sogenannte »juristische Zwirnfäden« zu kümmern?

1.2 Ist Eigentum Diebstahl?

Wir nehmen gerne an uns, wenn es unbemerkt bleibt. Denken wir nur daran, wie verhältnismäßig wenige Zeitgenossen gefundene Gegenstände zurückgeben! Es muß schon verwundern, wie offenbar viele sich nicht nur nehmen, sondern sich sogar das Recht herausnehmen, anderer Leute Gut zu behalten und dies auch noch zu rechtfertigen. Es kann sein, daß die Aussage von Pierre Joseph Proud'hon: »Eigentum ist Diebstahl« sich durchgesetzt hat. Dieser Satz klingt einleuchtend. Was jemand besitzt – an Geld und Vermögen, an Grund und Boden: Hat er sich dies nicht unrechtmäßig angeeignet – er oder seine Vorfahren? Darum: »Enteignung der Besitzer!«

Wir sehen, wie rasch wir bei Überlegungen zu diesem Gebot auf die Grundelemente unseres Lebens stoßen, nach der Frage um Eigentum und Besitz, und plötzlich vor der Frage ihrer Rechtmäßigkeit stehen. Droht von diesem Schlagwort aus nicht der Strudel des Chaos loszubrausen, der uns gerne in seinen Abgrund verschlingen möchte?

2. Rechtmäßigkeit des Eigentums?

Das Verbot des Stehlens setzt die Rechtmäßigkeit des Eigentums voraus.

Ohne uns in nutzlose Auseinandersetzungen zu verlieren und darin zu verirren, können wir sagen, daß rechtmäßiges Eigentum im ganzen auf dreierlei Weise auf uns zukommt – durch Erben, durch Schenkungen und durch Erwerb mit Geld.

2.1 Der Neid als Großmacht

Rechtmäßig – und damit nicht nur geschützt durch eine breite Öffentlichkeit, sondern auch durch unser Recht in der Gestalt der Gesetze -, dies drückt sich darin aus, daß das Antasten rechtmäßigen Besitzes verpönt sein muß. Wenn wir Fragezeichen hinter normale Rechtmäßigkeit setzen, treiben wir ein gefährliches Spiel mit dem Feuer: Niemand weiß, wie eine durch Neid und Mißgunst geschürte Feuersbrunst sich unkontrolliert ausweitet. Sie richtet tiefen Schaden an, nicht nur durch die Verächtlichmachung und Verdächtigung ehrlichen Besitzes, sondern auch in einer unheilvollen Politikverdrossenheit, mit der sich – angeblich oder tatsächlich – Geschädigte zu rächen versuchen.

2.2 Das geschützte Eigentum

Es muß gefordert werden, daß alle Medien hier klare Aussagen machen. Es ist nicht gut, wenn der Diebstahl – nicht die Menschen, die einen solchen begehen – nicht mehr gebrandmarkt wird und geächtet bleibt. Natürlich nicht nur die sogenannten Bagatellsachen, die aber dem einzelnen viel Leid und oft bösen Schaden zufügen! Denken wir daran, wie oft der Erinnerungswert eines gestohlenen Schmucks weit höher wiegt als das daraus zu erlösende Geld.

Es geht auch um die raffinierten Eigentumsdelikte, die in großem Maßstab und mit abgefeimten Methoden betrieben werden – oft von Berufskriminellen mit mehr als dunklen Hintermännern, die nach außen mit weißer Weste auftreten. Es geht dabei um großangelegte Betrugsmanöver, widerwärtige Bestechungsaffären und üble Erpressungen. Oft spielt auch brutale Gewalt bei sogenannten Schutzgeldaffären eine üble Rolle; dabei werden auch Mord und Totschlag als giftige Waffen eingesetzt.

2.3 Der notwendige Schutz

Natürlich hindert eine Ächtung einen mit allen Wassern gewaschenen Berufsverbrecher nicht daran, seine dunklen Geschäfte weiterzutreiben. Die Öffentlichkeit muß auch in der Form der staatlichen Ordnung »unter Androhung und Ausübung von Gewalt« (Barmer Theologische Erklärung, 31.5.1934)[95] tätig werden können.

Es ist niemand einsichtig zu machen, daß eine groß angelegte, gut organisierte, unrechtmäßige Bereicherung sich »rentieren« soll, während die kleineren Delikte erfaßt und geahndet werden. Alle rechtlich erlaubten Mittel müssen unter rechtsstaatlicher Kontrolle eingesetzt werden, um solchen Verbrechern auf die Spur zu kommen, sie zu stellen und dingfest zu machen. Im Blick auf die angewandten Mittel muß mindestens »Waffengleichheit« herrschen; es ist überhaupt nicht einzusehen, warum Methoden ausgespart werden sollen, die Erfolg versprechen, wenn sie rechtsstaatlich erlaubt sind und unter richterlicher Überwachung stehen. Die Gefahr eines »allgegenwärtigen Polizeistaates« an die Wand zu malen, ist unsinnig, solange unter uns ein rechtsstaatliches Gemeinwesen vorhanden ist. Hat der Rechtsstaat erst einmal vor dem Unrecht kapituliert – auch vor den gut organisierten Banden von Verbrechern -, wird der Weg zu einer nicht mehr zu kontrollierenden Staatsmacht beschritten, wird niemand mehr die Gefahr einer umfassenden Überwachung bannen können. Aber solange noch die Freiheit der Presse und die Unabhängigkeit der Gerichte in Kraft sind, kann von einer solchen Überwachung nicht gesprochen werden.

Doch zurück zum Wortlaut dieses Gebotes.

3. Die Reichweite des Stehlens

Das im hebräischen Urtext für Stehlen verwandte Wort hat eine weitgreifende Bedeutung. Es ist nicht unwichtig, sie uns klarzumachen.

Die Grenzüberschreitung des schützenden Rechtes wird in den verschiedenen aus dem hebräischen Wortstamm sich herleitenden Bezeichnungen anschaulich. Da ist einmal der Sinn von »beseitigen». Durch das Stehlen in seiner mannigfachen Aufgliederung wird der Versuch unternommen, die Existenzgrundlage unserer Mitmenschen zu streichen, zumindest aber sie anzutasten.

Dazu gehört eine ordentliche Portion von raffinierter Verschlagenheit. Nicht umsonst gehört in diesen Wortstamm auch die Bedeutung von »absichtlich täuschen». Dazu gehört auch die Heimlichkeit, mit der ein solches Unterfangen getarnt wird. Das Zeugnis des zweiten Teils der Bibel ist hier unmißverständlich. Die unvermutete Plötzlichkeit der Wiederkunft Jesu Christi wird so angesagt, daß »der Tag des Herrn kommen wird wie ein Dieb in der Nacht« (1. Thess. 5,2; vgl. dazu Mt. 24,42-44; Lk. 12,39; 2. Petr. 3,10; Offb. 3,3; 16,15). Ein, etwa durch einen Telefonanruf, vorangemeldeter Dieb ist ein Widerspruch in sich selbst.

Zu dieser absichtlichen Täuschung gesellt sich der Wortsinn von »eifern». Woher kommt der – für viele Menschen unüberwindlich scheinende Trieb -, daß sie trotz aller Warnungen der Versuchung erliegen, sich am Gut des Nächsten, in größerem wie in kleinerem Maß, listig und verschlagen oder gewaltsam und brutal zu vergreifen? Es ist das leidenschaftlich-eifersüchtige Verlangen, auf diese Weise zu Wohlstand zu gelangen. Dieser verkehrte innere Drang beseitigt oft unerwartet und unüberlegt die letzten Hemmungen und macht so die Bahn frei zum verbotenen Tun.[96]

Dazu kommt oft – wie ich aus einem jahrelangen Umgang mit jugendlichen Strafgefangenen weiß – das Stehlen als Mutprobe, der viele sich nicht entziehen wollen, um nicht als Feigling zu gelten. Umgekehrt hätte es sein müssen! Als ich sie auf ihre fehlende Zivilcourage ansprach, stimmten sie mir zu.

3.1 Das bittere Eigentor

Die Bibel läßt keinen Zweifel daran aufkommen, daß das Verbot des Stehlens uneingeschränkt gilt und daß letzten Endes die erzielten Vorteile dem Leben eines Diebes nur schädlich sein können. »Das gestohlene Brot schmeckt dem Manne wohl; aber hernach wird ihm der Mund voll Kieselsteine werden« (Spr. 20,17). Kieselsteine im Mund – auf keinen Fall nahrhaft und bekömmlich, sondern hinderlich und beschwerlich in jeder Hinsicht. Sind es Gewissensbisse? Ist es die Angst vor dem Ertapptwerden? Sind es verfängliche Fragen, die bedrohen? Ist ein Leben in der Lüge die Konsequenz?

Gleichgültig, was im einzelnen folgt. Gestohlenes ist in jedem Fall störend und wirkt zerstörend. Hernach! Ein Anruf an Verstand und Gemüt, vorher zu prüfen und zu erwägen, was wir tun. Morgen kann es zu spät sein. Mit dem Stehlen schießen wir uns letztlich ein Eigentor.

3.2 Das Stehlen – eine Notlösung?

Kann es nicht passieren, daß jemand aus einer wirklichen Notlage heraus sich am Gut seines Nebenmenschen vergreift? Doch – es kommt vor. Die Bibel meint: »Es ist einem Diebe nicht so große Schmach, wenn er stiehlt, seine Seele zu sättigen, weil ihn hungert« (Spr. 6,30). Wenn er ertappt wird, muß er bereit sein zu einer großzügigen Wiedergutmachung. Das Verbot des Stehlens bleibt in Kraft, ist aber weit geringer anzusetzen als »wenn er mit einem Weibe die Ehe bricht« (Spr. 6,32). Hier wird ein entscheidender Grundsatz deutlich: Verluste an Geld und Gut sind geringer anzuschlagen als eine böse Beleidigung und eine entehrende Verletzung des Nebenmenschen, wie dies durch unerlaubte Beziehungen geschieht.

Hat sich unter uns auf Grund der abgeschwächten Gültigkeit der biblischen Weisungen dieser Maßstab nicht umgedreht? Verlust an Vermögen und Geld ist eine Katastrophe – geschlechtliche Freibeuterei dagegen eine Bagatelle, auch in unserem Sprachgebrauch verharmlost als sogenannter »Seitensprung«.

3.3 Das notwendende Gebet

In der Bibel betet der Weise: »Gib mir weder Armut noch Reichtum; laß mir die Speise werden, die mir beschieden ist. Ich könnte sonst in Sattheit dich verleugnen und sprechen: ›Wo ist der Herr?‹ oder ich könnte aus Armut stehlen und mich am Namen meines Gottes vergreifen« (Spr 30,8 ff). Reichtum als die böse Möglichkeit, den Namen Gottes auszublenden, und Armut als Sprungfeder und Motiv für den Diebstahl. Nein – weder das eine noch das andere, sondern die maßvolle Mitte, die weder den gefährlichen Verdrängungen des Namens Gottes noch der eigenmächtigen, unerlaubten Versorgung durch den Diebstahl verfällt.

Was beschieden wird! Hier kommt zum Ausdruck das Vertrauen: Gott weiß, was wir bedürfen, und das Augenmerk auf das Beschiedene kann bescheiden, dankbar und fröhlich zugleich machen. Die im Vaterunser vorgebrachte Bitte ist eine tägliche Übung, den Blick, wie in der Bergpredigt angemahnt (im gleichen Kapitel), »zuerst nach der Herrschaft Gottes und seiner Gerechtigkeit« (Mt. 6,33) zu richten, in der Gewißheit, daß »alles andere zufallen wird« (ebenda).

In diese Richtung weist auch ein Gedicht des Pfarrers und Dichters Eduard Mörike:

> »Wollest mit Freuden
> Wollest mit Leiden
> Mich nicht überschütten.
> Doch in der Mitten
> Liegt holdes Bescheiden.«

3.4 Der folgenschwere Dammbruch

Was geschieht aber, wenn Gottes freundliche und verbindliche Einladung oder Wegweisung in den Wind geschlagen wird? Wenn an diesem Punkt – oder an einem anderen – ein Dammbruch erfolgt? Stürzen sich die ungezügelten Wassermassen nicht auf Menschen und Tiere, überfluten sie nicht Städte und Dörfer, Felder und Wälder? Nicht mehr im Bild gesprochen: Droht dadurch nicht ein Chaos?

Unordnung ist immer bedrohlich. Sie muß durch das verbindliche Recht mit der ihm verliehenen Gewalt in Schach gehalten werden. Auf keinen Fall darf vor einer herrschenden Weltanschauung kapituliert werden. Falsch ist es, wenn etwa in der Zeit des sogenannten Dritten Reiches als verbindliches Dogma verkündet wurde: »Recht ist, was dem Volke nützt.« Damit wurde der bösen Willkür Tür und Tor geöffnet. So wurden anläßlich der sogenannten Reichskristallnacht Mordtaten nicht mehr verfolgt bzw. Verfahren niedergeschlagen oder eingestellt, obwohl nach dem damals geltenden Recht darauf die Todesstrafe stand. Dies gilt auch für die Beseitigung sogenannten »lebensunwerten Lebens«, die als »unnütze

Esser« gebrandmarkt wurden. Straflos blieb auch die systematische Ermordung von sechs Millionen Juden. Wo das Recht vom Leuchter gestoßen wird, kann nur dunkles, uns alle in Unsicherheit stürzendes Chaos die Macht ergreifen.

Es bleibt darum immer ein gefährliches Unterfangen, Gesetze an die Meinung der sogenannten Öffentlichkeit angleichen zu wollen. Es wird auch überall immer wieder versucht, das eigene Programm mit einer göttlichen Autorität zu versehen. Nicht nur auf der rechten, sondern auch auf der linken Seite unseres politischen Spektrums! Mir liegt die Abbildung einer Postkarte (aus dem Jahr 1906) vor, in der Karl Marx als »der moderne Moses« auf dem »Berg der Proletarier« mit den Gesetzestafeln »Das Kapital« und »Das kommunistische Manifest« abgebildet ist. Seine »Ernennung zum modernen Moses« erfolgt in vier Sprachen, auch auf hebräisch.[97]

3.4 a Das Recht entmündigt?

Aber auch scheinbar harmlosere Leitlinien müssen zurückgewiesen werden, wie etwa der Spruch: »Recht oder Unrecht – mein Land!« Hier ist zwar das Recht als Ordnungsmacht noch anerkannt, aber im konkreten Fall kann es aus Gründen der Staatsräson auf die Seite geschoben werden.

Oder denken wir daran, daß unter uns – etwa in der Debatte um die Abtreibung (s.o.) – das verbindliche Verbot des Tötens eigenmächtig auf die Seite geschoben wird. In der dafür angezogenen Beweisführung wird die Aussagekraft der Zehn Gebote auf den Bereich der Kirche beschränkt und die private Meinung im festen Käfig eines Ghettos eingesperrt, als ob diese Anweisung Gottes nicht alle Welt – jedermann! – anginge. Erinnern dürfen wir uns dabei, daß diese Gebote schon lange vor der Entstehung der Kirche Gültigkeit besaßen.

Wenn Gesetze nur nach dem jeweiligen Geschmack der Tagesmeinungen zustande kommen, ohne einen verbindlichen, alle Meinungen übergreifenden Bezugspunkt zu haben, ist es um ihre jedermann verpflichtende Gültigkeit schlecht bestellt. Hier gilt es nüchtern und wachsam zu bleiben. Diese immer wieder in einsichtige Worte gefaßte Aufmerksamkeit war ein entscheidender Dienst der Propheten Israels.

3.4 b Außer Rand und Band!

Und wenn nicht gehört, nicht gehorcht wird? Dann müssen wir – alle ohne Ausnahme! – die Konsequenzen tragen. Das Bagatellisieren des Stehlens schlägt mit unheimlicher Wucht zurück. Der Prophet Obadja – sein Name ist Programm: Knecht Gottes, das heißt auf Gott hörend, ganz gehorsam – muß den »Hochmut des Herzens« rügen, der »Israel betrogen hat« (V. 3). Diese Unachtsamkeit gegenüber Gottes Weisungen führt ins

Unglück: »Wenn Diebe und Räuber bei Nacht über dich kommen werden – wie sollst du so zunichte werden! Ja, sie sollen genug stehlen ...« (V. 5). Treue und Zuverlässigkeit schwinden: »Bis an die Grenze haben dich deine Bundesgenossen getrieben; betrogen, überwältigt haben dich deine Freunde« (V. 7). Alles in allem: Das schützende Recht zerbröckelt; wo die Macht ihm nicht zur Seite steht und dienstbar bleibt, breiten sich hinterhältige Unzuverlässigkeit und bodenlose Angst aus. Wir lesen viel von derartig schlimmen Ereignissen unter uns, aber niemand kommt – leider! – auf den Gedanken, daß wir mit unserer gedankenlosen Gleichgültigkeit und unserem maßlosen Ungehorsam gegenüber den Geboten dem auch uns bedrohenden Verbrechen Tür und Tor öffnen (vgl. dazu auch Hos. 4,1.2). Nachdenken und Besinnung sind hier angesagt, und vor allem ist »teschuwah« in des Wortes doppelter Bedeutung nötig – Antwort auf den Anruf Gottes zu geben und die notwendige Umkehr zu vollziehen.

4. Stehlen im übertragenen Sinn

Unter uns muß Gottes Wort so anschaulich und klar bezeugt werden, damit wir die unerläßliche Antwort in unserem Leben praktizieren können. Aber wo erschallt dieses Wort?

4.1 Gottes Wort als Etikett

Die Seuche des Diebstahl greift auch auf die Verkündigung über. Nicht alle Worte, die wir als Zeugnis des lebendigen Gottes ausgeben, können einer kritischen Überprüfung standhalten. Auch hier ist Diebstahl im Sinne eines Etikettenschwindels möglich. Der Prophet Jeremia klagt: »Darum siehe, ich will an die Propheten, spricht der Herr, die mein Wort stehlen – einer dem anderen« (23,30). »Gottes Wort stehlen» – das ist ein unrechtmäßiger Gebrauch, mehr noch der Versuch, den lebendigen Gott als kräftiges Zugpferd vor den eigenen Karren zu spannen.

Noch gut kann ich mich erinnern, wie Adolf Hitler bei großen Kundgebungen immer wieder den »Allmächtigen« als Schutzpatron seiner politischen Bewegung beschwor und damit nicht wenig Leichtgläubige in seinen Bann ziehen konnte. Seine »glühende Bitte: ›Allmächtiger Gott, segne dereinst (!) unsere Waffen. Sei so gerecht, wie du es immer warst; urteile jetzt, ob wir die Freiheit verdienen (!). Herr, segne unseren Kampf.‹«[98] Dieses Gebet wurde lange vor der sogenannten Machtergreifung laut. Auch der Antisemitismus wurde in diese Inanspruchnahme Gottes einbezogen. Im gleichen Buch heißt es: »So glaube ich im Sinne des allmächtigen Schöpfers zu handeln: Indem ich mich des Juden erwehre, kämpfe ich für das Werk des Herrn.«[99]

Stehlen heißt, sich irgendeinen Besitz unrechtmäßig aneignen. Gott selbst und sein Wort in unseren Dienst zu stellen, ist eine verheerende Form des Diebstahls. Oft sind wir einfach zu naiv oder zu gutgläubig und lassen uns von religiösen Sirenen übertönen und betäuben wie durch einen Rauschtrank. Nicht umsonst ermahnt uns der Apostel Paulus: »Werdet doch einmal recht nüchtern!« (1. Kor. 15,34). Dazu muß sich gesellen, daß wir »wachsam und nüchtern sind« (1. Thess. 5,6; 6,8).

Von daher ergibt sich die Aufgabe kritischen Prüfens. »Prüfet alles, und das Gute behaltet« (1. Thess. 5,21). Das Nennen des Gottesnamens ist noch kein Beweis dafür, daß es um die gute Hoheit und das gnädige Regieren Gottes geht. Das ist aber der entscheidende Punkt und die dauernde, immer neu zu beantwortende Frage: Lassen wir uns durch Gott selbst in den Dienst stellen, damit sein Name allen Menschen leuchtet, oder versuchen wir, ihn in unseren Dienst zu stellen, um »uns einen Namen zu machen« (1. Mose 11,4)? Jeden Tag müssen wir uns entscheiden – hoffentlich nicht im Sinne eines Diebstahls. Die Verletzung von Gottes Weisung gilt es immer zu entlarven, ihr zu widerstehen, sie zu überwinden – durch unser Zeugnis in Tat und Wort.

4.3 Die böse Verführung

Das Herz stehlen! Das versucht der Sohn König Davids, Absalom, dessen Name – »Vater des Friedens« – geradezu einen Kontrapunkt setzt zu den kriegerischen Unternehmungen seines Vaters. Dieser Prinz macht sich böser Intrigen schuldig (2. Sam. 13 ff.). Seine bösen Ausfälle gipfeln in der meisterhaft veranstalteten Aufwiegelung Rechtsuchender gegen den König David. Er bescheinigt ihnen, daß »ihre Sache recht und gut ist, aber daß sie beim König niemand hätten, der sie anhört« (2. Sam. 15,3). Er bietet sich selbst als Richter an mit der Bemerkung, »daß er jedem zu seinem Recht verhelfen wolle« (15,4). Und das Endergebnis: »So stahl er die Herzen der Männer Israels« (15,6).

4.3 a Hinterlistige Andeutungen

Stehlen heißt ja, unrechtmäßig einem anderen wegnehmen, was ihm gehört und zusteht. Absalom wendet die Männer Israels von ihrem legitimen Herrscher ab, indem er ihnen – gegen die Wahrheit – vorspiegelt, »ihnen zu ihrem Recht zu verhelfen« (s.o.). Gegen die Wahrheit – denn niemand kann jemand Recht verschaffen in einem Verfahren, ohne zuvor die Sache sich angehört zu haben. Seine Zuhörer müssen den – zweideutig klingenden – Ausdruck so verstanden haben, daß sie durch ihn in ihrer Sache Recht bekommen.

Warum können die Worte Absaloms nicht als eine Äußerung einer im Namen des Rechts vorgebrachten Kritik gewertet werden? Nicht nur, weil Absalom überhaupt nicht Roß und Reiter nennt, um auf Mißstände aufmerksam zu machen, sondern weil er ganz offenkundig seine eigene Person – »Oh, wäre ich doch zum Richter bestellt in diesem Lande!« (15,4) – in die Mitte rückt und in den Vordergrund schiebt – und eine Verschwörung zum Sturze seines Vaters anzettelt (15,12). Alles ist so ernst, daß David die Flucht befiehlt (15,14).

Dieses Stehlen der Herzen durch wohlklingende Versprechungen und die Masse streichelnden Schmeicheleien muß ein schrilles Warnsignal sein. Nicht nur wegen der raffinierten Verführung und des volksnahen Getues Absaloms – »wenn dann jemand kam, sich vor ihm zu verneigen, streckte er seine Hand aus, faßte und küßte ihn« (15,6) -, sondern auch wegen der so leicht zu manipulierenden Verführbarkeit des Volkes. Es ist unmündig – es tut seinen Mund nicht auf – und unkritisch – es fragt nicht nach -, so richtig nach dem Muster der Gewaltherrscher verfaßt, denen nur zugestimmt und zugejubelt wird. Hüten wir uns vor den uns so leicht eingehenden Sirenentönen der den Mund zu voll nehmenden Großsprecher jeglicher Art; sie führen nie Gutes im Schilde, weil sie nur sich selbst im Visier haben.

4.3 b Die schleichende Abwendung

Aber auch auf einer ganz anderen Ebene werden Herzen gestohlen. Diese stille und tiefgreifende Tragödie spielt sich zumindest unter Ausschluß der Öffentlichkeit ab; erst wenn daraus böse Auseinandersetzungen werden, die die Presse aufgreift und die unter Umständen auch die Gerichte beschäftigen, leuchtet es wie ein heller Blitz auf, daß dieses Verhältnis schwer belastet ist – das zwischen Kindern und ihren Eltern z. B.

Es ist hier nicht die Rede von den normalen Spannungen, die im Zug des menschlichen Reifungsprozesses entstehen. Sie können ausgehalten und ausgetragen, bewältigt und in Ordnung gebracht werden. Es geht um etwas viel Schwerwiegenderes. Kinder heiraten, und es ist normal, daß ihr Herz mit ganzer Zuneigung für den Partner erfüllt ist; weise Eltern sind sicher bereit, gerne an die zweite Stelle zu treten. Sie wollen ihren Kindern nicht im Wege stehen.

Muß dieser Vorgang aber zur Besetzung des Herzens der eigenen Kinder durch eine feindliche Macht werden? Müssen sie ungute Verhaltensweisen annehmen oder zumindest dulden, durch die sie ihre Eltern verletzen und beleidigen? Kann es letzten Endes einer Ehe förderlich sein, wenn eine solche Entfremdung von dem jeweiligen Ehepartner geschürt wird? Meist nicht durch harten Schlagabtausch, sondern durch alltägliche Sticheleien, durch die ein solcher Prozeß des Auseinanderlebens mit den Eltern eingeleitet wird?

Stehlen der Herzen –! Von Gottes Weisung her werden die Eltern und nicht die Ehegatten namentlich in den Zehn Geboten aufgeführt. Die ihnen geschuldete Achtung hat kein Ende, solange sie und die Kinder leben.

Zwei Beispiele aus jüngster Zeit beleuchten dies. Einmal: Eine Schwiegertochter betritt das Haus der Eltern ihres Mannes nicht mehr, und er ist nicht in der Lage, den Widersinn ihrer Anschuldigungen aus dem Weg zu räumen. Er besucht die Eltern allein. Ein zweites: Ein Mann wird schwer krank; er muß ins Krankenhaus eingeliefert werden. Seine Frau unterrichtet dessen Eltern und fügt an, er dürfe nur von den nächsten Angehörigen besucht werden, aber nicht von seinen Eltern.

4.3 c Wege aus der Sackgasse

Was kann getan werden? Im Grunde bleibt nur das Gebet und die geduldig (er)tragende Liebe; Aussprachen führen meist zu unerquicklichen Frontstellungen, vor allem, wenn der Adel der Eltern als der Älteren nicht mehr bejaht wird. Schuld und Fehler der Eltern sollen dabei nicht geleugnet werden.

Dieses Stehlen der Herzen greift offenbar so tief, daß eine solche Abschottung mit menschlichen Mitteln nie ganz in Ordnung gebracht werden kann. Sicher werden auch Begegnungen sich ereignen, die aus einer wirklichen Umkehr stammen: Sie allein ermöglichen den neuen Anfang. Nicht umsonst endet das letzte Buch des ersten Teils der Bibel mit der Verheißung, den Propheten Elia als den Wegbereiter zu senden mit dem klaren Auftrag, »das Herz der Väter zu den Kindern und das Herz der Kinder zu ihren Vätern zu bekehren« (Mal. 3,24). Die Kinder sind niemals aus der Verpflichtung ihren Eltern gegenüber entlassen. Der Text ist im Blick auf das Ausbleiben der guten Antwort und der notwendigen Umkehr – beides meint das hebräische Wort »teschuwah« – unmißverständlich. Ohne dieses ernsthafte Aufeinanderzugehen bleibt nur die Katastrophe des Bannfluchs der Vernichtung. Jesus von Nazareth hat diesen Ruf zur Umkehr aufgegriffen und zum Ziel geführt.

5. Der endzeitliche Vorbehalt

In allen diesen Erörterungen muß klar bleiben, daß wir als die von Jesus Christus Gerufenen unterwegs sind zur Heimat (Hebr. 13,14), und daß darum alle Dinge dieser Welt nur in einer letzten Distanz behandelt werden dürfen. »Denn das Wesen dieser Welt vergeht« (1. Kor. 7,31). Tag für Tag dürfen wir in einem Verhalten leben, das gekennzeichnet ist von der Einsicht, »zu haben als hätten wir nicht« (1. Kor. 7,29). Diese Einstellung erstreckt sich von den Ehefrauen über die Freude und Trauer bis hin zum Besitz.

Ein solcher – immer gültiger – Vorbehalt kann es den Gliedern der

Gemeinde – und nicht nur ihnen! – leichter machen, die Einladung des Apostels sich zu Herzen zu nehmen und zu befolgen: »Wer gestohlen hat, der stehle nicht mehr« (Eph. 4,32).

Wie kommen wir aber dazu, den Schlußstrich unter das Stehlen endgültig zu ziehen? Indem wir bereit und willig werden zu geben.

6. Schach dem Stehlen – das Geben

6.1 Der unerreichte Gipfel

Die Freiheit des Gebens wird anschaulich in Jesus Christus: In ihm und durch ihn gibt Gott nicht nur Entscheidendes, sondern sich selbst – ohne Vorbehalt, ohne irgendwelchen Rest, ohne berechnende Hintergedanken. Jesus Christus ist das Lehrstück königlicher Freiheit.

Gott hat die ganze Welt mit einer so unermeßlichen Liebe umfangen, »daß er seinen einzigen Sohn (dahin)gab« (Joh. 3,16), um uns nahe zu kommen und sein Rettungswerk durchzuführen. Gott behält nichts in Reserve; in Jesus Christus »verausgabt« er sich ganz und liefert sich aus in unsere Hände: »Er hat seines eigenen Sohnes nicht verschont, sondern hat ihn für uns alle dahingegeben« (Röm. 8,32). Diese unfaßbare Hingabe ist das Unterpfand dafür, daß er uns damit alles schenken will (ebenda). Jesus Christus »hat sich selbst für die Gemeinde dahingegeben« (Eph. 5,25). Der Gipfel dieses freiwilligen Opfers ist zugleich auch der nicht auslotbare Abgrund seiner Zuwendung.

In dem frühen Hymnus über das Werk Jesu Christi wird gepriesen: »... Er (Jesus Christus) hielt es nicht für einen Raub, Gott gleich zu sein, sondern entäußerte sich selbst, nahm die Gestalt eines Sklaven an, ward gleich wie ein anderer Mensch und an Gebärden als ein Mensch erfunden. Er erniedrigte sich selbst und wurde gehorsam bis zum Tode, ja zum Tode am Kreuz ...« (Phil. 2,6-8).

Das Geben, das Sich-Hingeben und Sich-Preisgeben ist nicht nur ein Zeichen tiefer und getroster Freiheit, sondern besiegelt Gottes treue Nähe. Mit seinem Geben will er uns anleiten und fähig machen, aus der von ihm geschenkten Freiheit zu lernen und zu leben. Dies beginnt damit und setzt sich durch und fort, daß auch wir geben lernen, es üben, es bewahren und uns darin bewähren. Hier liegt die tiefe Wurzel, mehr noch der innere Antrieb dafür, das Stehlen zu überwinden und in Schach zu halten – Tag für Tag.

6.2 Das Geben als Test der Freiheit

Unter uns wird oft an den Rand gedrängt, ja manchmal ganz verdrängt, wie das Festhalten an Eigentum und Besitz ein entscheidendes Hindernis für die Nachfolge Jesu Christi werden kann. Denken wir an jenen untade-

ligen jungen Mann, der die Gebote Gottes hält (Mt. 19,10 ff) und den
Jesus von Nazareth liebgewinnt (Mk. 10,21), der aber die entscheidende
Probe nicht besteht, nämlich alles zu verkaufen und den Armen zu geben
und ihm nachzufolgen (ebenda). Er überwindet dieses Hindernis nicht,
sondern »geht betrübt weg; denn er hatte viele Güter« (ebenda). Immer
wieder hat dieser Ruf Jesu ein aufrüttelndes Echo gefunden, etwa beim
heiligen Franziskus und bei Petrus Waldes (Lyon), dem Begründer der
Waldensergemeinden.

Denken wir doch an die arme Witwe (Mk. 10,41-44). Sie opfert mit
ihrer geringen Gabe alles – ihre ganze Nahrung. Ein Zeichen der – für die
meisten unter uns – unverständlichen Freiheit. Denken wir hier nur an die
vielen Ordensgemeinschaften – auch auf evangelischer Seite -, die auf
ihre Weise Zeugnis von dieser Freiheit ablegen. Eindrücklich wird uns
hier vorbuchstabiert, daß »das Trachten nach dem Reiche Gottes an erster
Stelle« aus der Gewißheit lebt, daß »alles übrige uns zufallen wird« (Mt.
6,33).

Wenn wir immer wieder geben – Zeit und auch Geld -, wenn wir so
unsere Nebenmenschen nicht aus den Augen verlieren, so ist dies ein
stilles, manchmal auch auffälliges Zeichen dafür, daß wir bereit sind,
unsere Lektion zu lernen. Freiheit ohne Geben ist wie ein Leib ohne At-
mung. Die Freiheit verkommt zur leeren Floskel, wenn sie kein Zeichen
mehr dafür ist, daß wir als die von Jesus Christus Befreiten unsere verständliche Angst und täglichen Sorgen überwinden – und geben.

*6.3 Das herzliche Danken, das liebevolle Gedenken und das notwendige
Recht*

6.3 a Kinder als Gabe – Zeichen des Gebens

Die Überwindung des eigensüchtigen Festhaltens im Sinne eines freien
Gebens geht auch die jeweils nachfolgende Generation an, vor allem die
Kinder. Sie allein garantieren – indirekt – durch ihre Arbeit die Versor-
gung der aus dem Arbeitsprozeß ausgeschiedenen Generation.

Eines muß bemerkt werden: Daß kinderlose Ehen oft tief leiden, wenn
Kinder ihnen verweigert werden, bedarf keiner langen Ausführung. Wenn
aber Paare gleichgeschlechtlicher Art sich mit ihrer Neigung brüsten, ist
dies nicht nur aus moralischen Gründen wenig begrüßenswert, sondern es
müßte auch auf den sozialen Aspekt verwiesen werden. Sie tragen von
sich aus für die nur durch die nächste Generation gewährleistete Versorgung im Alter keinen Pfennig bei; auch unter diesem Gesichtspunkt
müßte eine größere Bescheidenheit an den Tag gelegt werden. Dies gilt in
gleicher Weise für Ehepaare, die – aus welchen Gründen auch immer –
bewußt auf Kinder verzichten.

Kinder verdanken ihre Existenz ganz den Eltern. Jedenfalls haben
Eltern – von traurigen Ausnahmen abgesehen – vor allem im Abschnitt

des kindlichen Alters viel, manchmal fast alles gegeben, und nichts für sich zurückbehalten.

Wer zählt die Stunden, die etwa die Mutter, aber auch der Vater bei kranken Kindern nachts zugebracht haben? Wer kann all die kleinen (und großen) guten Tröstungen und die wichtigen Streicheleinheiten ermessen, die Kindern das Gefühl der feinen Geborgenheit und des befreienden Schutzes vermittelt haben? Wir könnten eine solche Liste beliebig verlängern. Die Eltern versorgen, lassen ausbilden, statten aus – und wenn sie Glieder der Gemeinde sind, falten sie die Hände und lehren auch beten. Vor allem: Sie können zu richtungweisenden Vorbildern, zur Autorität werden und dies auch bleiben, ohne autoritär zu werden.

6.3 a 1 Anlaß zum Danken?

Ruft diese Fürsorge der Eltern das Echo des Dankens hervor? Gewiß! Es ist aber ebenso sicher, daß dieses Danken im Laufe der Zeit durch äußere Einflüsse sich abschleift und durch innere Krisen verdrängt wird. Anhänglichkeit der Kinder an die Eltern wird oft zu einer auf Geburts- und Feiertage sich einschränkenden Verbundenheit.

6.3 a 2 Das wichtige Bedenken

Dieses Verkümmern des Dankes mag auch damit zusammenhängen, daß es sich – vielleicht auch bedingt durch ungute Auseinandersetzungen – zu wenig umsetzt in unser bewußtes Denken und darum ernsthaftes Bedenken und unser Leben erfassendes Gedenken ausklammert.

6.3 a 3 Die unheilvolle Selbstverständlichkeit

Bedenken und Gedenken müßten ja dazu führen, daß das uns von den Eltern Gegebene und Vermittelte eine Antwort von unserer Seite erheischt. Und dies gerade dann, wenn Eltern auf Grund von Krankheiten und im Zug beginnender Gebrechen des Alters nicht mehr in einer ordentlichen Weise sich selbst versorgen können. Wo das Denken nicht zum Nachdenken führt, wird alle Güte der Eltern als selbstverständlich hingenommen. Dieses kleine Wort ist wie ein Radiergummi, der alles Gute auslöscht und Kinder in gedankenloser Gleichgültigkeit verkommen läßt, wenn nicht gar Schlimmeres erfolgt.

Dafür nur zwei Beispiele: Aus meiner frühen Schulzeit erinnere ich mich an eine in unserem Lesebuch stehende Geschichte, wo ein junger Knabe an einem Holznapf schnitzte. Auf die Frage seines Vaters, warum er dies mache, erwiderte der Sohn, er wolle das Essensgefäß für sie herstellen; denn die Großeltern – die Eltern des Vaters – säßen ja an einem besonderen Tisch und würden ihr Essen aus einem solchen Napf zu sich nehmen. Diese Geschichte hat offenbar nichts von ihrer Aktualität verloren. Das zweite: Ein vermögender alter Bauer klopfte während des Krieges zusammen mit seiner Frau an einer anderen Türe an, weil er zu Hause nur noch hartes Brot bekam, das sie beide nicht beißen konnten.

Wenn Kinder auf ihrem Eigentum so beharren, das ihnen wenigstens zum Teil von ihren Eltern überkommen ist, wenn sie ihre Hand nicht zum guten, nicht demütigenden Geben öffnen, ist dies ein gemeiner Diebstahl. Es ist seltsam, daß ein solches Verhalten meist nicht öffentlich gebrandmarkt wird.

6.3 a 4 Das Recht auf Versorgung

Aus all dem ergibt sich, daß eine vom geltenden Recht her garantierte gesetzliche Regelung notwendig ist, um die Versorgung der alten Menschen sicherzustellen. Die Rente ist im Grunde eine Verpflichtung des Dankes an die vorhergehende Generation, um sie für ihre Lebensleistung sachgemäß und angemessen zu belohnen. Der Dank und das Danken der nachfolgenden Generation ist eine zu unsichere Basis. Jedes Anzweifeln einer Rente für die alten Menschen, etwa, um sie als »unnütze Esser« zu bezeichnen, bringt nicht nur in die Nähe des Dritten Reiches, in der unter dieser Bezeichnung die geistig und körperlich Behinderten ausgerottet wurden, sondern begeht einen hinterhältigen Diebstahl. Dieser ist nicht nur unedel, sondern ganz einfach dumm. Wir manövrieren uns alle schlicht in die Sackgasse der Hilflosigkeit; jeder unter uns hat doch den Wunsch, in Ehren und ordentlich versorgt alt zu werden.

6.3 a 4 a Die Pflegeversicherung

Zur Versorgung der älteren Menschen gehört auch eine Pflegeversicherung. Dies ist unbestritten. Es ist aber ein Skandal, wie darum gefeilscht wurde, das Bestehen auf eigenen Errungenschaften, ohne hergeben zu wollen (aus welchen Gründen auch immer) muß auch unter dem Vorzeichen des Diebstahls gesehen werden.

Ist es denn hinzunehmen, daß Erwachsene, die das ganze Leben gearbeitet haben, und die zu einem Fall der Pflege geworden sind, ihr ganzes Hab und Gut verbrauchen müssen, bis sie auf das Niveau der Sozialhilfe gekommen sind? Dagegen werden Frauen und Männer, die – aus welchem Grund auch immer – alles verbraucht haben, ohne Zögern von seiten des Sozialamts versorgt, wenn sie pflegebedürftig werden. Darf sich denn ein Rechtsstaat eine solche Ungerechtigkeit leisten?

7. Die bedeutsame Einschränkung

Wenn wir wirklich bereit sind, geben zu wollen, bedeutet das auch dies: sich einschränken und verzichten zu können. Nicht etwa um vor anderen Menschen gut dazustehen, sondern um so seinen Lebensaufwand einzuteilen, daß wir andere auch noch bedenken können.

Dies geschieht in der wichtigen Einsicht, daß unsere Grundbedürfnisse gedeckt sein müssen. Paulus mahnt in seinem Brief an Timotheus: »Es ist in der Tat die Frömmigkeit, wenn verbunden mit Genügsamkeit, ein großer Erwerb.« Warum? »Denn wir haben nichts in die Welt hereingebracht; so ist offenbar, daß wir auch nichts hinausbringen können.« Was folgt daraus? »Wenn wir aber Nahrung und Kleidung haben, sollen wir uns daran genügen lassen« (1. Tim. 6,6-8). Aus unserer Sicht der Dinge ist anzufügen, daß Arbeit und Wohnung eingeschlossen sein müssen.

Dazu gehört, daß unser Alltag sich im Blick auf den lebendigen Gott abspielen darf. Ungute Tricks des Betrugs müssen ausgeschlossen bleiben. In den Sprüchen Salomos werden wir darum eingeladen: »Lieber wenig mit Gerechtigkeit als viel Einkommen mit Unrecht« (16,8). Das bedeutet, daß wir uns die Mahnung des Paulus zu Herzen nehmen: »Niemand gehe zu weit und übervorteile seinen Bruder im Handel« (1. Tim. 4,5). Und der Grund? »Denn der Herr ist ein Richter über alles« (ebenda). Das heißt doch: Er allein hat die Vollmacht – das Recht und die Macht! -, uns richtig zu beurteilen; er sieht hinter die Kulissen. Wir dürfen uns dies gefallen lassen und ihm Rede und Antwort stehen im täglichen Umgang. Daraus erwächst eine stabile Verantwortung, die sich an seinen Weisungen orientiert. Vor allem: Uns wird aufgedeckt, vor welchem Übel wir uns zu hüten haben, um zu einem rechten Verhalten zu finden.

8. Die Wurzel allen Übels

Das ist der Geiz (1. Tim. 6,10). Geiz ist nicht nur böse Habsucht, die an sich ziehen will, was nur immer sich bewegen läßt, sondern er ist – wie es wörtlich heißt – Liebe zum Geld. Anders gesagt: Versessenheit auf und Besessenheit vom Geld. In einer merkwürdigen Treffsicherheit hat einmal jemand auf einen größeren Geldschein den Reim geschrieben: »Ach, bleib bei mir und geh nicht fort; mein Herz ist ja dein Heimatort.»

Das ist in der Tat eine zutreffende Auslegung des Wortes aus der Bergpredigt: »Wo euer Schatz ist, da ist auch euer Herz« (Mt. 6,21). Wenn wir dorthin unser Lebenszentrum – das Herz – verlagern, dort unseren Mittelpunkt sehen, werden wir zu Sklaven, die diesem Tyrannen untertan sein müssen. Die Fuchtel dieses Potentaten ist schlimm. Vor allem: Er duldet keinen anderen Herren neben sich. Denn es gilt das Wort Jesu: »Niemand kann zwei Herren dienen ... Ihr könnt nicht Gott dienen und dem Mammon« (Mt. 6,24).

Und der Lohn dieser Sklaverei? Als Kardinal Mazarin (1661) stirbt, ist er nicht nur der mächtigste, sondern auch der reichste Mann Europas geworden. Erschütternd ist, was aus den letzten Tagen vor seinem Tod berichtet wird. Hinter einem Gobelin versteckt beobachtete der Sohn eines hohen Beamten, wie Mazarin auf schlürfenden Pantoffeln, sich mühsam auf Tische und Stühle stützend, weiterschritt und seine Kostbarkeiten betrachtete, und er hörte ihn flüstern: »Das alles muß ich lassen ...

Das alles werde ich nicht mehr sehen.«[100]

8.1 Zerbrochene Ketten

Wie können wir einer solchen Versklavung entrinnen? Indem wir ernst nehmen, wozu Paulus im Anschluß an die Stelle vom Geiz einlädt: »Du aber, o Mensch Gottes, fliehe solches!« (1. Tim. 6,11). Wir sind Menschen, die Gott gehören und nicht dem Mammon. Wir können aufbrechen und dieses Gefängnis hinter uns lassen. Wir dürfen buchstabieren und einüben, was Jesus Christus gesagt hat: »Geben ist seliger – macht glücklicher – als Nehmen« (Apg. 20,35).

Darum gilt es, »reich zu werden an guten Werken!« (1. Tim. 6,17). Noch einmal hören wir das Wort von Proud'hon: »Eigentum ist Diebstahl.« Wenn wir unseren Besitz nur für uns behalten und nicht beginnen zu geben und zu teilen, werden wir eines folgenschweren Diebstahls schuldig. Merken wir uns den zum Nachdenken anregenden Vers

> »Sei zum Geben stets bereit –
> Miß nicht kärglich deine Gaben!
> Denk, an deinem letzten Kleid
> Wirst du keine Taschen haben.»

9. Zusammenfassung

Die kurze Weisung: »Du sollst nicht stehlen!« fordert eine ebenso klare und einprägsame Antwort. Sie lautet: »Du darfst geben!« Nur so wird Besitz nicht zur Besessenheit, sondern Anlaß zu Dank und Freude. Mehr noch: Wir begreifen, er ist uns zugeteilt, um zu teilen.

VI. Gottes Wort und unsere Worte

(Viertes und neuntes Gebot)

A: Das vierte Gebot:
1. Gottes Gedanken – unsere Gedanken

Zunächst muß bemerkt werden, daß das vierte Gebot nicht in der Form eines Verbots laut wird. Es ist von vornherein als eine wichtige Einladung gedacht, mehr noch als eine gute Gabe, die wir Menschen – auch um unserer selbst willen – nicht verschmähen oder gar ablehnen sollten. Diese einladende Weisung beginnt mit dem Wort: »Gedenke!« (2. Mose 20,8). Gedenken zählt zu den entscheidenden Hauptworten der Bibel. Seine Wortbedeutung leitet sich ab in der hebräischen Sprache von »stechen, fixieren». Also ein »Stichwort« besonderer Art, das – bildlich gesprochen – durch seinen »Einstich« Spuren des Gedenkens und Bedenkens hinterlassen will.

1.1 Gott denkt an uns

Das Gedenken Gottes ist ein Zeichen seiner unergründlichen Liebe und seiner immerwährenden Treue. Er überläßt uns Menschen – trotz allem! – nicht uns selbst. Es wird ihm nicht zu dumm mit uns. Er ist damit das genaue Gegenteil des letzten Königs von Sachsen, der nach dem Ersten Weltkrieg den rebellierenden Massen zugerufen haben soll: »So – jetzt macht euren Dreck allein.«

1.1 a Gottes unverbrüchlicher Bund

Das Gedenken Gottes besteht zunächst darin, daß er sich an seinen Bund erinnert. Gott geht mit uns eine uneingeschränkte Partnerschaft ein, die darin einzigartig ist und einseitig bleibt, daß er dieses Verhalten mit seinem Volk – mit Israel, mit der Kirche, und schließlich mit aller Welt – nicht kündigt. Auch dann nicht, wenn er auf Grund des Verhaltens seiner Bundesgenossen allen Grund dazu hätte.
»Ich will gedenken an meinem Bund zwischen mir und euch und allen lebendigen Seelen in allerlei Fleisch ...«, so spricht Gott nach dem Strafgericht der Sintflut, als er im Zeichen des Regenbogens einen neuen Anfang mit uns Menschen wagt (1. Mose 9,15.16). Dies wird konkret, wenn das Volk Israel und sein Land davon umfaßt wird: »Ich werde gedenken an meinen Bund mit Jakob und an meinen Bund mit Isaak und an meinen Bund mit Abraham und werde an das Land gedenken« (3. Mose 26,42).

»Ich werde« – diese Form der Zukunft schließt alle künftigen Generationen ein und ist Garant für seine Unverbrüchlichkeit.

Diese Zusage wendet sich an einzelne, die für die anderen stehen und sie vertreten. So hören wir mitten in der tobenden Sintflut: »Da gedachte Gott an Noah« (1. Mose 8,1), und mitten aus der Katastrophe von Sodom und Gomorrha verlautet: »Da gedachte Gott an Abraham und geleitete Lot aus den Stätten, die er zerstörte« (1. Mose 19,29). Als die Drangsal des Volkes Israel in Ägypten (siehe Anm. 1) überhandnimmt, wird knapp berichtet: »Gott erhörte ihr Wehklagen und gedachte an seinen Bund mit Abraham, Isaak und Jakob« (2. Mose 2,24). Dieses Gedenken leitet die Wende ein.

Es kann nicht wundernehmen, wenn David erstaunt und betroffen fragt: »Was ist der Mensch, daß du sein gedenkst, und des Menschen Sohn, daß du dich seiner annimmst?« (Ps. 8,5). Ein kurzer Blick auf die Lebensgeschichte Davids – 2. Sam. 11;12: Stichwort: Bathseba und Uria – genügt, um in der Tat diese Frage zu verstehen. Die Antwort ist allein Gottes unbegreifliche Treue. Und wir?

2. Die von uns erwartete Antwort

2.1 Die angemessene Treue

Immer wieder wird das Gedenken als Akt der Treue bezeugt. Die Stille nach dem Lärm und der Hetze des Tages kann dazu einladen. So hören wir den Psalmisten: »Ich gedenke des Nachts an deinen Namen« (Ps. 119,5). Diese Einstellung kann in einem mutigen Bekenntnis sich äußern: »Herr, unser Gott, es herrschen wohl andere Herren über uns; aber wir gedenken doch allein deiner und deines Namens« (Jes. 26,13).

2.2 Die folgenschwere Vergeßlichkeit

Immer wieder hat Gottes Volk dieses Gedenken unterlassen, und dieser Akzent durchkreuzt wie eine fremde Melodie stets erneut die Geschichte Gottes mit seinem Volk.

Nach dem Tode Gideons macht sich ein Abfall vom lebendigen Gott breit; dies wird so berichtet: »Die Kinder Israels gedachten nicht mehr an den Herrn, ihren Gott, der sie errettet hatte von der Hand aller Feinde umher« (Ri. 8,34). So schnell kann Gottes Gegenwart auf die Seite geschoben werden, wenn wir erst über dem Berge sind.

Viel schlimmer ist es noch, wenn die für dieses Gedenken Verantwortlichen ihrem Auftrag nicht mehr nachkommen: »Die Priester gedachten nicht: ›Wo ist der Herr?‹« (Jer. 2,8). Wenn von dieser Seite diese entscheidende Frage ausfällt, wenn die tatsächliche Sprachlosigkeit Einzug hält – wie soll das Volk ein solches Gedenken aufrechterhalten? Eines ist klar: Das Gedenken ist und bleibt gefährdet; es droht sich zu verabschieden.

Wie kann diesem Unheil begegnet werden?

2.3 Der hörbare Weckruf

Das Gebet als eine Übung des Gedenkens (vgl. Phil. 1,3) muß praktiziert werden. Gott wird darin an seine Treue erinnert: »Gedenke an deinen Bund; denn das Land ist allenthalben jämmerlich verheert« (Ps. 74,20). Ein solches Rufen nach Gott ist wie ein Wind, der ein verglimmendes Feuer auflodern läßt.

David schaltet sich auch so ein: »Gedenke nicht der Sünden meiner Jugend und meiner Übertretungen; gedenke aber mein nach deiner Barmherzigkeit um deiner Güte willen« (Ps. 25,7). Gottes Gedenken ist sein gnädiges Eintreten für uns, das anderswo so knapp zum Ausdruck gebracht wird: »Herr, gedenke mein nach deiner Gnade« (Ps. 106,4); unser aller in der Not! Wem fällt hier nicht ein, was einer der beiden Mitgekreuzigten auf Golgatha Jesus von Nazareth noch in letzter Minute zugerufen hat: »Herr, gedenke an mich, wenn du in dein Reich kommst« (Lk. 23,42). Die Antwort Jesu kennen wir: »Wahrlich, ich sage dir: Heute wirst du mit mir im Paradiese sein« (Lk. 23, 43).

Gottes Gedenken will uns zubereiten, daß wir das Vor-Wort zum Gebot der Sabbatheiligung nicht in den Wind schlagen, sondern ernst nehmen und befolgen.

3. Der Sabbat – Zeit und Ziel

3.1 Die Krone der Schöpfung[101]

Bei uns gilt es als geflügeltes Wort, den Menschen als Krone der Schöpfung zu bezeichnen. Dafür können wir manches ins Feld führen, vor allem, daß ihm von Gott das Adelsprädikat der Ebenbildlichkeit Gottes verliehen wurde (1. Mose 1,27). Diese Auszeichnung ist auch nach dem durch die Sintflut geahndeten Aufruhr nicht ausgelöscht (1. Mose 9,6). Doch zeigt gerade diese Stelle, daß damit auch die Unantastbarkeit seines von Nebenmenschen bedrohten Lebens unterstrichen wird. Aber diese Auszeichnung des Menschen bedeutet vor allem, daß er – auch jetzt noch, trotz allem! – Partner Gottes sein, werden und bleiben darf.

Wir dürfen dabei auch darauf hinweisen, daß – im Unterschied zu Gottes Wirken an den vorhergehenden Tagen – die Erschaffung dieses Gegenübers Gottes als sehr gut hervorgehoben wird (1. Mose 1,31). Aber dies alles ereignet sich noch am sechsten Tag.

3.2 Das Ausruhen Gottes

Die krönende Vollendung geschieht am siebten Tag. Anders gesagt: Nicht das Tun in den vergangenen Tagen, auch nicht die darin aufeinander abgestimmte Harmonie, sondern das Ausruhen ist die Krone der Schöpfung: Gott ruht aus, und das dafür gebrauchte Zeitwort (1. Mose 2,2.3) ist aus den gleichen Buchstaben geformt, aus denen das Wort »Sabbat« sich herleitet. Das Ruhen Gottes setzt entscheidende Akzente: die Stille des Nachdenkens, die Bereitschaft zum Hören, die für uns notwendige Zeit zur Entspannung.

Dieses Ruhen an einem bestimmten Tag schafft einen Bereich, der, abgeschirmt von der bösen Hetze, der verderblichen Hast und der drükkenden Last des Alltags, uns mit seiner Stille umfangen und bewahren will. Allem Unguten soll der Eintritt verwehrt sein.

Nichts ist umsonst, was hier gesagt wird. Es ist der siebte Tag, und jeder der hebräischen Sprache Kundige bringt diese Zahl mit dem Eid Gottes in Verbindung; beide Worte haben die gleiche Anordnung der gleichen Konsonanten. Anders ausgedrückt: Die Siebenzahl weist auf den Schwur Gottes hin, in seiner Treue darüber zu wachen, daß dieser »Feiertag«, diese Frei-Zeit, trotz aller menschlichen Angriffe darauf, nicht beschädigt wird, sondern erhalten bleibt. Auch gerade dann, wenn diese »Freizeit« heutzutage zum Startplatz für alle möglichen Ablenkungsmanöver mißbraucht wird, um das Nachdenken, die Besinnung, die Orientierung auszuschalten.

Der Tag bleibt gesegnet, weil von Gott für die Begegnung mit seinem Wort ausgezeichnet. Er ist geheiligt, das heißt abgegrenzt von allen anderen Tagen. Gottes Vollkommenheit gewinnt Gestalt im Ruhen; wir dürfen dieses Angebot nicht übersehen, sondern annehmen. Buchstabieren wir in diesem Zusammenhang durch, daß unsere Vollkommenheit in erster Linie darin besteht – auszuruhen, zu hören, zu bedenken (vgl. Mt. 5,48).

3.3 Das Gebot des Ruhens – ein Angebot

Angesichts der im zweiten Teil der Bibel zwischen Jesus und seinen Gegnern geführten Auseinandersetzung sollten wir uns erinnern, daß der Sabbat in seinem Ursprung immer ein freundliches Angebot gewesen ist. Das hebräische Wort bedeutet: stehen bleiben, sitzen, innehalten. Denken wir doch daran, daß mit dem Gebot des Innehaltens mitten in der Hast der alltäglichen Arbeit eine Ruhebank für uns alle gezimmert wurde. Jeder darf sich niederlassen. Niemand ist ausgeschlossen.

Dieses Ruhen ist kein Privileg der Reichen oder der Einheimischen gewesen; ausdrücklich werden Knechte und Mägde, die Fremdlinge und das Vieh erwähnt (2. Mose 20,10). Und in der Wiederholung der Zehn Gebote (5. Mose 5,6 ff) wird dafür als Begründung das Sklavendasein Israels in Ägypten ins Gedächtnis gerufen (5,15). Die Befreiung aus der

Gefangenschaft muß Zuwendung zu allen Mitmenschen nach sich ziehen, die in einer ähnlichen Lage sich befinden. Undank ist das Gegenteil von Gedenken.

Jesus von Nazareth hat diesen Sinn des Sabbats in Übereinstimmung mit dem Sinn der jüdischen Tradition unterstrichen, als er an seine Gegner angesichts der Heilung eines Menschen mit einer erstorbenen Hand eine Frage richtete: »Soll man am Sabbat Gutes oder Böses tun, das Leben erhalten oder töten?« (Mk. 3,4). Daraufhin betretenes Schweigen. Jesus hat die Wohltat des Sabbats klar hervorgehoben: »Der Sabbat ist um des Menschen willen gemacht und nicht der Mensch um des Sabbats willen« (Mk. 2,27). Diese Wohltat muß dem Menschen – uns! – erhalten bleiben.

3.4 Das Festhalten am Gebot

Damit der Sabbat, also die Chance des Ausruhens und des Hörens, nicht verlorengeht, wird immer wieder angemahnt: »Haltet meinen Sabbat ... Denn er ist ein Zeichen zwischen mir und euch auf eure Nachkommen, daß ich der Herr bin, der euch heiligt« (2. Mose 31,13). Dieser Tag darf weder vergessen noch verwischt werden, indem er anderen Tagen gleichgestellt wird.

Die in der Tradition Israels bis auf den heutigen Tag durchgehaltene Heiligung des Sabbats hat auch zur Aufrechterhaltung der Eigenständigkeit dieses Volkes beigetragen. Mehr als Israel den Sabbat gehalten habe, habe der Sabbat Israel gehalten, sagen die jüdischen Weisen. Gottes Weisung, diesen Tag in aller Treue zu begehen, hat nicht nur im Staat Israel, sondern auch unter Christen zu einer Gesetzgebung geführt, die unter dem Vorzeichen steht, den Schutz dieses besonderen Tages – des Sabbats, und bei Christen, als Gedenken der Auferstehung (vgl. Offb. 1,10: »an des Herrn Tag«), des Sonntags zu gewährleisten.

3.4 a Schutz des wöchentlichen Ruhetags

Dieses Bemühen ist positiv zu werten, wird doch durch solche Maßnahmen das Angebot der wöchentlichen Ruhe vielen Zeitgenossen möglich gemacht. In der Vergangenheit haben sich manchmal Regelungen durchgesetzt, die einer gewalttätigen Bevormundung gleichkamen. Aber unguter Mißbrauch darf den richtigen Sinn nicht vergessen lassen, jedermann die Möglichkeit der wöchentlichen Ruhe zu vermitteln, die auch die Türe zum aufmerksamen Hören und zu nachdenklicher Besinnung auftun kann.

3.4 a 1 Die Stätte des Hörens
In unserer modernen Gesellschaft darf und soll die durch den Schutz des

Sonntags ausgesparte Zeit der Ruhe auch dazu benützt werden, den Gottesdienst zu besuchen, um durch Gottes Wort und die Teilnahme am Abendmahl die nötige Kraft für die Meisterung des Lebens zu empfangen und entscheidende Orientierung für den Alltag zu erfahren. Rabbiner Dr. Roland Gradwohl hat dies schön zusammengefaßt: »Für uns heutige Menschen scheint indes die Erkenntnis wichtig, daß der Sabbat und der Sonntag mehr sein wollen als Tage der körperlichen Entspannung. Nämlich Tage, da wir allwöchentlich von neuem unsere Aufgabe wahrnehmen: Partner Gottes zu sein in einer unteilbaren Welt, die jedem Geschöpf sein Recht zubilligt, eben weil es Geschöpf Gottes ist. Dieser Tag der Ruhe wird damit zu einem Tag des Bekenntnisses, zu einem Wegweiser für die Tage der Arbeit.«[102]

Gegenüber dem offenkundigen Zaudern Israels hat Josua den Dienst für Gott gewählt und sich offen bekannt: »Ich aber und mein Haus wollen dem Herrn dienen« (Jos. 24,15). Denn im Hören auf den Herrn erfahren wir Weg und Ziel. Daß doch immer Frauen und Männer unter uns wären, die durch ihr Verhalten auf diesem Weg vorangingen!

4. Die Ruhe – das Ziel unseres Weges

Ruhe ist Zeichen vollkommener Geborgenheit. Das Ruhen Gottes von seinen Werken (1. Mose 2,2) – diese von allen Störungen abgeschirmte Ruhe – ist das Ziel unseres Weges, und zwar in doppelter Hinsicht.

4.1 Das zugewiesene Land

Das Ausruhen im zugewiesenen Land kann nicht das endgültige Heimkommen bedeuten. Der Einzug in die Heimat wird an die zweite Stelle gerückt: »Denn wenn Josua sie hätte zur Ruhe gebracht, würde er hernach nicht von einem anderen Tag gesagt haben« (Hebr. 4,5). Die vierzig Jahre durch die Wüste wandernde Generation gelangt nicht in die Heimat. Das Betreten der Heimat hat neben der wirklichen Ankunft im Land Israel noch einen gleichnishaften Akzent. Der Verfasser des Hebräerbriefes sagt uns: »Also bleibt dem Volke Gottes eine Sabbatruhe übrig« (Hebr. 4,9). Mehr noch: Sie steht bevor. Sie wartet auf die Erschöpften. Dies ist die durch die Erlösung Jesu Christi geschenkte Ruhe – »der Frieden, der über unser Bitten und Verstehen hinausgreift« (Phil. 4,4) und »der unsere Herzen und Sinne bewahrt« (ebenda). Bewahrt und schützt – vor wem? Vor allen Feinden, die unser Leben stören und zerstören, die uns bis in einsame Nächte mit ihren Klagen und Anklagen verfolgen. Daß Jesus Christus »unser Friede ist« (Eph. 2,14), hat zur Folge, daß »wir Ruhe finden für unsere Seelen« (Mt. 11,29). Das meint Paul Gerhardt, wenn er mitten im Dreißigjährigen Krieg singt: »... Du hältst die Wach an unserer Tür und läßt uns sicher ruhn« (EG 324,7).

Ruhen wir wirklich sicher? Fechten uns von außen und innen nicht viele Stimmen an, die uns erzählen, daß diese uns verheißene Ruhe nur ein Spiegelbild unserer Wünsche sei?

Dem widerstreitet der Sieg Jesu Christi, der dem Tod und allen seinen Trabanten die Tür gewiesen hat. Sie haben nur noch wenig Zeit (vgl. Offb. 12,12) und gebärden sich darum zornig, um mit argem Druck und hinterhältiger List uns dem Sieger und der von ihm verbürgten Ruhe zu entreißen.

Vergebliche Mühe! Gottes Zusage steht. Denn wir sind unterwegs zur Heimat. Nicht umsonst steht im Brief, der sich an das wandernde Gottesvolk richtet: »Wir haben hier keine bleibende Stadt, sondern die zukünftige suchen wir« (Hebr. 13,14). Lassen wir uns nicht drausbringen! Pochen wir doch auf Gottes Zuwendung: »So wollen wir uns eifrig bemühen, einzugehen in jene Ruhe« (Hebr. 4,11). Wie? Indem wir mit Beten und Flehen nicht nachlassen, indem wir uns Gottes tröstendes Wort wie ein Seil zuwerfen lassen.

Wie geschieht das?

5. Das Lehren und das Lernen

Der Sabbat ist vor allem seit dem Babylonischen Exil (6. Jahrhundert v.Chr.) zum Freiraum für das Lehren aus der Schrift – dem ersten Teil unserer Bibel – geworden. Die Zusammenkünfte fanden in einem Raum, in der Synagoge, statt. Luther übersetzt dies mit Schule, und hat damit insofern recht, als dort gelehrt und gelernt wurde. Dies entspricht auch der jüdischen Tradition in unserem Raum; dieser Ort des Zusammenkommens wurde als »Schul« bezeichnet.

5.1 Jesus von Nazareth – unser Lehrer

Zunächst müssen die bei uns geläufigen Bezeichnungen untersucht werden. Jesus wird in den meisten Übersetzungen des zweiten Teils der Bibel »Meister« genannt, seine Anhänger »Jünger«. Schauen wir in den griechischen Urtext, so entdecken wir, daß es sich um den Lehrer und seine Schüler handelt. Dem Ausdruck »Lehrer« entspricht in der hebräischen Umgangssprache das Wort »Rabbi«; im ersten Teil der Bibel ist die Bedeutung dieses Wortes für Lehrer noch nicht nachzuweisen.[103] Es heißt einfach »mein Herr« und hat sich so weiterentwickelt, daß es zur Zeit Jesu die Bedeutung »Lehrer« hat. Der in den meisten Übersetzungen übliche Begriff »Jünger« heißt »Schüler«; nur einmal ist dafür der im Hebräischen übliche Ausdruck »talmid« (von »lamad« = lernen) nachzuweisen (1. Chron. 25,8).

5.1 a Die Einzigartigkeit des Lehrens Jesu

Die Einzigartigkeit des Lehrens Jesu kommt in jener Stelle (Mt. 23, 8 ff) zum Ausdruck, in der Jesus schroff und konsequent alle Titel und Ehrenbezeugungen auf die Seite schiebt. Sie verstellen den Blick auf sein Lehren. »Ihr sollt euch nicht Rabbi (Lehrer) nennen lassen; denn einer ist euer Lehrer, Christus« (Mt. 23,8). Dies unterstreicht er noch einmal in 23,10. Dabei wird hervorgehoben, daß keiner sich über den anderen erheben soll und sich von ihm huldigen läßt: »Ihr seid alle Brüder« (23,8). Gleich und gleichberechtigt im gemeinsamen Hören auf den einen Lehrer!

5.1 b Verehrung als Gefahr

Denn die gegenseitige Verehrung birgt den Keim in sich, die Ehre Gottes zu vernebeln. Darum fragt Jesus von Nazareth an anderer Stelle: »Wie könnt ihr glauben, wenn ihr Ehre voneinander annehmt, und die Ehre vom alleinigen Gott sucht ihr nicht?« (Joh. 5,48).

In den Evangelien hören wir immer wieder, daß Jesus als Lehrer bezeichnet wird. Nur in außergewöhnlichen Situationen erscheint das hebräische Wort »Rabbi«. Dafür vier Beispiele:

Bei der Verklärung redet Petrus Jesus an: »Rabbi, hier ist gut sein« (Mk. 9,5). Bei dem Ereignis um den Verrat fragt Judas: »Bin ich's, Rabbi?« (Mt. 26,25), und bei der Verhaftung kennzeichnet Judas ihn so: »Gegrüßet seist du, Rabbi« (Mt. 26,49). Der fragenden Maria von Magdala entdeckt er sich, indem er sie mit ihrem Namen anspricht, worauf sie nur sagen kann: »Rabbuni« (= mein Lehrer, Joh. 20,16). Das Bekenntnis zu Jesus als dem Sohn Gottes erfolgt durch Nathanael gleich zu Beginn des Johannesevangeliums: »Rabbi, du bist Gottes Sohn – der König von Israel« (1,49). Das Entscheidende ist darum, daß Jesus von Nazareth unser Lehrer wird und wir – allezeit! – Lernende bleiben. Dieser Lernprozeß – ein entscheidender Akzent der Nachfolge – dauert bis zum letzten Atemzug.

5.2 Unser Erklären und Lernen

Der Tag für dieses besondere Lehren und Verkündigen ist der in der Woche als Einschnitt markierte Ruhetag – für die Juden der Sabbat (Samstag), für uns Christen der Sonntag. In seinem Kleinen Katechismus hat Martin Luther zum Feiertagsgebot unter anderem gesagt: »... daß wir die Predigt und sein Wort nicht verachten, sondern dasselbe heilig halten, gerne hören und lernen.«

Ausgangspunkt und Vorbild für unser Lehren ist Jesus selbst. Er lehrt (Mk. 1,21 u.a.), verkündigt (Joh. 1,18) und er legt die Schrift, das heißt den ersten Teil unserer Bibel, aus. Dies geschieht natürlich in einer be-

106

sonderen Weise: Seine Auslegung ist die durch ihn geschehende Erfüllung (Lk. 4,18.19; vgl. dazu auch Mt. 5,17).

Die Weitergabe der Frohen Botschaft, des Wortes Gottes, an uns, läßt sich aufgliedern in vier Punkte, die begrifflich nicht immer ganz voneinander zu trennen sind, sondern sich immer wieder auch überschneiden.

5 2.a Das wichtige Lehren

Die Bergpredigt (Mt. 5 – 7) beginnt damit, daß Jesus »den Mund auftat und sie lehrte« (5,2). Der darin enthaltene Zuspruch und Anspruch stützt sich an vielen Stellen ausdrücklich auf die Schrift – den ersten Teil der Bibel –; sie ist für die Zuhörer eine Art von Bibelstunde. Das Gesagte und Gehörte verdichtet sich zur Lehre. Am Schluß heißt es nämlich: »Die Volksmenge geriet außer sich über seine Lehre« (Mt. 7,28). Das Lehren darf weder langweilig noch unverständlich sein; es will uns treffen und berühren.

Mit dem Lehren steht Jesus von Nazareth – wie auch die Kirche – in einer langen Tradition. Dafür nur einige Beispiele.

5.2 a 1 Lehren – nie ohne Konsequenzen!

Lehre ist nie unverbindlich; sie schließt Konsequenzen ein. Moses Schwiegervater, Jethro, wendet sich an Mose: »Stelle ihnen (den Israeliten) Rechte und Gesetze vor, daß du sie lehrest, darin sie wandeln, und die Werke, die sie tun sollen« (2. Mose 18,20). Lehre und Tun sind zwei Seiten der gleichen Medaille.

Und warum? Gott selbst erklärt: »Höre, Israel, die Gebote, die ich lehre, daß ihr sie tun sollt, auf daß ihr lebet« (5. Mose 5,1). Gott will uns nicht im Chaos der Unverbindlichkeit lassen, um dort im Sumpf des Todes zu versinken. Gottes Lehre will unser Leben.

5.2 a 2 Gott selbst ergreift das Wort

Dabei kann das Lehren nur diesen uns wandelnden Durchbruch erzielen – bei uns und in uns -, wenn Gott selbst dieses Lehren in die Hand nimmt. So betet der König Salomo bei der Einweihung des Tempels: »... daß du sie lehrest den Weg, den sie wandeln sollen« (2. Chr. 6,27). Dies ist auch der allein tragende, uns bewahrende Grund, nicht abzuweichen, nämlich die von Gott ausgehende Gewißheit: »Du lehrest mich« (Ps. 119,102), wie dies im sogenannten »güldenen Abc« – jede der acht Verse umfassenden Strophen dieses Psalmes wird der Reihe nach von einem Buchstaben des hebräischen Alphabets begonnen – ausgeführt wird. Entscheidend bleibt das Gebet – und das daraus hervorgehende Bemühen: »Neige dein Ohr zu meiner Lehre« (Spr. 5,1). Unser Lehren muß immer neu von Gottes Wort bestätigt werden. Es muß offen und beweglich bleiben für Anfragen aus der Schrift, von Gott selbst. Nur so kann die »Lehre der Weisen zu einer Quelle des Lebens werden, so daß man den Schlingen des Todes entgeht« (Spr. 13,14).

5.2 a 3 Das Tun als Test

Den Charakter des über sich selbst hinausweisenden Redens hat die Lehre auch im zweiten Teil unserer Bibel. Jesus von Nazareth bezeugt den lebendigen Gott und ist gerade dadurch mit unerhörter Durchschlagskraft begabt: »Meine Lehre ist nicht mein, sondern des, der mich gesandt hat.« Aber wie wird das erkannt? »Wenn jemand seinen Willen tun will, wird er erkennen, ob diese Lehre von Gott ist oder ob ich von mir selbst rede« (Joh 7,16.17). Das Tun als Test und als Schlüssel der Erkenntnis! Dabei wird die Bibel nicht ausgeklammert. Im Gegenteil! »Denn jede Schrift, von Gott eingegeben, ist nütze zur Lehre ...« (2. Tim. 3,16).

Wer recht lehren will, muß immer von der ganzen Bibel ausgehen, seine Aussagen daran messen und verbessern lassen, muß erneut auf die Bibel zurückkommen. Tun und Hören, Hören und Tun. Und die Brücke? Die Lehre. Darum – gegenüber allen Versuchungen, Weltanschauungen, Tagesthemen und -meinungen gilt: »Hab acht auf dich und die Lehre!« (1. Tim. 4,16). Sie muß auch eine Fahne der Sammlung sein gegenüber allen Versuchen, durch eigene Lehren – oder durch selbsterfundene Zusätze oder Abstriche zur Lehre – Spaltungen in dem einen Gottesvolk aufbrechen zu lassen.

5.2 b Die allen geltende Verkündigung

5.2 b 1 Das Zeugnis Gottes im ersten Teil der Bibel

Verkündigung meint im Sprachgebrauch der Schrift die Herrschaft Gottes vernehmlich ausrufen. Dieses Ansagen des Kommens Gottes ist Auftrag und Aufgabe seines Volkes. Das Eingreifen Gottes in seinem Volk hat eben dieses Ziel. Der Machterweis des lebendigen Gottes, um den Auszug aus Mizrajim durchzuführen, läuft darauf hinaus, »daß meine Kraft an dir erscheine und mein Name verkündigt werde in allen Landen« (2. Mose 9,16). Der Ansprechpartner sind die Völker, also die Nichtjuden, denen »sein (Gottes) Tun verkündigt werden soll« (1. Chr. 16,8). Und dies ohne jede Ausnahme und ohne jede Unterbrechung! Bei der Heimholung der Bundeslade betet der König David: »...Verkündigt täglich sein Heil!« (1. Chr. 16,23).

Dieses Ausrufen hat immer einen sehr persönlichen Akzent. Wie können wir mit der Annahme dieser ungeheuren Botschaft rechnen, wenn der zum Zeugnis Gerufene nicht ganz hinter diesen Worten steht? Das bedeutet in erster Linie ein dauerndes Beten: »Herr, tue meine Lippen auf, daß mein Mund deinen Ruhm verkündige« (Ps. 51,17). Nur aus der Erfahrung der aufrichtenden Nähe Gottes – und der Freude am lebendigen

Gott – und aus der Gewißheit über sein Regieren entsteht das getroste Zeugnis, »daß ich verkündige all dein Tun« (Ps. 73,28).

5.2 b 2 Die Verkündigung im zweiten Teil der Bibel

Es kann hier nur um einige Stichproben aus dem breitgefächerten Material gehen. Bei den verschiedenen, für den Ausdruck des Verkündigens gebrauchten griechischen Worten fällt auf, daß hier eine abwechslungsreiche Beweglichkeit vorherrscht. Melden und informieren, berichten und erzählen – diese weite Bandbreite findet sich in dem uns bekannten Wort des Verkündigens wieder.

Eine Schlüsselstelle dafür lautet: »Niemand hat Gott je gesehen; der eingeborene Sohn, der in des Vaters Schoß ist, der hat es uns verkündigt« (Joh. 1,18). Das hier stehende Wort heißt zunächst »berichten und erzählen«. Es ist nicht unwichtig, daß beim Verkündigen das schlichte Berichten und anschauliche Erzählen nicht unter den Tisch fallen.

5.2 b 2 a Die Erfüllung der Schrift

Es fällt auf, daß das Verkündigen sich auf die Schrift, den ersten Teil unserer Bibel, bezieht und als Erfüllung der dort laut gewordenen Zusagen verstanden wird. Im Auftreten Jesu in der Synagoge von Nazareth besteht die Verkündigung Jesu in der Lesung eines Abschnitts aus dem Jesajabuch (61,1.2), das den Höhepunkt der Zuwendung Jesu so kennzeichnet: ... »zu verkündigen ein angenehmes Jahr des Herrn« (Lk. 4,18.19). Die frohe Botschaft lautet: Der lebendige Gott kommt uns nah; denn er ist da. Das ist der Sinn der Anstoß erregenden Auslegung Jesu: »Heute ist diese Schrift erfüllt vor euren Ohren« (Lk, 4,21).[104]

5.2 b 2 b Die Schar der Zeugen

Dieses Verkündigen führt Jesus von Nazareth in die Städte und Märkte (Lk. 8,1). Das Predigen bleibt nicht ihm allein vorbehalten. Es wird wie der Stab bei einer Stafette weitergegeben. Wo die Jünger versagen, treten andere in die Bresche. Die Frauen am Grab sorgen dafür, daß »sie es seinen Jüngern verkündigten« (Mt. 28,8) – nämlich den entscheidenden Sieg der Auferstehung. Petrus braucht vor der Begegnung mit dem römischen Hauptmann Cornelius eine Nachhilfestunde (Apg. 9,9-16), damit er erkennt und bekennt, »daß er (Gott) den Frieden verkündigen läßt durch Jesus Christus, welcher ist ein Herr über alles« (Apg. 19,36). Über alles und alle, auch über die Nichtjuden!

5.2 b 2 c Das nahende Ende

Die Sammlung der Kirche aus allen Völkern, das Zeugnis der Herrschaft Gottes unter den Nichtjuden hat auch noch einen endzeitlichen Aspekt.

Der Anbruch dieses Reiches in Macht und Herrlichkeit setzt die Zeit der Verkündigung an allen Orten voraus. »Das Evangelium muß zuvor verkündigt werden allen Völkern« (Mk. 13,10; vgl. Mt. 24,14). Erst dann wird das Ende kommen. Haben wir dies noch in Erinnerung? Das Zeugnis der Mission hat mit der Wiederkunft Jesu Christi zu tun. Nehmen wir das noch ernst?

5.2 c Das notwendige Auslegen

Eine weitere Frage muß gestellt werden: Verstehen wir noch die Bibel? Kommt es nicht vor, daß die Scheu vor der Bibel auch damit zusammenhängt, daß vielen unter uns ausgerechnet die heilige Schrift als ein Buch mit sieben Siegeln erscheint? Wer kann diese Siegel aufbrechen? Die bestehenden Hindernisse wegräumen?

5.2 c 1 Lehrstunde der Auslegung

Ein – zunächst – unbekannter Begleiter verstörter Anhänger Jesu, die nach seiner Kreuzigung in einer Sackgasse stecken, führt sie aus ihrer bösen Verwirrung heraus. Wodurch? Indem »er anfängt von Mose und allen Propheten und ihnen alle Schriften auslegte, die von ihm gesagt waren« (Lk. 24,27). Der Unbekannte gibt sich den beiden enttäuschten Wanderern durch das Brechen des Brotes zu erkennen als der Auferstandene (24, 30.31). Und das verständliche Echo: »Brannte nicht unser Herz, als er mit uns redete auf dem Weg und die Schrift öffnete?« (24,32).

Auslegen und öffnen – das ist zunächst der Dienst des unvergleichlichen Lehrers. Daß die so verständlich gemachte Schrift zu einem hellen Brand in unserem Herzen wird – der wärmt und Orientierung schenkt -, ist seine Gabe. Es darf nicht bloß bei einer gewissenhaften Kenntnisnahme bleiben. Es muß der ermutigende Durchbruch in unser Herz erfolgen. Das ist Sinn und Ziel jeder guten Erklärung und einer in die Tiefe gehenden Auslegung.

5.2 c 2 Verständlich reden!

Dazu gehört auch die Verständlichkeit des Redens. Darum muß alles so gesagt werden, daß wir es begreifen können. Jesus redet viel in Gleichnissen (z.B. Mt. 13,1 ff.; Mk. 4,1 ff. u.a.). Gleichnisse sind anschaulich und einprägsam, aber auch rätselhaft und geheimnisvoll. Deshalb ist die Auflösung geboten. Es heißt: »Ohne Gleichnis redete er nichts zu ihnen; insbesondere legte er es den Jüngern aus« (Mk. 4,33). Es geht darum, daß die Jünger das Wesentliche und Entscheidende erkennen, und wir dürfen bei ihnen, das heißt im Hören auf die ganze Schrift, in die Schule gehen.

Das ist der Dienst, den wir uns – gegenseitig! – schulden. Lesen in der Schrift genügt – im Normalfall – nicht. Wir stehen alle in der Gefahr, unsere eigenen Gedanken – oft recht gehätschelte Lieblingskinder – in die Schrift einzutragen und sie nachher als »Wort Gottes« wieder herauszulesen. Darum ist der Dienst von Schwestern und Brüdern unerläßlich, wenn sie uns – auch kritisch! – fragen und so zur Verständlichkeit unserer Aussagen einen wichtigen Beitrag leisten.

Als der Finanzminister von Äthiopien (Apg. 8,26 ff.) aus dem Jesajabuch las, hatte Gott schon dafür gesorgt, daß ein Kundiger auf ihn zutrat mit der berechtigten Frage: »Verstehst du auch, was du liest?« (8,30). Die Antwort lautete: »Wie kann ich, wenn mich nicht jemand anleitet?« (8,31). Das hier gebrauchte Wort heißt eigentlich »den Weg zeigen«. Es gehört zum entscheidenden Auftrag eines von Jesus Christus Gerufenen, bereit und fähig zu sein, diesen Dienst einer geschickten Anleitung durch anschauliche Auslegung zu leisten. Dazu gehört neben einer gründlichen Kenntnis der ganzen Heiligen Schrift – für Theologen auch ihrer beider Ursprachen! – und dem Versuch eines aufmerksamen Hörens das Gebet, das einst Samuel (Gott hört) auf Anweisung Elis ausgesprochen hat: »Rede, Herr, dein Knecht hört« (1. Sam. 3,10).

6. Das unerläßliche Lernen

Unvergessen ist die kurze Auslegung des Sabbatgebotes im Kleinen Katechismus durch Martin Luther: »... daß wir die Predigt und sein Wort nicht verachten, sondern dasselbe heilig halten, gerne hören und lernen.«[105] Lernen – das ist das Ziel, das in dieser Aufzählung den Höhepunkt bildet. Wenn wir dieses Wort heilig halten und gerne hören, dürfen wir es lernen, auswendig lernen, und die französische Sprache hat dafür den feinen Ausdruck – mit dem Herzen (par coeur) lernen. Was gilt es hier zu lernen?

6.1 Die freundliche Hoheit

Weithin ist es bei uns verdrängt und dadurch in Vergessenheit geraten, daß die Ehrfurcht vor dem lebendigen Gott die Grundlage für eine wirkliche Begegnung mit ihm ist. Nicht umsonst beginnen die Erklärungen zu den Zehn Geboten in Luthers Kleinem Katechismus mit: »Wir sollen Gott fürchten und lieben ...« Ehrfurcht ist nicht jenes böse Zerrbild, die einem angeblich unbeherrschten Despoten gezollt werden muß, weil er mit harten Strafen und schrecklichen Plagen uns bedroht. Der lebendige Gott würde damit in einen böswilligen und brutalen Götzen verwandelt. Ehrfurcht bedeutet die Anerkennung der Hoheit Gottes, die sich uns zuwendet, ohne je den Charakter eines gewöhnlichen Kumpels anzunehmen und sich so aufzugeben. Freundlich ist diese Hoheit, weil dieser immer über uns regierende Herr sich uns ganz zugesellt und in Jesus Christus geworden ist wie wir.

Darum gilt es, ihn (den lebendigen Gott) fürchten zu lernen. Ehrfurcht zieht Anbetung nach sich. Ausgerechnet der Sabbat als die Chance des Ruhens und Hörens ist ein Zeichen für das Volk – für uns alle! – , »damit sie lernten, daß ich Herr sei« (Hes. 20,2). Das kann auch bedeuten, daß Gott sein Herrsein darin zum Ausdruck bringt, wenn er eingreift, wo sein Volk andere Wege geht (Hes. 20,26 u. 38). Es gilt, dies in allen Lebenslagen zu buchstabieren.

Jesus von Nazareth weist in die gleiche Richtung. Er verweist auf sich selbst und damit auch auf den lebendigen Gott: »Lernet von mir!« (Mt. 11,29). Was gilt es hier zu lernen? Die milde Freundlichkeit im Umgang mit den Menschen, die ihre Wurzel in der demütigen, von Herzen kommenden Unterordnung unter den lebendigen Gott hat. Dort finden wir wirklich Ruhe, weil die durch Jesus Christus uns zuteil gewordene Entlastung uns in seinem leichten Joch – der Nachfolge – zum freien Ausschreiten befähigt und ermutigt (Mt. 11,29.30). Dies gilt es, sich zu eigen zu machen, indem wir lernen!

In die gleiche Richtung weist ein anderes Wort Jesu von Nazareth. »Lernet, was das sei: ›Ich habe Wohlgefallen an der Barmherzigkeit und nicht am Opfer‹« (Mt. 9,13). Der Verweis auf eine Stelle aus dem Propheten Hosea (6,6) unterstreicht noch einmal den Willen Gottes, der unser fröhliches Gehorchen in der Ausstrahlung einer bedingungslosen Zuwendung zum Nebenmenschen will. Darum anschließend der Aufruf zur Umkehr, zum neuen Anfang!

6.2 Die unentbehrliche Weisheit

Die Ehrfurcht vor Gott vermittelt Weisheit. »Der Weisheit Anfang ist des Herrn Furcht, und den Heiligen erkennen (und liebhaben)[106] ist Verstand« (Spr. 9,10). Hören und Unterordnung unter Gottes Weisungen weitet den Horizont, läßt uns unterscheiden zwischen Gut und Böse und hilft dazu, im Alltag die richtigen Entscheidungen zu treffen. Darum werden die Kinder – auch wir alle! – ermahnt: »Merkt auf, daß ihr lernt und klug werdet« (Spr. 4,1). Und die Quelle dieses Wissens? Das Gesetz, die Thora, die uns von Gott gegebene Weisung und Offenbarung[107], die Normen für unser Verhalten aufstellen und uns prägen will.

6.3 Das wichtige Weitergeben

Schon im vorher angezogenen Text war vom Lernen der Kinder die Rede (Spr. 4,1). In einer besonders anschaulichen Weise wird der Auftrag des Weitergebens an die nachfolgende Generation durch Asaph angemahnt: »Er (Gott) richtete ein Zeugnis auf in Jakob und gab ein Gesetz (s.o.) in

Israel, daß er unseren Vätern gebot, zu lehren ihren Kindern, auf daß es die Nachkommen lernten und die Kinder, die noch sollten geboren werden, aufstünden und kundtäten ihren Kindern« (Ps. 78,5.6). Und der Sinn dieser Unterweisung? »Daß sie auf Gott setzten ihre Hoffnung« (78,8). Dazu also die ununterbrochene Kette von Zeugen, damit die hoffnungsvolle Botschaft Gottes alle kommenden Geschlechter erreicht und daß niemand ohne das weisende und aufrichtende Wort Gottes bleibt.

6.3 a Das Lernen: Empfangen und bleiben!

Beim Lernen sind zwei Gesichtspunkte wichtig. Einmal der Umstand, daß wir das Wort empfangen haben. Es ist unverdient, dieses Licht für unseren Weg zu haben. Der dafür geschuldete Dank verpflichtet zum Lernen. Dabei ist der Apostel Paulus gelebtes Vorbild: »Welches (das Evangelium) ihr auch gelernt und empfangen, gehört und gesehen habt an mir, das tut« (Phil. 4,9). Nämlich: auch voller Dank und mit Freuden lernen. Darum Hochachtung vor den Zeugen, die gelehrt haben!

Das schließt aber beim Lernen die Verpflichtung in sich, auch dabeizubleiben. Deshalb ergeht an uns alle die Mahnung: »Du aber bleibe in dem, was du gelernt hast ...« (2. Tim. 3,14). Der Rahmen für dieses Lernen ist abgesteckt durch die Bibel. »Weil du von Kind auf die heilige Schrift gelernt hast – das ist hier zunächst der erste Teil der Bibel -, kann dich dieselbe unterweisen ...« (3,15). Dabei dürfen wir bleiben und beim Lernen immer neue Entdeckungen machen. Darum mahnt der Brief an die Hebräer, »nicht unsere Versammlungen zu verlassen« (10,25). Warum? Wer nicht bleibt, sondern weggeht, verscherzt sich die Chance, unter Gottes Wort zu bleiben, von Schwestern und Brüdern das rettende Seil zugeworfen zu bekommen und wie ein entlarvender Spiegel durch Gottes Wort sich selbst zu entdecken.

6.4 Das entscheidende Siegel

Das Lernen in Gottes Wort hat die Zusage, daß Gott selbst durch seinen Heiligen Geist das Gehörte in Herz und Sinn festmacht und uns stärkt, tröstet, Gewißheit verleiht.

Gott selbst muß im Lernen zum Zug kommen, wie es im dankbaren Bekenntnis des Psalmisten laut wird: »Gott, du hast mich von Jugend auf gelehrt« (Ps. 71,17). Anders gesagt: Durch den Dienst der Menschen am Wort Gottes hat Gott selbst sein eigenes Wort ins Herz gedrückt, so daß wir froh und gewiß wurden. Nur von daher ist die Fortsetzung dieses Wortes verständlich: »Und bis jetzt verkündige ich deine Wunder« (71,17). Bis jetzt – auch heute noch erschallt die Einladung. Gott will nicht, daß wir vor der Türe stehenbleiben, sondern eintreten. Das ist der Sinn des Lernens.

6.5 a Zeit zum Auswendiglernen!

Es führt kein Weg daran vorbei: Lernen ist in erster Linie – Auswendiglernen. Wenn ich recht sehe, ist hier innerhalb der evangelischen Kirche
ein tiefer Einbruch erfolgt. Meine Erfahrungen im Gespräch mit Jugendlichen während eines Vierteljahrhunderts im Vollzug bestätigen dies: Je
mehr Jahre verstrichen – die Zeit bei ihnen dauerte von 1952 bis 1977 -,
desto weniger war im Blick auf den Lernstoff – auch auch beim Singen
im Gottesdienst – vorauszusetzen. Es muß die dringliche Bitte ausgesprochen werden, in der kirchlichen Unterweisung mehr auf das Auswendiglernen zu setzen. Unser Erzählen und Lehren wird zu einem großen Teil
der Vergessenheit anheimfallen; gut gelernte Sprüche und Lieder bleiben.

6.5 a 1 Praktische Lernangebote!
Welche Hinweise können uns gegeben werden?
   Besuchen wir den Gottesdienst, so können wir uns ein Lernpensum
für die neu angebrochene Woche vornehmen. Warum sollen wir nicht den
gemeinsam gesprochenen Psalm, oder wenigstens einen Teil von ihm,
auswendig lernen? Oder rührt uns irgendein Lied aus dem Gottesdienst
oder ein Vers daraus besonders an – warum nicht lernen, um ihn so unserem Schatz an Sprüchen und Liedern einzuverleiben? Das Losungsbuch
der Brüdergemeinde bietet Tag für Tag je einen Vers aus dem ersten und
zweiten Teil der Bibel und oft einen Liedvers an. Ist dies nicht auch ein
Angebot zum Lernen? Dies gilt auch für jene Schwestern und Brüder, die
aus irgendeinem Grund den sonntäglichen Gottesdienst nicht mehr besuchen (können oder wollen).
   In den Losungen wird uns Tag für Tag die fortlaufende Bibellese und
andere Abschnitte aus der Bibel aufgezeigt. Sollten wir hier nicht auf
einen Vers stoßen, den wir im Gedächtnis festhalten wollen? Die ganze
Botschaft ist in Reichweite. Sollten wir nicht die einst an den Kirchenvater Augustin ergangene Einladung hören: »Nimm und lies!«? Dazu gibt es
auch nützliche und leicht lesbare Auslegungen der Heiligen Schrift.

6.5 a 2 Die Zeit auskaufen
Das Stichwort aber bleibt: »Lernen!« Der meist gehörte Einwand wird
lauten, keine Zeit zu haben. Muß uns nicht zu denken geben, daß wir
immer Zeit haben für das, was uns wichtig und wertvoll, liebenswert und
sinnvoll erscheint? Wir können aus der uns zur Verfügung stehenden Zeit
– vor allem morgens und abends – einen längeren Abschnitt heraus-
schneiden und auf der Fahrt zur Arbeit meditieren.
   Das freundliche Angebot zum Lernen sollten wir nicht ausschlagen. In
einsamen Stunden – eben bei Nacht oder wenn wir kein Buch in Reich-

weite haben – kann dieser Schatz an Versen und Sprüchen uns mit Trost erfüllen, mehr noch, die in ihm steckende Macht an unserem Herzen und Sinn ausüben. Gewiß ist entscheidend,»stark zu werden durch seinen Geist an dem inwendigen Menschen« (Eph. 3,16). Aber wie soll »der inwendige Mensch« geistlich gedeihen und wachsen, wenn ihm nicht zu jeder Stunde, in jedem Augenblick auswendig Gelerntes aus dem reichen Schatz der Bibel und des Gesangbuches zur Verfügung steht?

7. Der entscheidende Reifungsprozeß

Kehren wir zurück zum Feiertag als dem Rahmen wie auch der Stätte, in der uns die Verkündigung angeboten wird. Daß Gottes heiliges und heilsames Wort dort uns zuteil werden kann als der Sieg über unser böses Herz und die daraus sprudelnden unheilvollen Worte ist so ungeheuer entscheidend, daß wir dem noch nachdenken müssen.

7.1 Unsere Zunge – ein hoffnungsloser Fall?

Unser Herz ist ein Nest, in dem schreckliche Raubvögel nisten. Jesus von Nazareth hat seine Jünger darauf aufmerksam gemacht, indem er die Reinigungsvorschriften des Judentums an die zweite Stelle rückte gegenüber dem Schwarm bösartiger Gedanken, die aus dem Mund – also in Worten herausbrechen (Mt. 15,18) und die dadurch »den Menschen verunreinigen« (ebenda). In unserem Zusammenhang interessiert uns, daß dazu auch »das falsche Zeugnis« zählt (15,19), also, daß wir fähig und bereit sind, unserem Mitmenschen – gegen die Wahrheit – die Ehre abzuschneiden.

In besonders eindringlicher Weise schildert Jakobus (3,1 ff.) das üble – leider übliche – Unwesen unseres Redens. Die Zunge, so schreibt er, kann mit ihrem Feuer viel anzünden und vernichten (3,5). Sie bringt eine »Welt voll Ungerechtigkeit« (3,6) hervor. Mehr noch: Sie ist ein »unruhiges Übel voller tödlichen Giftes« (3,8). Sie tötet mit ihren schlimmen Machenschaften, indem sie zu bösartigem Hetzen sich hergibt, und ganze Völker aufeinanderprallen läßt. Dazu leistet sie einer schrecklichen Heuchelei im Sinne eines zwiespältigen Verhaltens Vorschub. »Durch sie loben wir Gott und durch sie fluchen wir den Menschen, die nach dem Bilde Gottes geschaffen sind« (3,9). Das darf, das soll nicht sein! Mehr noch: Das ist in sich so unmöglich wie eine Quelle, die aus einer einzigen Öffnung Süßes und Bitteres hervorsprudelt (3,11). Der Widersinn besteht ja auch darin, daß Lügenhaftes aus unserem Munde die Glaubwürdigkeit wahrer Aussagen aushöhlt und vergiftet, so daß uns im Grunde niemand trauen kann.

Wie kommen wir aus dieser hoffnungslosen Sackgasse heraus? Auf der einen Seite stellt er fest: »Wer in keinem Worte fehlt, ist ein vollkommener Mann« (3,2). Gibt es einen Weg, auf dem wir zu diesem Frieden mit uns selbst gelangen und diese Selbstbeherrschung finden?[108]

7.2 Die notwendige Reinigung

Noch einmal: Daß Gottes Wort aus unserem Mund laut werden kann, geht allein aus Gottes Wirken an uns hervor. Es ist ein Wunder, das immer wieder von gleichnishaften Zeichen begleitet wird. Jeremia berichtet von seiner Einsetzung:»Der Herr reckte seine Hand aus und rührte meinen Mund an – Handauflegung und Reinigung des Mundes also – und sprach zu mir: ›Siehe ich lege meine Worte in deinen Mund‹« (Jer. 1,9; vgl. 5. Mose 18,18). Unser Mund – Gottes Organ!

Noch anschaulicher erfährt Jesaja seine Ordination. Gegenüber der Begegnung mit der Majestät Gottes kann er nur bekennen:»Weh mir! Ich bin ein Mensch mit unreinen Lippen ...!« (Jes. 6,5). Eine gleichnishafte Reinigung findet statt.»Einer der Seraphim – der Engel Gottes – flog zu mir« so berichtet der Prophet,»und hatte eine glühende Kohle in der Hand, die er mit der Zange vom Altar nahm und rührte meinen Mund an und sprach: Siehe, das hat deine Lippen berührt, und deine Schuld ist gewichen und deine Sünde gesühnt« (6,6.7). Ohne diese Reinigung, ohne Tilgung der Schuld können unsere Worte nicht den ihnen anvertrauten Auftrag leisten. Es wäre eine unzumutbare Überforderung.

In die gleiche Richtung weist der Bericht der Pfingstgeschichte: »Zungen erschienen ihnen, die sich zerteilten, wie von Feuer, und es setzte sich auf jeden unter ihnen« (Apg. 2,3). Diese Reinigung unseres Mundes als das Werk des Heiligen Geistes bringt es zustande, daß »jeder sie (die Apostel), der in seiner eigenen Sprache redete, hörte« (2,6).»Die großen Taten Gottes« (2,10) zu verkündigen, bedeutet, daß unsere Sprache und unser Reden in einer unerhörten Weise in Dienst genommen werden, so daß jede sonstige sprachliche, kulturelle und auch religiöse Prägung an die zweite Stelle tritt.

Es gibt nur diesen schmalen Pfad, auf dem wir uns mit unseren Gedanken und Worten der heilsamen Hoheit des lebendigen Gottes unterordnen. Es gilt, »jeden (eigenen) Gedanken gefangenzunehmen unter den Gehorsam Jesu Christi« (2. Kor. 10,5). Jeder Ausdruck unseres Zeugnisses muß sich fragen lassen, ob er für diesen Dienst geeignet ist oder nicht.

Dies darf uns getrost machen.»Denn ... er (Jesus Christus) reinigt uns von aller Untugend« (1. Joh. 1,9). Wenn der Dienst am Wort in der rechten Weise ausgerichtet wird, bewirkt diese Verkündigung – indirekt – auch einen Prozeß einer wirklichen Entgiftung unserer Worte und Wörter. Darum muß immer neu die Fürbitte Jesu Christi für uns in Erinnerung gerufen werden:»Heilige sie in deiner Wahrheit; dein Wort ist die Wahrheit« (Joh. 17,17). Nicht nur, weil dadurch unsere Gewißheit bestärkt wird, sondern weil zugleich auch die in unseren Worten geisternde Bosheit und Heuchelei entlarvt, überwunden und eingedämmt wird.

Darum können wir – zusammenfassend und auch im Blick auf das sich anschließende neunte Gebot nur mit den Worten von Johann Heerman (1585–1647) beten:

> Hilf, daß ich rede stets,
> womit ich kann besteh'n.
> Laß kein unnützlich Wort
> aus meinem Munde geh'n.
> Und wenn in meinem Amt
> ich reden soll und muß,
> so gib den Worten Kraft
> und Nachdruck ohn' Verdruß.
> (EG 495,3)

8. Zusammenfassung

Dieses Gebot – als freundliche Erinnerung uns angeboten – vermittelt uns die Erlaubnis: »Du darfst ruhen!« Oder hier in ein bedenkenswertes Gebot gefaßt: »Du sollst die Arbeit nicht an die erste Stelle setzen, sonst wirst du ihr Sklave.«

B. Unsere Worte und Wörter (Das neunte Gebot)

1. Was ist Wahrheit?

Wahrscheinlich stammt dies Gebot von seiner Sprachform her aus dem Bereich der Rechtsprechung. Richter müssen sich zur Rechtsfindung auf Zeugen des Rechtsbruchs und ihre Aussagen verlassen können. Ein falsches Zeugnis wiegt schwer, weil es in die verkehrte Richtung führt und auf jeden Fall den Angeklagten schädigt. Darum ist vor Gericht eine Übereinstimmung von Zeugen erforderlich, um Falschaussagen zu vermeiden (vgl. 3. Mose 19,15; Mt. 18,16).

Der Tatbestand des falschen Zeugnisses hat sich schon längst ausgeweitet. Er hat seinen verhängnisvollen Einzug in unseren Alltag gehalten. Dort werden durch einseitige oder (und) übertriebene Behauptungen (sie verstoßen schon aus diesem Grund gegen die Wahrheit) dem Nebenmenschen tiefe und oft bleibende Verletzungen zugefügt. Mit einer beschmutzten Ehre und einer von daher sich ableitenden Verachtung können wir schlecht oder gar nicht zurechtkommen. Dafür ein erschütterndes Beispiel.

1.1 Die Tod bringende Gefährdung

Eine gebildete, fromme Jüdin aus den Vereinigten Staaten, Lily Edelman, der viele jüdische Schriftsteller in Israel, wie etwa Amos Oz u.a., viel verdanken, hatte einen in Frankreich stark überbewerteten israelischen Schriftsteller nach den Vereinigten Staaten eingeladen, wo er unter der Schirmherrschaft von Benai Brith reiste. Doch er trank und flirtete zu viel. Klagen wurden laut. Lily Edelman sah sich gezwungen, seine Tournee abzubrechen und ihn nach Israel zurückzuschicken.

Um sich zu rächen, zeichnete er das Bild von Lily Edelman in einer unvergebbaren Niedrigkeit. Die entsprechenden Stellen dieses Buches gelangten in einer englischen Übersetzung an ihr Krankenbett, in dem sie, eben an einem Krebsleiden operiert, lag. Sie weinte und schluchzte: »Das verdiene ich nicht. Ich verdiene es nicht, so durch den Schmutz gezogen zu werden.« Sie starb nicht an dem Krebs, sondern an zerbrochenem Herzen.[109] Ein anschauliches Zeichen, wie alle Frauen und Männer, die mit dem Wort umgehen, eine hohe Verantwortung tragen. Entehrende, lügenhafte Beschimpfungen können töten. Darum müssen alle, die Worte prägen und weitergeben, Journalisten und Schriftsteller, Politiker und Pfarrer, Lehrer aller Gattungen sich einer großen Behutsamkeit befleißigen. Dies darf nicht verdrängt, sondern muß immer beherzigt werden.

1.2 Wahrheit oder eigener Standpunkt?

Aber was ist Wahrheit? Vertritt nicht jeder seinen eigenen Standpunkt? Dies trifft gewiß zu. Eines aber dürfen wir aus dem Umgang eines Gerichts mit den Zeugenaussagen lernen: Wir dürfen bei unserem Reden nichts hinzufügen und nichts vorenthalten von dem, was wir gehört und gesehen haben. Eigene Dichtung und bewußtes Verschweigen verstößt klar gegen die Wahrheit.

Das leuchtet ein, ebenso wie die Warnung Gottes, seine Weisungen nicht lügenhaft zu verfälschen durch unsere Zusätze oder Abstriche: »Ihr sollt nichts dazutun zu dem, was ich euch gebiete und sollt auch nichts davon abtun ...« (5. Mose 4,2; Spr. 30,6). Solch eigenmächtiges Hantieren mit Gottes Gebot ist verfälschende Lüge, von der wir selbst stets bedroht sind und die als Versuchung uns dauernd umlagert.

2. Die Macht der Wahrheit

2.1 Das getroste Zeugnis

Eines ist klar: Wir können niemand zur Wahrheit zwingen. Jeder Zwang auf diesem Gebiet führt zu trotzigem Rebellieren, meist aber zu einem gefährlichen Schweigen. Unmut sammelt sich an, und kann ungeheuren

Druck erzeugen, der sich plötzlich – bei einzelnen wie in der Gemeinschaft – entladen kann, oft mit unabsehbaren Konsequenzen.

Wir sind alle aufgerufen, die Wahrheit zu bezeugen. Überzeugen kann allein Gott selbst. Das ist das Werk des Heiligen Geistes, der in seiner stillen Kraft unsere Herzen aufschließt, erleuchtet und uns gewiß macht, daß die Zuwendung Gottes zu uns auch bedeutet, uns aus der Verstokkung durch die Lüge zu befreien und Tag für Tag den bösen Einwand von Gottes Gegenspieler:»Sollte Gott gesagt haben?« (1. Mose 3,1) zu widerlegen und zu überwinden.

2.2 Der Prozeß der Wahrheit

Die beiden – im ersten wie im zweiten Testament – verwandten Ausdrükke für »Wahrheit« ergänzen sich in einer feinen Weise. Bedeutet die hebräische Bezeichnung (ämät) Zuverlässigkeit, Treue und Gewißheit, so hat der griechische Ausdruck (alätheia) den Sinn, Verdrängtes und Vergessenes aus der Zone des Unbewußten zurückzuholen, um es im Glanz der Gegenwart Gottes vergehen zu lassen. Anders ausgedrückt: Wahrheit ist ein an uns verlaufender Prozeß, der uns aus der vielfältigen Versklavung durch die Lüge entreißen will. Dabei ist sowohl der feste Grund der Wahrheit wichtig, auf den sie uns zu stellen trachtet, wie auch das Aufspüren von offenem und geheimem Widerstand, der sich auf mancherlei Weisen gegen die Wahrheit wehrt. Die Wahrheit hat also die Absicht, das Verdrängte zu entlarven und das Verläßliche zu bestätigen und zu befestigen.

2.3 Die Wahrheit in der Bibel

Paulus spricht die Gemeinde von Korinth so an: »Wir vermögen nichts gegen die Wahrheit, sondern (nur) für die Wahrheit« (2. Kor. 13,8). Dieser Grund-Satz ist nicht nur in der Gemeinde, sondern für jedermann gültig. Die Lüge kann nie mit offenem Visier auftreten; sie muß sich in das gestohlene Gewand der Wahrheit hüllen; sonst verlöre sie jede verführerische Überzeugungskraft. Im Grund genommen bleibt ihr aber mit dieser Art von Verstellungskunst eines erhalten – das Unbehagen, überführt zu werden, und das schlechte Gewissen, auf verkehrten Pfaden zu gehen.

2.3 a Der lebendige Gott und die Wahrheit

Ein Blick in die Bibel zeigt, daß das von Gott ausgehende »Wort nichts denn Wahrheit ist« (Ps. 119,160; vgl. 2. Sam. 7,28). Weil Gott selbst sich mit der Wahrheit gleichsetzt – das in Jesus Christus Fleisch gewordene

Wort kommt auf uns zu »voller Gnade und Wahrheit« (Joh. 1,14; vgl. Joh. 14,6) – kann diese Wahrheit von uns nur erbeten werden: »Sende dein Licht und deine Wahrheit, daß sie mich leiten ...« (Ps. 43,3; vgl. Ps. 86,11). Die uns nur so zugängliche Wahrheit steht fest und ist trotz aller menschlichen Versuche der Verdrehung gegen diese Anschläge gefeit. Denn: »Seine Wahrheit währet für und für« (Ps. 100,5) und deckt uns wie »ein Schild« und leuchtet »wie eine Sonne« (Ps. 91,4). Daraus ergibt sich als Konsequenz: »Legt die Lüge ab und redet die Wahrheit« (Eph. 4,25), und zwar »einer mit dem anderen« (Sach. 8,16). Denn »keine Lüge kommt aus der Wahrheit« (1. Joh. 2,21). Darum ist es entscheidend, immer neu unsere Meinungen und Aussagen prüfen zu lassen von der aus der Schrift an uns ergehenden, uns richtenden und aufrichtenden Wahrheit.

2.4 Die stille Überzeugungskraft

Wer für die Wahrheit eintreten will, darf nie vergessen, daß zuerst und zuletzt die Wahrheit für uns eintritt, Jesus Christus in Person. Auf ihn hören, ist der Anfang, unter die Wahrheit zu kommen und sich nicht über sie zu stellen. »Ich bin dazu geboren und in die Welt gekommen, daß ich für die Wahrheit zeugen soll; wer aus der Wahrheit ist, der hört meine Stimme« (Joh. 18,37), bezeugt Jesus von Nazareth in seinem Prozeß vor dem Statthalter Pilatus.

Wenn wir das Banner der Wahrheit hochhalten, geraten wir oft in die Gefahr der Rechthaberei, die anstößt und abstößt. Wahrheit und Liebe, Klarheit und Zuwendung gehören zusammen. Wahrheit ohne Liebe neigt dazu, über den andern den Stab zu brechen, und Liebe ohne Wahrheit entartet zum bedeutungslosen Gefühl. In Jesus Christus ist beides eins: Er ist gekommen in Liebe, um die Wahrheit zu praktizieren, uns den Spiegel über unsere Situation vorzuhalten – und uns zu retten.

Nicht umsonst gibt uns der Apostel Paulus als Lebensregel auf, »wahr zu sein in der Liebe« (Eph. 4,15). Unseren Nebenmenschen dürfen wir nicht im Sumpf der Lüge versinken lassen. Er darf – er muß heraus. Die ausgestreckte Hand – nicht der Zeigefinger! – ist geboten. Ohne seelsorgerliche Praxis und geschickte Einfühlung in den Nebenmenschen reden wir an der Wahrheit vorbei.

3. Die Lüge als Versuchung

Wir Menschen sind – leider! – zu leicht und zu rasch mit einer Lüge zur Hand. Es scheint dies der bequemere Weg zu sein. Er ist es nicht. Denn hinterher können uns Gewissensbisse plagen, wenn wir des Unrechts gewahr werden – für den Fall, daß unser Gewissen in seinem Unterscheidungsvermögen noch nicht völlig abgestumpft ist. Weithin ist das Lügen in seiner vielfältigen Form zu einem Kavaliersdelikt geworden. Kinder lernen es zum Teil schon von ihren Eltern, wenn diese sich etwa am Telefon oder an der Haustüre verleugnen lassen.

3.1 Lüge – bequemer Notausgang?

Die Versuchung ist lockend, diesen Notausgang zu benützen; sich der Wahrheit zu stellen, wenn wir Böses getan haben, erscheint schwieriger. Und doch! Was handeln wir uns eigentlich ein, wenn wir beim Lügen ertappt werden und wir dieser deutlichen Klarstellung nichts mehr entgegenstellen können? Wir verlieren unsere Glaubwürdigkeit. Die Lüge wird zu einem Minuszeichen vor unserem Reden, und der altbekannte Spruch sollte nicht abgetan werden: »Wer einmal lügt, dem glaubt man nicht und ob er gleich die Wahrheit spricht.« Wir werden dann – zu Recht! – als unzuverlässig eingestuft.

3.2 Der Eid – Einschränkung der Lüge?

Wie wehrt sich die Gesellschaft gegen das Lügen? An einem Punkt sind Falschaussagen besonders gefährlich – bei einer Verhandlung vor Gericht. Seit undenkbar langer Zeit ist die Vereidigung praktiziert worden, das heißt, unter Anrufung Gottes muß ein Zeuge schwören, daß er die reine Wahrheit und nichts als die Wahrheit sagen werde.

Es ist denkwürdig, daß dieser Restbestand religiöser Natur auch in unserer aufgeklärten Gesellschaft sich noch erhalten hat. Wie will aber ein Gericht zu einigermaßen glaubhaften Aussagen kommen? Dabei ist die Anrufung Gottes (»so wahr mir Gott helfe«) weithin eine von innerem Widerspruch geprägte Farce geworden. Entweder spielt der Glaube an den lebendigen Gott, der uns zur Rechenschaft über jedes unnütze Wort zieht (vgl. Mt. 12,36), noch eine entscheidende Rolle; dann ist jede Vereidigung überflüssig. Oder aber der unter Eid vernommene Zeuge hat überhaupt keine Beziehung zum lebendigen Gott, dann kann höchstens die Strafverschärfung bei eidlichen Aussagen ein gewisser Antrieb zur Wahrheit sein, weil die von der Strafe hervorgerufene Abschreckung dazu führt. Beidesmal ist die Anrufung Gottes unnötig.

3.3 Vereidigung – Zeichen des Mißtrauens

Warum werden Beamte und Minister vereidigt? Denn wenn völlige Gewissensfreiheit die unbedingte Voraussetzung eines gesunden Staatswesens ist, wozu erfolgt dann die Anrufung Gottes? Genügt nicht eine feierliche Verpflichtung auf die Verfassung? Eines offenbart allerdings die Maßnahme der Vereidigung, daß niemand einem Menschen wirklich und völlig trauen kann. Diese formale Anrufung Gottes genügt allerdings nicht, um aus der Sackgasse der Lüge einen Weg zu bahnen und den Weg zur Wahrheit zu finden. Gott selbst muß eingreifen und uns umbilden, daß unser Ja wirklich ein Ja, unser Nein wirklich ein Nein ist und bleibt, wie Jesus von Nazareth es uns anrät (Mt. 5,39) und damit alles Schwören als überflüssig auf die Seite schiebt. Die Wahrheit kann weder diktiert noch kommandiert werden; sie kann allerdings in der Schule Jesu immer besser gelernt und geübt werden. Darum müssen wir – aus der Einsicht der Bibel – deutlich machen: Die Wahrheit muß überall und um jeden Preis Vorfahrt haben.

4. Der Vorrang der Wahrheit

4.1 Unbedingte Priorität

In einer Welt der fortgesetzten Lüge und der ständigen Verdrehung muß die Klarheit der Wahrheit unbedingten Vorrang haben. Hier darf es keine Kompromisse geben. Jede in die Wahrheit eingeschleuste Lüge ist wie eine Säure, die die Wahrheit vollkommen zersetzt; es bleibt nichts übrig, was Vertrauen schaffen kann. Dieses Bemühen und Nachdenken kann zu einem bewahrenden Schild, aber auch im Umgang mit der Lüge der anderen zum auffallenden Zeugnis werden.

4.1 a Die Wahrheit – auch im Leiden?

Was in Paris mit solcher Unerschütterlichkeit verfochten wird, wird – auch im Leiden – zu einem verblüffenden Zeugnis, wenn Adam Mischnik aus einem polnischen Gefängnis schreibt: »Sie gelangen ja gar nicht dazu, uns zu begreifen; denn um uns zu begreifen, müßten Sie – und wäre es auch nur einen Augenblick lang – über sich selbst hinaus sehen. Die Wahrheit, die darin besteht, daß Sie von Rachgier betrunkene und jeden Ehrgefühls bare Lumpen sind, daß Sie schon lange beerdigt haben, was an Ihnen noch anständig gewesen sein mag. Deshalb wollen Sie, selbst niederträchtig geworden, uns auch auf dieses Niveau herabziehen. Dieses Vergnügen werde ich Ihnen nicht gewähren ... Ich weiß zwar nicht, ob es mir gegeben sein wird, den Sieg der Wahrheit über die Lüge zu erleben ... Aber ich weiß, daß ich durch die Pflicht zur Wahrheit gebunden bin.«[110]
 Eines wird deutlich: Die von der Schrift geprägte Wahrheit hat enthüllende und entlarvende Kraft, und sie kann nicht am Schreibtisch allein beschrieben werden. Sie muß bezeugt und gelebt werden – auch um den Preis des Leidens. Aus der Wahrheit und für sie leben, heißt, Tag für Tag für sie kämpfen. Dann kann die Lüge nicht mehr unbehelligt Aussagen und Worte weiter vergiften.

4.1 b Angst vor der Wahrheit?

Aus der Wahrheit zu leben ist nicht leicht. Denn unsere Grundnot besteht darin, daß wir nicht in der Wahrheit leben wollen, ohne sie aber nicht leben können. Ist nicht in der Macht der Lüge zutiefst die Angst vor der entlarvenden Wahrheit mit all den daraus sich ergebenden Konsequenzen enthalten? Schon vor sechzig Jahren hat Dietrich Bonhoeffer diesen Einfluß der Angst enthüllt: »Wir haben Angst vor der Wahrheit, und diese Angst ist im Grunde Angst vor Gott. Gott ist die Wahrheit und kein anderer, und wir fürchten uns vor ihm, daß er uns plötzlich in das Licht der Wahrheit stellt und uns in unserer Lügenhaftigkeit entlarvt. Die Wahrheit ist eine Macht, die über uns steht und uns jeden Augenblick vernichten kann. Die Wahrheit ist der lebendige Gott selbst und sein Wort, wo es hintrifft; vor dieser Wahrheit muß der Mensch sterben. Und weil der Mensch klug ist und das weiß, darum umhüllt er sich immer tiefer mit Lüge und Schein. Er will die Wahrheit nicht sehen, denn er will nicht sterben. Darum muß er lernen, besser, raffinierter, gedankenvoller lügen zu können; ja darum muß er es dahin bringen, sich so tief in die Lüge zu verstricken, daß er selbst nicht mehr weiß, daß er lügt, sondern seine Lüge für die Wahrheit hält.«[111]

Die Frage nach der Wahrheit ist – heimlich – immer auch eine Frage nach Gott. Darum müssen wir sie stellen, mehr noch: Darum müssen wir eine gültige Antwort bekommen. Nur auf dem Weg der Nachfolge Jesu Christi bleiben wir bei dem, der unser Leben aus dem Tod entreißt, der uns im Licht seiner Wahrheit aus der Todesstarre der Lüge und Verführung entrückt und vor der Selbstzerfleischung unter uns und zwischen den Völkern bewahrt und in den Frieden führt, der sich trotz allem bewähren darf und uns bewahren wird.

5. Die verzerrte Wahrheit

5.1 Die gefährliche Lüge

Führt die Wahrheit letztlich zu einer aufrichtigen Begegnung zwischen Menschen, so wird unter dem Vorzeichen der auf unsere angeblichen Interessen zugeschnittenen Lüge – die immer im gestohlenen Gewand der Wahrheit einherstolziert – das Attentat auf den Frieden verübt. Die Lüge ist auch daran zu erkennen, daß sie den Haß gegen unseren Mitmenschen schürt und dieses Feuer kann nicht auszudenkende Folgen nach sich ziehen. Denken wir daran, was uns der Apostel Johannes sagt: »Wer seinen Bruder haßt, ist ein Totschläger« (1. Joh. 3,15). Sind einmal durch den aus falschen Informationen stammenden Haß die Bremsen gelockert, können wir – wenn es zu spät ist! – den in sausende Fahrt versetzten Wagen weder steuern noch zum Halten bringen. Die Katastrophe erwartet uns in vielfältiger Gestalt.

Darum ist es nötig, besonnen und umsichtig sich zum Handeln zu entschließen, um dem unguten Treiben der Lüge Einhalt zu gebieten, solange es noch Zeit ist.

5.2 Die folgenschwere Propaganda

5.2 a Die verordnete Wahrheit

Gleich zu Beginn muß hier unterschieden werden zwischen einem Re-gime, in dem eine Regierung nach Gutdünken die Veröffentlichungen und die Nachrichtensendungen lenken und leiten kann, und auf der anderen Seite einer Regierungsart, in der die Freiheit der Meinungsäußerung herrscht.

Unangenehmes für die Verantwortlichen kann in einem alles beherr-schenden Regime keinen Ausdruck finden. Von den Medien über die Zeitung bis hin zum Büchermarkt herrscht die Zensur, und die dort in der Bildung der öffentlichen Meinung Tätigen wissen sehr wohl, was sie sagen und schreiben dürfen. Denn für eine Abweichung von der vorgege-benen Linie werden sie zur Rechenschaft gezogen. Daß dadurch die Wahrheit meist unbekannt bleibt, versteht sich von selbst. Wenn die Frei-heit der Meinungsäußerung ausgeschaltet ist, haben Hörer und Leser kaum einen Maßstab, um nachzuprüfen, ob das Gehörte oder Gelesene zutrifft.

Mir ist dafür ein Beispiel aus dem Zweiten Weltkrieg bekannt. Es wurde uns bei dem kalten Winter (1941/42), den ich in Rußland erleben mußte, mitgeteilt, dies sei der seit Jahren härteste Winter in diesem Ge-biet. Das wurde im allgemeinen geglaubt. Wir hatten ja keine Möglichkeit zur Nachprüfung. Erst nach dem Ende des Krieges erfuhr ich von einem Generalstabsoffizier, in dessen Zuständigkeit auch die – damals geheimen – Wetterdaten fielen, daß der Durchschnittswert der für diese Zeit übli-chen Temperaturen nicht unterschritten wurde. Diese bewußte Desinfor-mation hatte sicher den Sinn, in der Heimat wie auch bei der Truppe den in die Augen fallenden Mangel an solider Planung und gebotener Vorsor-ge zu verschleiern.

5.2 b Die verborgene Wahrheit

Ganz anders sieht es aus, wenn Pressefreiheit herrscht. Sie fördert in ei-nem Rechtsstaat durch unerwartete Hinweise und gezielte Enthüllungen den Gedanken, daß Verfehlungen und Unterlassungen – der öffentlichen Hand, in sonstigen Organisationen und Betrieben – nicht einfach mit dem Mantel des Schweigens zugedeckt werden können. Darin ist auch ein Versuch zu sehen, dem Grundsatz der Gleichheit aller Bürger vor dem Gesetz Nachdruck zu verschaffen.

Die Vielfalt der Aussagen in der Presse, den Medien und den Büchern läßt es auch zu, daß Leser und Hörer sich eine eigene Meinung bilden können. Allerdings sollten bei wichtigen politischen Entscheidungen innerhalb und außerhalb Deutschlands Leser die Möglichkeit haben, entscheidende Passagen – etwa einer Rede oder eines Vertrags – im Wortlaut kennenzulernen. Sicher sind gründliche Kommentare von Journalisten nützlich und hilfreich, aber sie ersetzen nicht den Text.

5.2 c Die entstellte Wahrheit

Wie sehr die Desinformation als klug angelegte Propaganda uns unsicher machen kann, sei an drei Beispielen aus dem Umfeld des Nahostkonflikts gezeigt.

1. Eine wichtige Frage lautet hier: Was ist das palästinensische Volk? Es tritt erst mit seiner Charta in Erscheinung (1964 u. 1968). Diese Charta setzt allein auf Gewalt (Art. 9). Das erklärte Ziel dieser Charta besteht darin, »den Zionismus in Palästina auszutilgen« (Artikel 15)[112] Sie kann nur mit Zweidrittelmehrheit auf einer eigens dazu einberufenen Sitzung abgeändert werden (Art. 33). Wer kennt unter uns schon dieses immer noch gültige Dokument?[113]

2. Es wird immer wieder vom »Rückzug Israels aus allen besetzten Gebieten« gesprochen und dabei auf die Entschließung des Sicherheitsrats der UNO vom 22.11.1947 verwiesen. Dort heißt es aber: »Rückzug der israelischen Streitkräfte von Gebieten des letzten Konflikts.«[114] Warum hat sich die oben genannte Formulierung in unserem Sprachgebrauch so eingenistet, daß sie gar nicht mehr in Frage gestellt wird?

3. Es wird, wie etwa von Jassir Arafat (1982) bei einer Audienz beim Papst vom »palästinensischen Jesus« gesprochen,[115] seither ist dies immer wieder geschehen. Es ist verständlich, daß die PLO versucht, ihre Existenz nach rückwärts bis in die biblische Zeit zu verlängern. Es soll jetzt nicht von der nationalen Vereinnahmung des Jesus von Nazareth gesprochen werden; eine solche Aussage ist theologisch nicht zumutbar. Hier gleichen sich der »palästinensische Jesus« und der »arische Christus« der »Deutschen Christen« in der Zeit des Dritten Reichs aufs Haar. Es muß aber unterstrichen werden: Den Ausdruck »Palästina« gibt es erst, seitdem Kaiser Hadrian (135 n.Chr.) nach der Niederwerfung des Bar-Kochba-Aufstands die Namen Judäa, Samaria und Galiläa tilgte und durch Palästina ersetzte. Jesus von Nazareth kann kein Palästinenser gewesen sein. Er ist immer Jude geblieben.

Diese kurzen Bemerkungen zeigen, wie es auch in einem Land mit Meinungsfreiheit nicht immer leicht ist, unguten Entstellungen der Wahrheit zu wehren. Es können auch in anderen Bereichen Versuche unternommen werden, die Wahrheit zum Lakaien eigener Interessen zu entwerten. Darum sind wir aufgerufen, nüchtern und wachsam zu bleiben. Der Wahrheit dient es sicher, wenn wir mehr einschlägige Dokumente und Texte in die Hand bekommen und uns weniger mit Kommentaren befassen.

6. Die verletzte Ehre

6.1 Reden übereinander?

Hier geschieht unter uns – und durch uns! – viel Böses. Wenn wir nicht mehr die Freiheit und den Mut aufbringen, unseren Mitmenschen wegen angeblicher oder tatsächlicher Verleumdung zur Rede zu stellen, findet unser Reden hinter vorgehaltener Hand statt. Wir zahlen mit gleicher Münze heim; denn wir neigen dazu, Ungutes über den Verleumder zu verbreiten. Das gegenseitige Weitersagen von üblen Gerüchten verdichtet sich zu einem Teufelskreis, aus dem wir kaum mehr herausfinden. Dieses böse Reden wird »zu einer Pestilenz, die im Finstern schleicht« (Ps. 91,6). Zu Recht entlarvt diesen Unfug ein kleiner Reim: »Wer redet in absentia, den treff die pestilenzia,« auf deutsch: Wer in der Abwesenheit eines anderen (über ihn) redet, den treffe die Pestilenz!

6.2 Sprechen zueinander!

Daraus ergibt sich eine Grundregel: Wir dürfen – auch wenn wir zu Recht gekränkt sind – nicht in einer ähnlichen Weise über den Verleumder reden. Anders gesagt: Was wir ihm nicht ins Gesicht sagen wollen oder können, sollen wir auch nicht bei anderen über ihn reden. In der Schule Jesu dürfen wir das lernen: Er hat Freunde und Gegner immer offen angesprochen; bei ihm wußte jedermann, wie er dran war.

Vor den Verletzungen der Ehre eines Nebenmenschen sollen wir uns hüten. Es wird dies unter uns als Rufmord bezeichnet. Unseren Mitmenschen wird das Mindestmaß an Anerkennung streitig gemacht, indem ungute, manchmal gar nicht zutreffende Aussagen in Umlauf gesetzt werden. Oft geschieht dies nicht einmal in böser Absicht. Aber der andere wird zutiefst getroffen. »Bei Gott – es war nicht bös gemeint – der andere aber geht und weint.«

6.3 Vergiftete Pfeile

Aber oft ist es sicher nicht gut gemeint. Es sind vergiftete Pfeile aus dem Hinterhalt; sie schmerzen und verletzen. Durch den Psalter zieht es sich wie ein roter Faden: Die auf den Namen Gottes bauen, werden angefochten. Dafür nur ein Beispiel: »Gib mich nicht in den Willen meiner Feinde; denn es stehen falsche Zeugen gegen mich auf und tun mir Unrecht ohne Scheu« (Ps. 27,12).

Besonders schlimm wird es, wenn der Rufmord als öffentliche Brandmarkung durch die Medien ihren Ausdruck findet. Dafür nur ein Beispiel: In einer Fernsehsendung vom 1.10.1991 hatte die ehemalige Politikerin der Grünen, Jutta Dittfurth, über den damals nicht anwesenden Arzt Dr. Siegfried Ernst, ehemaliges Mitglied der evangelischen Landessynode in Württemberg, gesagt:»Das ist ein Neofaschist.«

Er war ihr wegen seiner strikten Gegnerschaft zur Abtreibung ein Dorn im Auge. Dr. Ernst erstattete Anzeige beim Amtsgericht in Köln, und die Staatsanwaltschaft erließ daraufhin einen Strafbefehl über 2 000 DM. Der von Frau Dittfurth eingelegte Widerspruch hatte Erfolg. Nach einer vier Stunden dauernden Verhandlung sprach das Amtsgericht Köln sie vom Vorwurf der Beleidigung frei. Die Bezeichnung »Neofaschist« sei durch das Recht auf Meinungsfreiheit gedeckt, meinte das Gericht.[116] Ist es nicht verhängnisvoll, wenn das Recht auf Meinungsfreiheit zum Schutzschild wird, an dem offenkundige Beleidigungen abprallen? Wie soll der Bürger seinen guten Namen schützen, wenn seine Ehre so verletzt und an die zweite Stelle gerückt wird?

6.4 Nicht geahndete Beleidigungen

In zwei Äußerungen hatte sich der Kabarettist Richard Rogler (Oktober 1993) über den von der CDU nominierten, inzwischen aber zurückgetretenen Kandidaten für das Amt des Bundespräsidenten, Minister Steffen Heitmann, lustig gemacht:»Steffen, du wirst Präsident, keine Sorge, wir machen das! Auf deinen Berliner Amtssitz, da kommt die Reichskriegsflagge drauf, Auschwitz wird internationales Ausbildungszentrum, und deine Frau wird am Herd festgekettet, wenn sie für dich Königsberger Klopse macht.« Und seine zweite Äußerung:»Ach, ich habe diesmal wirklich überlegt, ob ich über diesen Herrn Heitmann aus dem Osten noch mal was sagen soll. Langsam wird es ja wirklich unangenehm. Das wäre übrigens in der DDR so nicht passiert. Da waren die professioneller. Den hätte man kurzerhand für psychisch krank erklärt, zur Erholung an die Ostsee geschickt, wo er dann tragisch ums Leben gekommen wäre.«[117]

Ein Ministerkollege Steffen Heitmanns, Arnold Vaatz, erhob gegen diese ehrenrührige Aussage Beschwerde, weil er sie als einen Verstoß gegen die Menschenwürde ansah. Es ist eine bittere Enttäuschung und eine unerhörte Zumutung für jeden Menschen mit einem normalen Empfinden für Ehre und Anstand, daß diese Beschwerde abgewiesen wurde. Eine Satire, so hörte man von seiten des Westdeutschen Rundfunks, sei »nicht als eigene Aussage ... zu begreifen.«[118] Was ist sie dann? Darf jemand einem Mitbürger über die Grenzen des Zumutbaren verunglimpfen, wenn er nur den Schutzmantel der Satire um sich hüllen kann? Anders gefragt: Ist es erlaubt, mit recht seltsamen Ausdrücken die Ehre zu verletzten, wenn es nur so geschickt geschieht, daß – angeblich – rechtliche Schritte zu keinem Erfolg führen? Es erinnert dies in einer fatalen Weise an eine Bevorrechtung gewisser Intellektueller, während dagegen der Durchschnittsbürger mit seinen groben und bösen Äußerungen auf der Strecke bleibt. Gewinnen wir dabei nicht den Eindruck, daß mit zweierlei Maß gemessen wird? Die Besudelung der Ehre eines Mitmenschen ist immer eine schlimme Sache, vor allem wenn mit einer solch »amtlichen« Rückendeckung eine unverständliche Bestätigung erfolgt, die Einsicht in das Unrecht und die Notwendigkeit einer Umkehr, vor allem aber den Schritt der Entschuldigung fast unmöglich machen. Ganz abgesehen davon, daß eine ungeahndete Beleidigung den Eindruck hervorrufen muß, es sei überhaupt nicht folgenschwer, sich so zu benehmen. Die Gewöhnung an Ungutes ist so schlimm wie das Böse selbst, vor allem deshalb, weil wir uns dann kaum darüber noch Gedanken machen und es schlicht verdrängen.

7. Die hinterhältige Denunziation

Das Anzeigen von Mitmenschen bei Behörden kann doppelter Natur sein, daß wir Aussagen über wahre Ereignisse öffentlichen Instanzen in die Hände spielen, was dem so Denunzierten nur Nachteile bringen kann; bei entsprechender Einstellung totalitärer Regime kann dadurch auch Lebensgefahr für den so Angezeigten bestehen. Oder aber kann es passieren, daß Unwahres über einen Mitmenschen bei einer solchen Stelle laut wird, dem nur zu schnell Glauben geschenkt wird, was für einen so Denunzierten eine Bedrohung in mannigfacher Abstufung bedeutet.

7.1 Das freiwillige Verleumden

Denunziationen geschehen meist auf freiwilliger Basis – ohne Druck von oben, ohne die Aussicht auf eine Belohnung. In einem jüngst veröffentlichten Artikel wurde über diese böse Seuche des Anzeigens von Mitmenschen unter dem Nationalsozialismus folgendes gesagt: »Das Massenphänomen der Denunziation, deren Ausmaß aufmerksamen Auslandskorrespondenten nicht verborgen blieb, wurde von den nationalsozialistischen Machthabern weder durch Gesetz noch durch eine entsprechende Verordnung erzwungen; sie beruhte auf Freiwilligkeit.«[119] Überall gab es Frauen und Männer, die auf Grund einer übertriebenen nationalen Einstellung Mitmenschen aus ihrer Umgebung anzeigten. Diese Art von Denunziation war den damaligen Machthabern gerade recht; es wurde von daher ein Klima völliger Unsicherheit und einer von daher geprägten Zurückhaltung geschaffen.

Dafür nur zwei Beispiele: Der Hausmeister der Münchener Universität blockierte am 18.02.1943 alle möglichen Fluchtwege, als er im Lichthof dieses Gebäudes die Flugblattverteiler der »Weißen Rose« erspäht hatte.

Eine Luftwaffenhelferin erkannte den in das Attentat vom 20. Juli 1944 verwickelten und deshalb flüchtigen Carl Goerdeler und verriet ihn.[120]

7.2 Was treibt zum Verrat?

Was mag Mitmenschen dazu führen, andere ans Messer zu liefern oder zumindest sie zu verraten? Wir können hier zwischen verschiedenen Motiven wählen: dem Drang, sich selbst in ein gutes Licht zu stellen, die unheimliche Lust, so eine persönliche Rechnung zu begleichen, die Auflehnung gegen Eltern oder Meister und Vorgesetzte, sich mehr Freiheit zu verschaffen. Wir haben oft den bösen, kaum zu bändigenden Trieb, dem Nebenmenschen zu schaden, auch indem wir ihm die Ehre abschneiden und ihn verleumden.

7.3 Umkehr aus der Schuld?

Gibt es überhaupt einen Weg zur Gesundung? Von einem im Sterben liegenden Mann wird berichtet, daß sein Nachbar, von Gewissensbissen getrieben – er hatte ihn bitter verleumdet – zu ihm kam, um noch vor dessen Ableben reinen Tisch zu machen. Der Sterbende gab ihm folgenden Rat, er solle auf den Kirchturm gehen mit einem Federkissen, es dort oben aufschlitzen und die Federn überall hin zerstreuen. Als sein Nachbar nach verrichteter Tat sich wieder bei dem Sterbenden einstellte, forderte dieser ihn auf, diese Federn wieder einzusammeln.

Das geht über unsere Kraft. Wir können den durch Verleumdung entstandenen Schaden nie gut machen. Was aber dann? Müssen wir von der unheimlichen Macht der Schuld erdrückt werden? Müssen wir vor dieser Gewalt kapitulieren? Dann nicht, wenn wir schon einem anderen Herrn gehören, der unsere ganze Schuld weggetragen hat (vgl. Joh. 1,29). An der Verbreitung der vom Kirchturm geschüttelten Federn können wir erkennen, welches von uns nicht zu zählende Ausmaß unsere Sünde hat. Was wir nicht können, das hat Jesus Christus schon getan.

7.3 a Umkehr ohne Aufschub!

Aber Achtung! Es darf ein solcher Fall wie der oben geschilderte nicht passieren. Wir dürfen Begegnungen der Bereinigung nicht aufschieben. Es kann zu spät werden. Die von Jesus Christus geschenkte Vergebung macht uns fähig, heute und jetzt den Nachbarn aufzusuchen. Wir dürfen uns nicht unter Zeitdruck setzen lassen, etwa durch den Tod. »O, daß ihr heute auf seine Stimme hörtet!« (Ps. 95,4). Warten kann bedeuten, daß unser Herz hart und vergeßlich wird. Darum ist es Zeit. Schlagen wir uns die Parole aus dem Kopf: »Es hat Zeit.«

8. Die notwendige Begegnung

8.1 Der Mut zum Kontakt

In der Bergpredigt hören wir: »Sei deinem Gegner schleunigst wieder Freund, solange du noch bei ihm auf dem Wege bist ...« (Mt. 5,25). Auf dem Wege zum Gericht! Wenn der Richter sein Urteil gesprochen hat, ist die Entscheidung gefallen, und der notwendige Schritt zur Versöhnung ist zunächst einmal vertan.

Und wenn wir alles Unbereinigte auf die letzte Rechenschaft vor dem lebendigen Gott beziehen, ist es endgültig zu spät. Die Zeit ist abgelaufen. Darum ist die Aufforderung zur Begegnung so dringend. Es ist Zeit! Lassen wir sie um keinen Preis verstreichen!

8.2 Die unerläßlichen Schritte

Frauen und Männer, die wir verleumdet haben, haben wir uns zu Gegnern gemacht. Wir dürfen dies nicht auf die lange Bank schieben. Wir begegnen einander viel weniger als dies früher der Fall war. Wir sind eine Auto fahrende Nation geworden. Aber das Zusammenkommen, das Reden und Ausräumen von Konflikten bleibt als Aufgabe. Es fällt uns sicher schwer, den Beleidigten aufzusuchen, ihn anzurufen oder ihm zu schreiben. Aber wenn wir diese enge Pforte nicht passieren, bleibt alles beim alten.

Eine solche Begegnung geht uns gegen den Strich. Sie kostet Überwindung. Hier gibt es aber keine Preisermäßigung. Billiger ist die Versöhnung nicht zu haben. Will der Gegner uns nicht annehmen, hat er sich verhärtet, so lädt er selbst Schuld auf sich. Uns bleibt die Fürbitte. Noch sind wir auf dem Weg – hoffentlich zueinander.

8.2 a Der neue Anfang

Es kommt aber vor, daß er geradezu darauf gewartet hat, und es ist möglich, daß über diese Aussprache hinaus ein gutes, neues Verhältnis entsteht, eine tragfähige Gemeinschaft sich bildet, häufigere Begegnungen stattfinden. Es wirkt sich aus, was auch in der Bergpredigt steht: »Wenn dich jemand dringend bittet um eine Meile, so gehe mit ihm zwei« (Mt. 5,41). Zeit haben füreinander und miteinander kann eine Mauer werden gegen böses Gerede; wir reden miteinander und nicht – mehr! – übereinander!

8.3 Das feige Wegsehen

Diesen mutigen Schritt über die Schwelle dürfen wir wagen und nicht verzagen, sonst werden wir unserer Pflicht nicht gerecht und versagen.

Oft, nur zu oft, bleiben wir wie angewurzelt stehen und werden zu Zuschauern, als ob uns unser Versagen durch eine von uns betriebene Verleumdung nichts anginge. Modellcharakter hat, was Lukas über die Szene der Kreuzigung schreibt: »Das Volk stand und schaute zu« (23,35). Entscheidend ist hier der Abstand; es ist doch besser, sich herauszuhalten, damit nichts zu tun zu haben. Es kann gefährlich werden, Farbe zu bekennen. Erfinderisch sind wir in unseren Ausreden: »Was können wir gegen die Mächtigen tun?« oder: »Müssen wir denn immer auffallen?« Ja – wir müssen! Wir dürfen uns nicht hinter dem Rücken der gleichgültigen oder feindseligen Masse verstecken, und in dieser scheinbaren Geborgenheit verharren.

Für unseren Fall: Wir dürfen uns nicht orientieren an dem, was die Mehrzahl tut, sondern aufbrechen, um zu bereinigen, was wir durch üble Nachrede angerichtet haben. An dem halbtot Geschlagenen gingen einst ein Priester und ein Levit vorüber und ließen ihn liegen (Lk. 10,31.32: »da er ihn sah, ging er vorüber«). Sicher hatten die beiden gute Gründe zum Weitergehen – vielleicht die kultische Reinheit, die sie hätten einbüßen können und dadurch wären sie »dienstunfähig« geworden; vielleicht war es ganz einfach die Angst, ein solcher Überfall könnte sich wiederholen.

8.3 a Die unerwartete Hilfe

Abstand also – und keine Begegnung; darum fällt die Hilfe aus. Ausgerechnet ein Samariter, einem aus einer Gruppe, mit denen die Juden keinen Umgang pflegen (Joh. 4,9) und die erst kurz zuvor Jesus und seine Jünger schroff abgewiesen hatten (Lk. 9,51 ff.), überwindet diesen mehrfachen Abstand – und hilft. In unserem Fall: Der Andersgläubige ist mit seinem Zugehen auf den Halbtoten eine Herausforderung, die uns in der Tiefe unseres Herzens treffen muß. Versäumen wir doch den Schritt nicht auf unseren Nebenmenschen, den wir beleidigt und erzürnt und dadurch zutiefst verletzt haben! So gut der Samariter dem Überfallenen die entscheidende Hilfe bringt, so eilen wir uns selbst zu Hilfe, wenn wir den Gang zu dem von uns Beleidigten wagen.

9. Das letzte Urteil

Wir leben alle im Horizont des letzten Urteils. Hier haben die von uns gesprochenen Worte ein besonderes Gewicht. Sie verhallen nicht einfach und sind dann vergangen und vergessen. Sie sind gespeichert. Und im Unterschied zu einer unterlassenen Hilfeleistung (Mt. 25,45: »Was ihr nicht getan habt einem unter diesen Geringsten, das habt ihr mir auch nicht getan«) werden unsere Worte auf den Prüfstand gelegt: Jesus von

Nazareth unterstreicht, »daß die Menschen Rechenschaft geben müssen am Jüngsten Gericht von einem jeglichen unnützen Wort, das sie geredet haben« (Mt. 12,36). Ein nutzloses Wort, das um seiner Wertlosigkeit willen am besten gar nicht ausgesprochen worden wäre!

Dieser Hinweis muß schon genügen, um uns in unserem Reden vorsichtig und besonnen zu machen. Gedankenlosigkeit ist nicht erlaubt, noch weniger der Hang und Drang, uns mit unseren Worten in den Mittelpunkt zu stellen und damit direkt oder indirekt auch den Nebenmenschen zu verunglimpfen.

Die Tragweite unseres unwahren Redens hat Rabbi Bunam von Pzyha einmal treffend zum Ausdruck gebracht: »Ich kann alle Sünder zur Umkehr bringen – nur die Lügner nicht.«[121] Die Lügner, die sich mit allen möglichen Behauptungen gegen die Aussage wehren, daß sie Sünder sind, und die im Grunde keiner Umkehr und keines Neuanfangs bedürfen.

10. Zusammenfassung: Die Wahrheit siegt

Wie entrinnen wir aber der dadurch über uns allen schwebenden Verurteilung (Mt. 12,37)? Nur dadurch, daß wir uns der Wahrheit in Person, Jesus Christus, unterordnen, der uns zusagt:»Die Wahrheit wird euch frei machen« (Joh. 8,32). Frei von aller Verstellung und Zwiespältigkeit, frei von aller Heuchelei und allem Schönreden! Die von ihm Befreiten haben die Zusage, ja die Chance, in die sich dieses Gebot zusammenfassen läßt: Du darfst wahr werden, wahr bleiben, wahr reden!

VII. Ehren und Begehren

(Fünftes und zehntes Gebot)

A. Das fünfte Gebot:

1. Die Auszeichnung des fünften Gebots

Die Einladung zur Besinnung über diese Weisung wird in einer besonderen Weise dadurch hervorgehoben, daß es – nach dem Zeugnis des Epheserbriefes – »das erste Gebot mit einer Verheißung« (6,2) ist. Es muß zum Nachdenken anregen, daß »Wohlergehen und lange Zeit auf der Erde« (Eph. 6,3) mit der Befolgung dieses Gebotes verknüpft sind. Ein Grund mehr, sich hier nicht nur zu besinnen, sondern auch das Entsprechende zu tun.

Dies gilt Tag für Tag – beiden Eltern, dem Vater wie der Mutter! Sie dürfen um keinen Preis auseinanderdividiert werden. So sehr Vater- und Muttertag an die Eltern erinnern können, so sehr dienen sie meist als Alibi für das – sonst oft gleichgültige – Verhalten: Die Mutter wird mit einem Blumenstrauß abgefunden, während die Väter ausgerechnet an einem kirchlichen Feiertag, dem Himmelfahrtsfest, zu einer vom Alkohol geprägten Reise aufbrechen und ihre Autorität als Väter eher beschädigen, als erneuern oder stärken.

2. Die unumkehrbare Hoheit

2.1 Die unantastbare Ehre

Jedermann, vor allem die Kinder und die heranwachsende Jugend, müssen erfahren und wissen, daß die Eltern vor ihnen einen uneinholbaren Vorsprung und darum einen immer gültigen Vorrang haben: Sie waren vorher da und bleiben immer älter als die nachwachsende Generation. Dies klingt nur wie eine Selbstverständlichkeit. Diese Wahrheit befindet sich aber meistens im Keller der Verdrängung. Wir müssen auf die entscheidende Reichweite dieser wichtigen Aussage aufmerksam gemacht werden.

2.1 a Der bleibende Abstand

Die Eltern haben immer einen gewichtigen Abstand zu ihren Kindern, der nie eingeholt werden kann. Er ist unumkehrbar. Es wird zwar immer wieder versucht, diesen Abstand zu leugnen und einzuebnen – bis dahin, daß Kinder den Versuch unternehmen, die Eltern mit dem Vornamen zu bezeichnen, um sie – im Ergebnis – dadurch unter ihre – älteren – Kameraden einzuordnen und so als Kumpel abzustempeln. .

Natürlich ist es nicht ausgeschlossen, sondern wünschenswert, daß Eltern und Kinder – vor allem, wenn beide älter werden – sich als Freunde begegnen können; wo dieses glückliche Ereignis eintritt, geschieht dies nicht, weil die durch das Elternsein bedingte Distanz verwischt, sondern weil sie anerkannt wird.

2.1 b Die geforderte Achtung

Die Konsequenz aus diesem Abstand ist das Ehren. Im hebräischen Urtext wird dafür ein Wort gebraucht, das das Gewicht und den Glanz des Elternseins und ihre daraus sich ergebende Vollmacht beschreibt. Ehren heißt, einem Menschen mit Achtung begegnen. Das ist eine entscheidende Rahmenbedingung für das Lieben, das nur in dieser Atmosphäre gedeihen kann. Ehren können wir gebieten, das Lieben aber nicht; Liebe kann nur wachsen. Eine wichtige Voraussetzung dafür ist der in Herzlichkeit geschehende Umgang der Eltern mit ihren Kindern. Diese Liebe ist eine Saat auf Hoffnung. Zunächst bleibt aber den Kindern die trotz aller Zuwendung abgeforderte Ehrerbietung.

Das bedeutet, daß wir höflich und aufrichtig mit unseren Eltern umgehen – und dies dehnt sich auch aus auf alle Älteren. Ältere sind keine »Gruftis«; sie sind und bleiben nach Gottes Ebenbild geschaffene Menschen, und wenn sie Eltern sind (oder waren), wurden sie als Stellvertreter Gottes an seine Seite gestellt. Es sind die einzigen Menschen, denen diese Würde widerfährt, auf der ersten Tafel – in aller Bescheidenheit und ganz am Schluß – ihren Platz vorzufinden.

Aber auch noch ein anderer Auftrag ist ihnen zuteil geworden, an der Schaffung neuen Lebens mitzuwirken.

2.2 Der lebensspendende Adel

Mann und Frau, im Bund der Ehe zusammengefaßt, werden an der Weitergabe menschlichen Lebens beteiligt.

Diese Aufgabe ist gedeckt durch Gottes Auftrag: »Seid fruchtbar und mehret euch und füllet die Erde (1. Mose 1,28). Frohe Dankbarkeit und stille Demut darf Menschen erfüllen, daß sie auch in diesem Sinn Gottes Mitarbeiter werden, nämlich, das durch so viel Leid und Unheil gezeichnete Leben durch Zeugen und Gebären trotz allem zu erhalten. Sie legen den Grund dafür, daß durch sie ins Leben eintretende Menschen angeleitet werden können, zu dem uns von Gott gesteckten Ziel aufzubrechen.

3. Die bleibende Autorität

Die den Eltern verliehene Autorität soll sich bei den Kindern in zwei Richtungen auswirken.

3.1 Die entscheidende Unterweisung

Die Rettungstaten Gottes müssen den Kindern bekannt gemacht werden. Dies gehört zum Auftrag ihres Standes. Dankbar rühmt der Psalmist: »Gott, wir haben mit unseren Ohren gehört, unsere Väter haben's uns erzählt, was du getan hast zu ihren Zeiten vor alters« (Ps. 44,2). Dies darf um keinen Preis der nachfolgenden Generation unbekannt bleiben; es muß den Kindern berichtet werden. Dieses Weitergeben löst das Zeugnis der späteren Geschlechter aus: »Ich will meinen Mund auftun und alte Geschichte aussprechen« (Ps. 78,2). Warum? »Wir haben sie gehört und wissen sie; denn unsere Väter haben sie erzählt« (Ps. 78,3).

3.1 a Folgenschweres Verschweigen

Das Verschweigen wäre Verrat und Betrug; denn den Kindern und der nachfolgenden Generation würden »die Ruhmestaten des Herrn und seine Stärke und seine Wunder, die er getan hat« (Ps. 78,4) vorenthalten. Was für eine unabsehbare Schuld laden Eltern auf sich, wenn sie diesem Auftrag gegenüber gleichgültig bleiben! Das Weitergeben dieses Zeugnisses ist »nicht ein vergebliches Wort an euch, sondern euer Leben« (5. Mose 32,47). Wenn es Eltern glücken würde, ihre Kinder, auf ihrem Weg durchs Leben zur Erlangung von einflußreichen Stellen und Stellungen anzuleiten, ihre Intelligenz zu fördern – und sie blieben an diesem entscheidenden Punkt stumm, dann hätten sie ihren Kindern das Angebot des Lebens verschwiegen. Jesus von Nazareth hat in Übereinstimmung mit dem ersten Teil der Bibel uns allen eingeschärft: »Was nützt es dem Menschen, wenn er die ganze Welt gewinnt, sein Leben aber einbüßt?« (Mt. 16,26).

Ein erschütterndes – und anschauliches – Beispiel für das Stummbleiben der Eltern geht aus dem Abschiedsbrief eines Todkranken hervor. Er schreibt: »Liebe Mutter! Seit einigen Tagen kann ich nur noch eine halbe Stunde täglich im Bett sitzen, sonst liege ich fest. Das Herz will nicht mehr. Heute früh sagte der Professor etwas, es klang so nach gefaßt sein. Worauf? Es ist so schwer, jung zu sterben. Die Schmerzen wühlen fast unerträglich. Aber wirklich unerträglich ist es nicht, gefaßt zu sein. Mutter, ich war nie gottesfürchtig, aber ich fühle jetzt, daß da noch etwas ist, das wir nicht kennen, etwas Geheimnisvolles. Und das ist meine Qual, daß ich nicht weiß, wer das ist. Du hast mir gesagt, wie ich mich im Leben verhalten muß, wie man sich kleidet, wie man ißt, wie man so durchs

Leben kommt. Aber warum hast du mir nichts von Jesus Christus erzählt? Warum hast du mich nicht bekanntgemacht mit dem Klang seines Schrittes, daß ich merken könnte, ob er zu mir kommt in dieser letzten Nacht und Todeseinsamkeit? Daß ich wüßte, daß der, der auf mich wartet, wie ein Vater ist. Wie anders könnte ich sterben.« Diesen Brief fand eine Krankenschwester nach dem Tod eines jungen Patienten in dessen Bett.[122] Muß ein solcher Brief nicht eine ernste Mahnung sein für uns alle, doch ja die Zeit des Zeugnisses nicht zu versäumen?

3.1 b Ermutigung zum Reden

Wir dürfen vernehmen, daß Eltern angewiesen werden: »Du sollst die Worte (die ich dir heute gebiete) nicht nur zu Herzen nehmen, sondern sie deinen Kindern einschärfen, wenn du in deinem Hause sitzest oder auf dem Wege gehst, wenn du dich niederlegst oder aufstehst« (5. Mose 6,6.7). Überall und immer sollen wir die Kinder ansprechen. Gewiß auch durch das regelmäßige Tischgebet, die gemeinsame Andacht, durch fröhliches Singen. Dies alles kann nur der Ausgangspunkt sein, der uns zum Gespräch ermutigen soll.

Dabei dürfen wir die Kinder nicht überfüttern. Wahrscheinlich droht heute hier weniger Gefahr, sondern eher die einer geistlichen Unterernährung. Wir müssen uns zu Herzen nehmen: Was nicht aus unserem Herzen kommt, kann nicht zu Herzen gehen. Wir müssen uns fragen und in acht nehmen, daß geschwind hingeworfene fromme Redensarten den Kindern nicht den Weg verstellen. Sie stillen keinen geistlichen Hunger; sie sind schädlich.

3.1 c Anschauliches Erzählen

Die Übermittlung der guten Botschaft von Jesus Christus ist vordringliche Aufgabe der den Eltern anvertrauten Erziehung. Mittelpunkt und auch Vorzeichen ist der Herr Jesus Christus selbst (Eph. 6,3). Zwei Eckpunkte müssen immer wieder bedacht und über sie nachgedacht werden:

Einmal besteht diese Erziehung darin, die Kinder zu unterweisen; es geht darum, den Kindern durch Erzählen die Gestalt und den Weg, das Tun und die entscheidende Tat anschaulich »vor Augen zu malen« (Gal. 3,1). Dazu gehört einfallsreiche Phantasie und herzliche Zuneigung.

Dann: Es darf auch nie verschwiegen werden, wenn die Kinder durch ihr Verhalten die Unterweisung Lügen strafen. Zur Unterweisung gesellt sich die Zurechtweisung. Liebevoll und unmißverständlich müssen Kinder darauf aufmerksam gemacht werden, wenn sie den guten Weg – etwa durch Lügen – verlassen. Zurechtweisung ist immer ein verbindliches Eingreifen, um Kinder auf den rechten Weg zurückzubringen. Unglaubwürdiges Schönreden wie auch feiges Vertuschen sind ebenso verhängnisvoll wie eine von Zorn geprägte Gewaltanwendung. Das Vorbild ist gefragt.

3.1 d Mütter und Väter im Glauben

Eine nicht unwichtige Hilfe können Eltern und Großeltern sein, wie etwa Lois und Eunike, die Großmutter und Mutter des Timotheus, die diesem Mitarbeiter des Apostels Paulus viel bedeutet haben (2. Tim. 1,5). Nicht wenige Menschen können auf eine solch segensreiche und befreiende Verbundenheit ihrer Eltern mit ihnen hinweisen. Der Kirchenvater Augustin bekennt im Blick auf seine fromme Mutter Monika: »Ein Sohn so vieler Gebete kann nicht verloren gehen.« Das Erziehen zum Herrn hin kann nur glücken, wenn in allem – und trotz allem! – das Gebet und die Fürbitte den Ton angeben. Mehr noch: wenn sie bei Tag – und auch bei Nacht! – nicht verstummen. »Beten ohne Unterlaß!« (1. Thess. 5,17) ist die Lösung.

4. Das Ernstnehmen als Anfrage

Das entscheidende Gewicht der Unterweisung liegt darin, daß wir Eltern selbst das Wort Gottes im Alltag ernst nehmen. Mehr noch: daß wir Eltern dem Festhalten an den von Gott erteilten Weisungen unbedingten Vorrang gewähren.

Es muß deutlich werden, daß Eltern das Weitergeben selbst praktizieren. Das Verhalten der Eltern soll die Kinder zum Fragen aufwecken und anleiten. Wenn eure Kinder euch dann fragen: Was bedeutet denn dieser heilige Brauch, den ihr übt?, so sollt ihr sagen: Das ist das Passahopfer für den Herrn, weil er an den Häusern Israels vorbeischritt in Ägypten, als er die Ägypter schlug und unsere Häuser verschonte (2. Mose 12,26.27).

4.1 Auffallende Botschaft?

Gottesdienst ist immer Erinnerung an die – rettenden – Großtaten Gottes (vgl. Apg. 2,11). Es ist gut, wenn unsere Bräuche – daheim und in der gottesdienstlichen Liturgie – aus dem Rahmen des Alltäglichen fallen, mit einem Wort auffallen, so daß Kinder daran nicht vorbeigehen können. Sie müssen, sie dürfen fragen, und es kann und soll dies ein Anknüpfungspunkt für ein geistliches Gespräch sein. Mehr noch: Es kann eine solche Unterredung dazu dienen, daß Kinder dies zu Herzen nehmen und bewußt in die gleiche Richtung aufbrechen wie ihre Eltern.

4.1 a Der Aufgabe gewachsen?

Zwei Fragen dürfen nicht unterdrückt werden. Einmal: Nehmen die Eltern diesen Auftrag selbst darin ernst, daß sie sich den Weisungen Gottes unterordnen? Das Lehren ohne eigenes Praktizieren entartet zum oberflächlichen Belehren, das von Kindern mit ihrem feinen Spürsinn für das Echte nur weggewischt wird. Ein zweites: Sind Eltern für diesen Auftrag bereit und ihm gewachsen? Sie müssen sich dafür Zeit nehmen, um dafür ausgerüstet zu sein – nicht nur, indem sie sich selbst am und im Worte Gottes selbst kundig machen, sondern indem sie – gewiß in aller Gebrochenheit! – zeigen, daß sie daraus leben.

Die Kirche und alle ihre Gruppierungen sind immer neu aufgerufen, dafür eine verständliche und tragende Hilfestellung zu geben.

4.2 Gehorchen oder unterwerfen?

Hier wird eine Frage aufgegriffen, die – je in verschiedener Weise – Eltern und Kinder bewegen und umtreiben. Mit welchem Nachdruck sollen Eltern Kinder anweisen, daß der freie Spielraum des Gehorchens nicht verletzt wird? Oder anders gefragt: Wo liegt die Demarkationslinie zwischen gebotenem Gehorchen und erzwungener Unterwerfung? Wenn Kinder sich unterwerfen müssen, weil die drohende Faust mit allen Konsequenzen sie schreckt, wird die Entwicklung einer guten Selbständigkeit bedroht; Unterwerfung zieht Unterwürfigkeit nach sich, und dies endet meist in einem lügenhaften Verhalten. Auf der anderen Seite dürfen Eltern ihre Kinder nicht einfach laufen lassen, wie es ihnen, den Kindern, paßt. Sie würden damit nur verantwortungslosen Menschen gleichen, die ihre Kinder am Rande eines Abgrunds sich tummeln lassen, ohne ihnen ein lautes, warnendes »Halt« zuzurufen. Schweigen – etwa mit der Begründung, sie könnten es erst später verstehen – ist eine unterlassene Hilfeleistung; sie ist Schuld, weil wir das rettende Zupacken schuldig bleiben.

4.2 a Die Kinder zu jung?

Ähnlich mögen auch die Jünger Jesu gedacht haben, als sie die zu Jesus getragenen Kinder – wohl wegen ihres Alters – abwiesen (Mk. 10,13-16). Jesus legt sich ins Mittel und holt und behält sie in seiner Nähe. »Er umarmte und segnete sie, indem er ihnen die Hand auflegte« (Mk. 10,16). Wenn Jesus von Nazareth diesen Kleinkindern seine Nähe gönnt und ihnen seinen Segen zuspricht, dürfen Eltern sich nicht weigern, in herzlicher Zuwendung den Kindern den Weg zu Jesus Christus und das heißt auch zu der von ihm ausgehenden Orientierung zu weisen.

4.3 Geduldige Ehrerbietung

Entscheidend ist wohl, daß die Ehrerbietung gegenüber den Eltern erfolgen soll »mit der Tat, mit Worten und Geduld« (Sir. 3,9). Anders gesagt: Beteuerungen sind nicht gefragt, sondern Taten. Der Gehorsam gegenüber den Eltern muß auch im Umgang mit Worten sich niederschlagen. Und die Geduld! Kinder sollen geduldig werden gegenüber ihren Eltern und auch den Eltern die Chance der notwendigen Zeit, der wichtigen Besinnung und des erforderlichen Umdenkens gewähren. Solche Merkpunkte sind Zeichen und der Spiegel dafür, daß die Eltern offenbar gegenüber den Kindern sich in der von dieser Haltung geprägten Vorbildlichkeit bewegt haben.

Ohne solche »Bremsklötze« im Umgang mit den Kindern stehen Eltern in der Gefahr, die notwendige Anleitung mit dem – uns allen so verständlichen – Kommandoton zu verwechseln, die Kinder einzuschüchtern, ungute Bitterkeit hervorzurufen und letzten Endes das Gehorchen der Kinder zu verfehlen.

4.3 a Das prägende Vorbild

Nur aus einer solchen Einstellung heraus – der tiefen Zuwendung zu den Kindern und dem geduldigen Umgang mit ihnen – können sie aufgefordert werden, »der Belehrung des Vaters zu gehorchen und die Weisung (thora!) der Mutter nicht zu verwerfen« (Spr. 1,8). An ihren Eltern müssen Kinder ablesen lernen und buchstabieren können, daß es Sinn macht, ihnen zu folgen, und daß die Weisungen wesentlich mehr sind als eine bedrückende Machtausübung. Eltern wollen nämlich einen Weg weisen, der quer durch ihre Ängste und Schuld, durch ihr Verzagen und Versagen beschritten werden darf. Denn in ihren Weisungen will durchscheinen, daß das Licht der erhellenden und orientierenden Weisheit Gottes aufleuchtet – gewiß gebrochen und manchmal auch verstellt durch die oft anfechtbare menschliche Art der Eltern.

4.3 b Heimliche Verführer

Aber trotzdem und dennoch! Die größere Schuld besteht darin, die Kinder allein, ohne Wegweisung zu lassen! Sie verfallen dadurch den Stimmen vielfältiger Verführer und lernen nicht, diesen – ihren Wünschen entgegenkommenden, ihrem Leben aber abträglichen – Lauten ein entschiedenes Nein entgegenzusetzen. Solcher echter Widerstand muß eingeübt werden. Eltern fällt dieses Nein zur rechten Stunde schwer; es löst bittere Konflikte und heftige Auseinandersetzungen aus. Dies ist aber eine unumgängliche Übung für die Eltern im Alltag, Kinder darauf vorzubereiten, daß sie ein festes Herz bekommen und dadurch lebenstüchtig werden.

4.3 c Das feste Herz

»Es ist ein köstlich Ding, daß das Herz fest werde; es geschieht durch Gnade« (Hebr. 13,9). Ein hartes Herz zerbricht; ein weiches Herz gibt nach, aber ein festes Herz bleibt und besteht. Es ist Gottes Gnade, trotz der Versuchung zur eisernen Härte und zur nachgiebigen Weichheit fest zu werden – und zu bleiben im entscheidenden Augenblick.

Diese hohe Kunst wird uns zuteil durch Gottes Geist. Unsere Aufgabe – bezeugen und zeigen, daß Jesus Christus uns die Kraft dazu schenkt (vgl. Eph. 3,16; 1. Tim. 1,12).

4.3 d Keine Kapitulation vor den anderen!

Eltern mag der Wind ins Gesicht blasen, wenn sie ihren Kindern die Weisungen Gottes zumuten. Aber kein Murren und kein Widerspruch darf sie zu einer Kapitulation veranlassen, geht es doch um ihre verantwortliche Existenz als Eltern und um das Geleit für das Wohlsein der Kinder. Jesus Sirach bringt bei der Forderung, den Vater zu ehren, einen neuen Akzent in diese Mahnung: »Vergiß nicht, wie sauer du deiner Mutter geworden bist« (Sir. 7,29).

Sicher wird hier zunächst an die Schmerzen der Geburt gedacht. Aber das hier angezogene Leiden dehnt sich für die Mutter, aber auch für den Vater über das ganze Leben hin aus, wenn sie mit ihren Kindern aufrichtig und liebevoll umgehen wollen.

Es geht offenbar jedermann gegen den Strich, wenn zum Ehren der Eltern aufgerufen und durch sie auf den Weg des Hörens auf den lebendigen Gott hingewiesen wird. Klarer Widerspruch und einschmeichelnde Verführung lagern sich wie eine leuchtende, aber giftige Wolke um diesen Weg.

5. Das Leiden der Eltern

5.1 Das zweischneidige Schwert

Der Auftrag der Erziehung ist ein zweischneidiges, scharfes Schwert ohne Griff. Eltern verletzen sich dabei immer selbst auch. Denn der Umgang mit den uns anvertrauten Kindern ruft tiefe Wunden hervor. Er gleicht einem Balanceakt zwischen liebevoller Zuwendung und konsequentem Eingreifen. Liebe ohne Zupacken versackt in leeren Worten, und Eingreifen ohne herzliche Zuwendung verschüchtert die Kinder. Wie aber, wenn wir uns in die Nische einer – unmöglichen! – Neutralität flüchten, um uns aus allen schwierigen Entscheidungen herauszuhalten?

5.1 a Neutralität der Eltern?

Das ist die schlimmste Wahl, die wir treffen können. »Wo gibt es denn einen Sohn, den der Vater nicht zurechtweist?« (Hebr. 12,7). Zurechtweisung ist der notwendige Versuch und die glückliche Chance, den Kindern den guten Weg zu zeigen und anzubieten. Der Verzicht auf Zurechtweisung ist Ausdruck einer bodenlosen, jede Liebe verletzenden Gleichgültigkeit. Werden Kinder dieses liebevollen Eingreifens beraubt, werden sie sich selbst – und damit auch ihren Irrtümern überlassen, dann sind sie – im eigentlichen Sinn! – »unechte Kinder« (Hebr. 12,8). Unecht, weil die echte, sie leitende und begleitende Obhut ausfällt. Ein folgenschweres Defizit, nicht nur für die Kinder selbst, sondern für die ganze Gesellschaft. Was sollen aber die Eltern tun?

5.2 Das beschädigte Ansehen

Wir müssen ernsthaft fragen, ob Eltern ihrem Auftrag überhaupt gerecht werden können und ob sie auf die eine oder andere Weise nicht in die Sackgasse des Schuldigbleibens oder des Schuldigwerdens geraten.

5.2 a Das unrechte Zuschauen

Uns wird berichtet, wie die Söhne des Priesters Eli (1. Sam. 2,12 ff.) »nicht nach dem Herrn fragten«, obwohl sie in seinem Dienst standen. Sie nützten ihre Stellung zu einer schändlichen Gewinnsucht aus, indem sie sich am Opferfleisch bereicherten (2,15.16) und so die Opferhandlung für den Herrn lästerten (2,17). Schwere Schuld war es auch, daß sie sich an den Frauen vergriffen, die am Eingang des heiligen Zelts Dienst taten (2,22). Eli wird dessen gewahr und stellt sie zur Rede: »Warum tut ihr solches, wie ich es vom ganzen Volk höre? Nicht doch meine Söhne! Denn das ist kein gutes Gerücht, das ich höre« (2,23.24). Gewiß, Eli redet mit seinen Söhnen. Er weist sie zurecht. Aber er zieht keine Konsequenzen. Sie werden ihres Amtes nicht enthoben. Der himmelschreiende Skandal bleibt. Der lebendige Gott bleibt nicht tatenlos. Die Söhne Elis fallen im Kampf (1. Sam. 4,11) und Eli kommt auch um (1. Sam. 4, 18). Im Klartext: Eltern dürfen nicht tatenlos zusehen, wenn ihre Kinder den lebendigen Gott höhnen und verspotten. Gleichgültigkeit ist kein Ausweg, sondern verhängnisvolle Schuld. Sie führt ins Unglück.

5.2 b Das zornige Dazwischenfahren

Väter – und auch Mütter – können ihre Kinder »zum Zorne reizen« (Eph. 6,1); diese Warnung wird im Zusammenhang mit der den Eltern aufgetragenen Erziehung ausgesprochen. Ein ungehemmtes, wahrscheinlich in gutem Sinn (miß)verstandenes Durchsetzungsvermögen von seiten der Eltern stößt auf Widerstand – und reizt zum Zorn und offenen Aufbegehren. Das Gegenteil des Unrichtigen, der Gleichgültigkeit, ist nicht das Richtige. Hartes Durchgreifen überzeugt nicht; es erzeugt bitteren Unmut und heftigen Zorn und versetzt die Kinder in eine Rebellenhaltung, die nicht die beabsichtigte Frucht eines Eingreifens sein kann.

Nur geduldiges, verständnisvolles Reden und Handeln schließt in sich die Chance eines aufmerksamen Hörens von seiten der Kinder. Geduld heißt Warten, und Warten fällt uns schwer. Aber es ist immer noch besser, als den starken Mann spielen zu wollen. »Ein Geduldiger ist besser als ein Starker« (Spr. 16,32). Mehr noch: Wer auf die Stärke des Herrn setzt, kann geduldig werden und bleiben. Darum: »Das Warten des Gerechten wird Freude werden« (Spr. 10,28).

5.2 c Zerbrochenes Selbstwertgefühl?

Auch noch eine andere Gefahr droht von diesem ungezügelten Eingreifen: Kinder können erbittert werden und in Mutlosigkeit versinken (Kol. 3,21). Das Rückgrat des Selbstwertgefühls wird gebrochen. Oft können Kinder sich davon ihr ganzes Leben nicht erholen.

5.2 d Der stille Ausweg

Gibt es einen Weg zwischen lautstarkem Poltern und feigem Schweigen? Auf jeden Fall kein Patentrezept! Nur im Umgang mit der heiligen Schrift, im Prüfen des eigenen Herzens, im geduldigen Verhalten zu den Kindern und vor allem im Gebet vermögen wir den rechten Zeitpunkt des Redens, des Schweigens und des Handelns zu entdecken. »Er (Gott) tut alles zu seiner Zeit und läßt ihr Herz sich ängsten, wie es gehen solle in der Welt ...« (Pred. 3,11). Darum können wir, auch in diesem Umfeld, mit Paul Gerhardt einstimmen:

»Ihn, ihn laß tun und walten,
er ist ein weiser Fürst,
und wird sich so verhalten,
daß du dich wundern wirst.
Wenn er, wie ihm gebühret,
mit wunderbarem Rat
das Werk hinausgeführet,
das dich bekümmert hat.«
(EG 361,8).

6. Der böse Aufruhr

Die Gelassenheit gegenüber den Kindern wird von uns erschwert, weil es mancherlei Äußerungen eines unguten Widerstands und schlimmen Aufbegehrens gibt. Dies kann nicht nur dem Versagen der Eltern zugeschrieben werden. Es dringen von außerhalb böse Töne ein; Kinder machen sich oft zu gefügigen Lautsprechern und übertriebenen Verstärkern.

6.1 Die üble Verachtung

6.1 a Ungute Ausdrücke

Die Einfallspforte für eine Entfremdung von den Eltern bildet sich darin, wenn von außen kommende Ausdrücke und Bezeichnungen den Umgangston bestimmen. Die Respektlosigkeit nimmt überhand, wenn die Eltern auf die Stufe von »Erzeugern« eingereiht und so abgewertet werden und wenn vom Vater nur noch als von »dem Alten« gesprochen wird.

Diese Importware bösen Geschwätzes stößt nur dann auf einen entsprechenden Widerhall, wenn Eltern durch ihr Verhalten ein oft unwürdiges Schauspiel abgeben. Sie beschädigen so selbst ihre Autorität und untergraben damit den ihnen geschuldeten Respekt. Aber ohne Ermunterung durch schlimme Schlagworte von der Gasse und der Gosse, manchmal auch durch die Medien, hätten Kinder und Heranwachsende keine bestätigende Rückendeckung. Die oft geübte Herabsetzung der Eltern sollte gebrandmarkt werden, und in diesem Zusammenhang wäre – überall in der Öffentlichkeit! – besonnene Zurückhaltung wünschenswert.

6.1 b Verlust des Trauens?

Wo an der Autorität der Eltern gekratzt wird, äußert sich dies bald in einem aufbegehrenden Ungehorsam. Zweimal wird in der Aufzählung der konkreten Abweichungen von Gottes Weisung genannt: »den Eltern ungehorsam« (Röm. 1,24; 2. Tim. 3,2). Als unmittelbare Folgeerscheinung des Widerstandes gegen Gottes Gebot wird auch aufgezählt: »Vater und Mutter verachten sie« (Hes. 22,7). Denn Gedankenlosigkeit gegenüber dem lebendigen Gott wirkt störend auf unser Zusammenleben. Mehr noch: Der Verlust des Trauens auf Gott zieht den Tod der Treue unter- und zueinander nach sich: »Niemand verlasse sich auf seinen Freund!«; dieses zersetzende Gift führt zum Krieg aller gegen alle, gerade in der Familie: »Der Sohn verachtet den Vater, die Tochter setzt sich gegen die Mutter ... und des Menschen Feinde sind seine eigenen Hausgenossen« (Mi. 7,5.6). Es ist noch nicht so lange her, daß das durch solche Erfahrungen hervorgerufene Zerwürfnis zur idealen Einfallspforte der gegenseitigen

Überwachung und Bespitzelung im Dritten Reich und in der DDR geworden ist. Nebenbei bemerkt: Der Verlust an Vertrauen und Treue ist zugleich eine entscheidende Unterminierung des demokratischen Rechtsstaats. Wer also hier auf eigensüchtige, auf sich selbst bezogene Willkür setzt, wer die befreienden Weisungen Gottes als unmenschliche Versklavung ablehnt, bereitet den Selbstmord der Freiheit untereinander vor.

6.2 Unwägbare Gefahren

6.2 a Die neuen Kinder...

Mindestens an einem Punkt tut sich die Türe für eine neue, oft schwerwiegende Beeinträchtigung zwischen Eltern und Kindern weit auf. Das ist der Zeitpunkt der Verheiratung von Kindern. Oft wird im Aufflammen der ersten Zuneigung übersehen oder verdrängt, daß mit einem solchen Lebensbund neue Glieder in den Gesamtverband der Familie eintreten, deren Prägung – oft von Kindesbeinen an – recht unterschiedlich gewesen ist. Damit sind viele Auseinandersetzungen und schmerzliche Reibungen vorprogrammiert.

6.2 b Schmerzlicher Aufbruch

Natürlich ist es wichtig, daß die beiden, in den neuen Bund miteinander Eintretenden ihren Weg in eigenverantwortlicher Selbständigkeit gehen. Aufbruch bedeutet aber immer Abstand – auch zu den Eltern. Dieser Abschied wird um so schmerzlicher sein, je mehr das Verhältnis zu den Eltern bisher gut gewesen ist und eine in Harmonie sich äußernde Geborgenheit einschloß.

Das Einswerden des neuen Paares gibt es nur um diesen Preis des Aufbruchs: »Ein Mann verläßt Vater und Mutter und hängt seinem Weibe an« (1. Mose 2,18). Denn es ist der Sinn dieses Bundes, unzertrennlich zu werden – ein Fleisch, das heißt eine Person. Irgendein dritter im Bunde – außer Gott selbst – (ganz gleich, von welcher Seite sie oder er kommt) ist ein verwirrender, folgenschwerer Störungsfaktor. Dadurch wird das neue Paar in eine verhängnisvolle Schieflage gebracht, die oft düstere Konsequenzen nach sich ziehen kann.

6.2 c Abneigung gegen die Eltern?

Wir müssen aber nüchtern sehen, was in dem entscheidenden Aufruf zur Selbständigkeit nicht steht.

Es steht in diesem Vers – wie dies dem Gesamtzusammenhang der Bibel entspricht – nicht, daß der Beginn dieser neuen Partnerschaft in der

Ehe damit erkauft werden darf, daß Abneigungen gegen die beiderseitigen Eltern geschürt werden. Wird nicht das gemeinsame Fundament untergraben, wenn die geforderte gegenseitige Liebe durch die Aussaat von bösen Bemerkungen – meist über die jeweils anderen Eltern! – vergiftet wird. Es geht auch nicht an, wenn die beiden Lebensgefährten das Herz des jeweils anderen Partners sich »stehlen«, das heißt widerrechtlich sich aneignen und so Besitz von ihm ergreifen, daß seine Eltern dort keinen Platz mehr haben.

6.2 d Liebe auf der Grundlage des Leidens?

Können die an einer solchen Entfremdung schuldigen Eheleute überhaupt nicht empfinden, was sie dem anderen Partner an Leid zufügen, so daß er (sie) seine Verbundenheit mit seinen (ihren) Eltern verdrängen muß oder zu einer Doppelrolle der Schauspielerei gezwungen wird? Kann ein solch doppelbödiges Rollenspiel, das die Wahrheit beschädigt, auf die Dauer einer gegenseitigen Treue förderlich sein?

6.2 e Gereiztheit als Dauerbegleiter?

Ein letztes: Wenn hier fatale Lüge und ungereimte Halbwahrheiten, oft mit einem gehässigen Unterton, verbreitet werden, wird ja in der Ehe selbst ein Klima von Gereiztheit geschaffen. Werden darum nicht oft gegenseitige, für die Ehe schädliche Stellvertreterkriege geführt, deren Ursprung meist verborgen bleibt und in heillose, mit schrecklichen Zerreißproben belastete tägliche Auseinandersetzungen mündet?

6.2 f Die Verantwortung der Frau

Noch eines sei bemerkt: Die Frau scheint hier meist der treibende Motor und die beherrschende Macht zu sein. Mit ihr bleibt der Mann ganz verbunden, mit ihr bricht er auf. Der Abschied kann Spannungen hervorrufen. Männer neigen an diesem Punkt offenbar zur Nachgiebigkeit. Doch kann der Augenblick erreicht werden, in dem das geduldige und freundliche Eingehen seine Grenze finden muß, nämlich, wenn das Ansehen seiner Eltern beschädigt wird. Als ein Zeichen der bösen Unordnung wird in der Bibel genannt, daß »die Schwiegertochter gegen die Schwiegermutter ist« (Mi. 7,6).

Dieser Hinweis darf nicht auf einem Auge blind machen. Es gilt für den Mann die Ehrerbietung gegenüber den Eltern der Frau genauso wie umgekehrt.

7. Das ungute Verhalten

7.1 Hemmungslos!

Der sich bis zum Blutvergießen erstreckende Streit innerhalb der Familie ist von Anfang an in der Bibel verzeichnet. Schlimme Eifersucht und das dauernde Trachten nach dem ersten Platz bewegt den erstgeborenen Sohn unserer Voreltern, den Kain.

Der Totschlag an seinem Bruder Abel wäre zu verhindern gewesen, hätte er nur auf die dringliche Mahnung Gottes hin, die auf ihn lauernde Sünde zu beherrschen, die richtige Antwort gegeben! Hätte ... Er schlug die freundliche Warnung in den Wind und brachte seinen Bruder um: Kain (der Stärkere) den Abel (den Hauch).

7.1 a Lügen als Vertuschung

Aber nicht genug damit! Er versucht sich nach diesem Verbrechen herauszulügen. Auf die – auch uns angehende – Frage Gottes: »Wo ist dein Bruder?« antwortet er: »Ich weiß nicht; soll ich meines Bruders Hüter sein?« (1. Mose 4,9). Schlimme Untaten, durchsichtige Lügen und eine schreckliche Verantwortungslosigkeit zeichnen sich bei Kain ab; wir können nicht leugnen, daß solche unguten Vorzeichen uns Menschen auch heute noch charakterisieren.

Wenn schon Geschwister in dieser gehässigen Weise miteinander umgehen, können wir nicht erwarten, daß Kinder – gegenüber ihren Eltern – erst ihre Bosheit unterdrücken und ihr freien Lauf lassen, wenn sie die Gelegenheit – und die Macht – dazu in die Hand bekommen.

7.2 Frömmigkeit als Ausrede

Das Ehren der Eltern schließt auch die leibliche Fürsorge für sie ein. Aber die Verpflichtung gegenüber den Eltern kann unterlaufen werden – auch mit scheinbar frommen Argumenten.

Es klingt gut, wenn mit dem Zauberwort »Korban« – »dargebracht zum Opfer« (Mk. 7,11) – die Versorgung der Eltern untergraben und auf die Seite geschafft wurde. Scheinbar gut deshalb, weil damit der Dienst an und für – den lebendigen – Gott an die erste Stelle gerückt wurde. Als ob eine solche Fahrlässigkeit gegenüber den Eltern noch mit der Bezeichnung eines Dienstes gegenüber Gott geschmückt werden könnte! Als ob es sich dabei um den Status des Bekennens im Sinne des ersten Gebotes handeln würde, und nicht um eine grobe Vernachlässigung der Fürsorgepflicht gegenüber den Eltern!

7.2 a Vorrang der Liebe

Jesus hat dies eindeutig zurechtgerückt. Er wirft seinen Gesprächspartnern vor, »damit das Wort Gottes durch eure Überlieferungen ungültig zu machen« (7,13). Eines ist klar: Die im fünften Gebot uns allen gegebene Verpflichtung zur Liebe gegenüber den Eltern darf um keinen Preis durch irgendwelche Deutungen und Erklärungen umgangen und außer Kraft gesetzt werden. Die in diesem Gebot an uns ergehende Weisung bleibt eine ständige Frage. Sie gilt es nicht durch hohle Lippenbekenntnisse zu beantworten. Unser Verhalten im Alltag ist die einzig verbindliche Antwort.

7.2 b Giftige Aussaat

Heutzutage braucht es keine, angeblich aus der Bibel geschöpfte Begründung für ein aufbegehrendes Verhalten gegenüber den Eltern. Der Acker des kindlichen Gemüts wird mit der Giftsaat der Gewalt früh und reichlich bestellt.

Hier ist auch das Fernsehen eine ungute Einfallspforte. »Nachts nistet sich die Gewalt in den Köpfen der Kinder ein. Was sie abends sehen, behalten sie zu 50 Prozent. Heute zeigen die 14–16jährigen die Strukturen, die vor Jahren in sie hineingelegt worden sind.«[123] Dies wirkt sich oft in grausamen Taten aus. Nur ein Beispiel: »Ein zehnjähriges Mädchen wird in Frankfurt/M. von einem Mitschüler erpreßt: »Wenn du mir morgen keine 100 DM mitbringst, drücke ich dir die Luft ab ... Und wenn du mich verrätst, schlage ich dich zusammen.«[124] Erschreckend weit haben wir es mit einer falsch verstandenen Freiheit der Meinungsäußerung gebracht, wenn sich unmenschliche Brutalität so ungeniert äußern kann. Wo bleibt hier eine verantwortliche Leitung, wenn die Schwachen unverschämten Klein-Bossen so ungehemmt ausgesetzt werden?

7.2 b 1 Verspätetes Klagen

Hat es heute Sinn, die »in den vergangenen Jahren stattgefundene Werteverschiebung« zu beklagen?[125] Wer hat denn die Warnungen besonnener und verantwortungsbewußter Pädagogen in den Wind geschlagen? Ein achtzehnjähriger Schulsprecher meint – zu Recht! – anklagend: »Ihr habt vergessen, uns Normen zu vermitteln.«[126] Warum sollen jetzt vor allem die Eltern, die sicher nicht immer richtig gehandelt haben, auf die Anklagebank, wenn böse und offenbar ansteckende Horrorszenen der Quälerei frei Haus geliefert werden und so das Unterscheidungsvermögen zwischen Gut und Böse verschoben wird?

7.2 b 2 Welche Hilfe jetzt?

Die Schuldezernentin Jutta Ebeling (Frankfurt/Main) fordert: »Da muß schnell etwas geschehen.«[127] Was denn? Diese Aufforderung gleicht dem ohnmächtigen Ruf, einen Flächenbrand einzudämmen, der schon weite Räume versehrt und versengt hat, indem mit einigen Gießkannen hantiert wird. Eine Fachpädagogin antwortet darauf nüchtern, daß eine schnelle Lösung nicht erkennbar sei.[128]

7.2 b 3 Die schwierige Entsorgung

Wie auch? Wie können mit einem Mal verbindliche Normen in die Herzen der Kinder gezaubert werden, deren Bedeutung durch Jahre hindurch verschwiegen oder gar ins Lächerliche gezogen wurden? Wir wissen doch, wie außerordentlich schwierig es ist, ein von Schadstoffen vergiftetes Gelände zu sanieren. Wie soll dieser böse Schmutz aus den Kinderseelen herausgeholt und auf welchem Schuttplatz soll dies alles abgelagert werden? Wie soll die unheimliche Ansteckungsgefahr eingedämmt und überwunden werden? Ist es nicht höchste Zeit, diesen Schaden einzuschränken? Hier wären mutige Schritte nötig. Kinder dürfen doch nicht auf dem Altar einer angeblichen Freiheit geopfert werden.

Eine mögliche Entsorgung kann nur in behutsamen, aber klaren Gesprächen gelingen. Voraussetzung ist, daß Kinder und Jugendliche Vertrauen fassen und sich Menschen anvertrauen und aufschließen, die es gut mit ihnen meinen. Es können auch die Eltern sein; hier scheinen sich oft im Laufe der Zeit Hindernisse aufgebaut und Widerstand angestaut zu haben. Tiefe Ohnmacht in der Gestalt von unbeherrschten Zornausbrüchen signalisieren eine tiefe Sprachlosigkeit, die nicht im Handumdrehen beseitigt werden kann. Daß Eltern, enttäuscht und erregt, Kinder so schlagen, daß sie davon für lange Zeit gezeichnet sind, daß mehr als hundert Kinder im Jahr an den Folgen solcher Mißhandlungen sterben,[129] ist sicher nur die Spitze eines Eisbergs. Viel heimliche Gewalt und offene Quälerei liegt oft unterhalb der Oberfläche.

8. Die böse Vergeltung

8.1 Unnütze Esser?

Wenn durch das lieblose und oft gewalttätige Verhalten der Eltern auch Brutalität als Ausübung ihrer Verantwortung zum Durchbruch kommt – können wir uns dann wundern, wenn letztlich Kinder die Eltern zur Zielscheibe ihres Unbehagens machen? Natürlich können Eltern und »Ältere« – von welchem Alter an? – zu »unnützen Essern« erklärt werden. Gewiß kann zur Rechtfertigung dafür Lebensmittelnot und Mittellosigkeit angeführt werden. Es bleibt dabei, daß der Versuch – oder der Brauch -, sich Eltern vom Hals zu schaffen, ein Verstoß gegen die im fünften Gebot uns allen anbefohlene Ehrung der Eltern und ein Attentat auf die Menschlichkeit ist.

8.1 a Beseitigung der Eltern

Noch im letzten Jahrhundert bekamen Bewohner in Haiti oder anderen Inseln im Südpazifik vom Dorfältesten zum 60. Geburtstag einen Blumenkranz überreicht. Sie mußten damit in den Ozean schwimmen, und wenn der Kranz allein wieder angeschwemmt wurde, hatte der Sechzigjährige seine Pflicht erfüllt: Er war tot.[130] Die feierlich überbrachte Seidenschnur im alten Japan an die Siebzigjährigen hatte dieselbe Funktion.[131]

Ist das Beseitigen der älteren Generation in unserem Jahrhundert zu Ende gekommen? Wahrscheinlich nicht. Nur von zwei Vorfällen soll berichtet werden: Eine Frau hatte sich für ihren Lebensabend ein kleines Haus gebaut. Sie wurde von einem Sohn daraus verdrängt, der ihr die Garage (!) als Wohnung anwies. Eines Abends entdeckte sie, daß das Tor ihrer Behausung wackelte; dies war so angelegt, daß es bei einem Berühren auf sie gestürzt wäre und sie erschlagen hätte. Ein »Unfall« also! Ein anderes Beispiel: Eine Frau berichtete, wie sie von ihrer Tochter die Kellertreppe hinabgestoßen wurde. Doch auch dieser »Unfall« mißglückte.

Die Dunkelziffer dürfte bei derartigen Vorkommnissen hoch sein. Meist verschließen den so behandelten Eltern die verständliche Scham und die tiefe Angst vor dem bösen Gerede den Mund.

8.1 b Kein Brot mehr?

Häufig wird offenbar versucht, den Eltern die Nahrungszufuhr abzuschneiden und den ihnen zugewiesenen Aufenthalt zu vergällen. Womit Vater und Mutter auf dem Ausding zu rechnen hatten, geht aus einem Übergabevertrag mit der Witwe Anna-Maria Walter (1852) hervor; ihr wurden genau festgesetzte Mengen von Lebensmitteln und Brennmaterial zugesprochen. Sie ließ aber in den Vertrag – offenbar angeregt durch Mißstände bei anderen Vätern und Müttern – ausdrücklich aufnehmen: »Falls das eine oder das andere mich lieblos behandelt, ja sogar mißhandelt oder aber das Leibgeding[132] nicht abrichtet, oder solche schlechten Waren abmühen wolle, behalte ich mir ausdrücklich das Recht vor, von einem solchen das Vermögen wieder an mich zu ziehen und damit nach meinem Gutdünken zu halten und zu walten.«[133]

Ist eine solch schlechte Versorgung heute undenkbar? Ich glaube nicht. Aus der Zeit des letzten Krieges wird berichtet, daß ein Bauer und seine Frau anderswo um Nahrung bitten mußten, weil ihnen verweigert wurde, was die alten Leute noch essen und beißen konnten. Und wiederum: Das meiste vollzieht sich auch hier hinter den Kulissen der Öffentlichkeit. Es schmerzt tief. Um es kurz zu sagen: Das Ehren der Eltern im Sinne einer tätigen Verantwortung ist oft nur eine hohle Aussage ohne wirkliche Konsequenzen; oft schlägt es um in eine ungute Verachtung und böswilliges Verhalten.

9. Der indirekte Gehorsam

9.1 Die Altersversorgung der Älteren

Ein Meilenstein der wirklichen Hilfe für die Eltern – in ihrem Alter und darum auch für die Älteren – ist die von Reichskanzler Otto von Bismarck Ende des letzten Jahrhunderts eingeführte Rentenversicherung. Sie will den älteren Menschen eine von anderen – auch den Kindern – unabhängige wirtschaftliche Selbständigkeit und die nötige Sicherheit im Alter gewähren. Eltern – und Ältere – müssen nicht mehr von der Laune und Willkür der anderen abhängig sein. Ein Aspekt des Ehrens hat sich in diesem Gesetz niedergeschlagen. Diese soziale Großtat – heute als Generationenvertrag angesprochen – hat seine Grundlage in einer genügend großen Anzahl von Erwerbstätigen in der nachfolgenden Generation. Sind nicht genügend Kinder vorhanden, kann eines Tages das für die älteren Menschen aufzubringende Geld nicht nur eine bedrückende, sondern eine erdrückende Last werden. So gesehen – und dies muß auch gesagt werden (siehe auch das siebte Gebot) – hat der Verzicht auf Kinder auch hier schwerwiegende Folgen. Wer dies willentlich tut, trägt dazu bei, den Ast abzusägen, auf dem sie oder er einst sitzen sollen – im Alter. Dabei müssen ausdrücklich die Ehepaare ausgenommen werden, die keine Kinder bekommen können.

9.1 a Umkehr zum Ehren?

Wie kann die Spannung zwischen Eltern und Kindern abgebaut werden? Wie kann sich – trotz aller bösen Erfahrung – ein Klima durchsetzen, in dem das Ehren der Eltern wieder Vorrang bekommt und nicht einfach von der Tagesordnung gestrichen wird? Fährt hier sich nicht alles Bemühen in einer hoffnungslosen Sackgasse fest?

10. Die goldene Pforte (vgl. 2. Chr. 3,7)

10.1 Das Loben als Zugang

Nein! Es gibt eine wunderbare Türe, die den Zugang zum lebendigen Gott eröffnet. Und der Schlüssel? »Gehet zu seinen Toren ein mit Danken!« (Ps. 100,4). Die majestätische Höhe des lebendigen Gottes preisen und für seine heilsame Nähe danken ist das goldene Tor, der Durchbruch durch jede – scheinbar hoffnungslose – Sackgasse.

10.1 a Die Überwindung der Sackgasse

Die offene Tür ist für uns alle das gute Angebot und die uns gewährte Chance. Jesus Christus selbst ist die Türe (Joh. 10,7.9). Wirklich durch diese Türe eingehen und nicht draußen stehenbleiben! Jede Art von Abstand ist gefährlich; wir stufen uns dadurch zu Zuschauern ein und bleiben damit, wo wir sind. Nur wer seinem Ruf folgt, wer sich bewegt und aufbricht, wird ihm begegnen – und wird gesegnet. In doppelter Hinsicht! Einmal: Er wird gerettet (10,7). Das heißt: Wir werden geheilt, indem wir von den festen Stricken unserer Ängste und den harten Banden unserer Schuld losgerissen werden. Wir werden aus dem Strudel der vergeltenden Rache und des unheimlichen Hasses befreit.

Im Verhältnis zwischen Eltern und Kindern können die Spannungen ersetzt werden durch heitere Gelassenheit und verständnisvolle Sachlichkeit. Das sind nicht schönredende Sprüche. Sein machtvoller Spruch befreit. Im Licht dieser machtvollen Freiheit werden alle Sackgassen durchlöchert, über kurz oder lang.

10.1 b Die geschenkte Kraft

Und das zweite: Als Schafe dieses Hirten, unseres Herrn Jesus Christus, werden wir »Weide finden« (10,9). Anders gesagt: Wir werden genährt durch sein Wort; es ist die Quelle, aus der wir trinken, und das Brot, das wir essen. Auf unserer Wanderschaft durch die mit Hindernissen übersäte Welt werden wir nicht müde und matt (Jes. 40,30), müssen nicht verzagen und versagen, wenn diese »neue Kraft« (Jes. 40,31) nicht greift, uns nicht ergreift. Nur in die hohle, leere Hand kann unser Herr seine Gabe legen; vom drohenden und deutenden Zeigefinger rutscht sie ab und an der geballten Faust prallt sie ab.

10.1 c Abschied vom alten Denken

In der Kraft dieses Herrn werden wir neu geschaffen (2. Kor. 5,17). Das ist kein frommes Etikett und kein irreführendes Aushängeschild. Denn es gilt: »Das Alte ist vergangen; es ist alles neu geworden« (ebenda). Alles! Auch das Verhältnis zwischen Eltern und Kindern. Durch die in Jesus Christus wirksame Vergebung werden die unguten Spannungen auf den Schutthaufen des abgeschlossenen Vergangenen geworfen. Ausgleich und

Aussöhnung sind angesagt. Ja, es wird zur neuen Chance, was Paulus uns anweist: »Seid freundlich und herzlich und vergebet einer dem anderen, wie Gott euch vergeben hat in Christo« (Eph. 4,32).

10.1 d Der neue Anfang

Welches Gewicht das Verhältnis zwischen Eltern und Kindern in der biblischen Botschaft hat, geht daraus hervor, daß der erste Teil unserer Bibel abschließt mit dem hoffnungsvollen Ausblick, daß durch ein erneutes Eingreifen Gottes diese uns alle bedrückende, manchmal fast erdrückende Frage in einer guten Antwort ihr Ende findet. Der entscheidende Bote Gottes – wir denken hier an Jesus Christus – »wird das Herz der Väter bekehren zu den Kindern und das Herz der Kinder zu den Vätern« (Mal. 3,24). Umkehr ist ein neuer Anfang und darum die entscheidende Gabe Gottes. Das hebräische Wort dafür heißt auch »antworten». Die Umkehr ist die von Gott erwartete und gegebene Antwort. Dafür sind wir dankbar.

11. Die Stunde des Bekennens

11.1 Der letzte Vorbehalt

Die Eintracht in der Familie ist nicht das letzte Ziel; sie darf darum auch nicht um jeden Preis und unter allen Umständen aufrechterhalten werden.

Es gilt zu bedenken, daß dieses wichtige Gebot unter dem Vorzeichen des Vorspruchs steht: »Ich bin der Herr, dein Gott« (2. Mose 10,2). Die Hoheit des lebendigen Gottes hat immer unbedingten Vorrang.

Die durch Gottes Wort uns angebotene Entscheidung, unser Leben nach seinen guten Weisungen auszurichten, kann schmerzliche Scheidungen innerhalb einer Familie, zwischen Eltern und Kindern, hervorrufen. Es kann Augenblicke des Eintretens für Jesus Christus geben, die einen Riß der Entfremdung in einer Familie nach sich ziehen. Jesus von Nazareth hat dies deutlich gezeigt: »Wer seinen Vater oder Mutter mehr liebt, der ist mein nicht wert, und wer Sohn oder Tochter mehr liebt, der ist mein nicht wert« (Mt. 10,37). Anders gesagt: Diesen Schnitt durch die Vergangenheit darf niemand verhindern, weil sonst der entscheidende Schritt in die Zukunft blockiert wird. Es gilt den Aufbruch zu wagen und sich von niemand aufhalten zu lassen.

11.1 a Der unumgängliche Aufbruch

Dafür ist Abraham Zeuge und Zeichen. Er verläßt nicht nur sein Vaterland und seinen Bekanntenkreis, sondern er läßt auch seines Vaters Haus hinter sich (1. Mose 12,1). Und im gleichen Sinn gilt: Auf den Ruf Jesu »verlassen die Jünger sofort (!) ihre Netze und folgten ihm nach« (Mk. 1,18.20).

11.1 b Kein Paktieren mit dem Feind!

Dieser Aufbruch darf nicht aufgehalten werden. Hier kann Jesus von Nazareth in einer fast verletzenden Schärfe deutlich werden. Im Bericht des Lukas (14,26) hören wir: »Wenn jemand zu mir kommt und haßt nicht seinen Vater, Mutter, Weib, Kinder, Brüder, Schwestern, dazu sein eigen Leben, kann er nicht mein Jünger sein.« Dies ist nicht ein Aufruf zum Haß gegen die nächsten Anverwandten, auch nicht gegen das eigene Leben! Aber der Feind kann auch in der Maske der uns ans Herz gewachsenen, liebgewordenen Menschen, ja, in den aus uns stammenden Flüsterstimmen der bequemen Trägheit sich zeigen. Hier lautet die Losung: Nein! Kein Paktieren und keine Kompromisse! Denn der Weg zum Ziel führt über eine neue Gemeinschaft von Schwestern und Brüdern, die mit uns auf den Weg gerufen wurden.

Als Jesus von Nazareth mitten im Lehren und Predigen war (Mk. 3,31 ff.), wurde er von seiner Mutter und seinen Brüdern gerufen, und dadurch wohl auch gestört. Es mag sein, daß sie ihn von seinem Vorhaben der Verkündigung – in der besten Absicht – abbringen wollten. Immerhin ist am Anfang dieses Kapitels die Rede davon, daß die Pharisäer mit den Dienern des Herodes einen Rat abhielten in der Absicht, Jesus von Nazareth umzubringen (Mk. 3,9).

11.1 c Die neue Gemeinschaft

Die Verkündigung darf nicht aufgehalten werden. Sie legt die Grundlage für eine neue Gemeinschaft. Deren Kennzeichen? »Wer den Willen Gottes tut, der ist mein Bruder und meine Schwester und meine Mutter« (Mk. 3,35). Daher stammt auch die von Jesus aufgeworfene Frage: »Wer ist meine Mutter und meine Brüder?« (Mk. 3,33). Die natürliche Familie wird nicht verachtet, aber sie wird gegenüber der neu gestifteten Gemeinschaft auf den zweiten Platz verwiesen. Denn wo diese Familie zerbricht – durch den Tod, bleibt die feste Geborgenheit in und durch diese neue Gemeinschaft bestehen.

Nicht umsonst ist dieses neue Zusammensein von Schwestern und Brüdern durch Jesus Christus ausgerechnet am Kreuz von Golgatha gestiftet worden. Seine trauernde Mutter und den Jünger, den er liebhatte (wahrscheinlich Johannes), spricht er an: »Frau, siehe das ist dein Sohn«, und zum Jünger: »Siehe, das ist deine Mutter« (Joh. 19,26.27).

Männern und Frauen werden ihre Eltern zurückgegeben, und wiederum, Eltern werden ihre Kinder erstattet – allerdings in einer neuen geheimnisvollen Weise: Sie dürfen Mütter und Väter werden, indem sie andere auf den Weg Gerufene lehren und unterweisen, aber auch Vorbild werden; sie können auch Kinder werden, die bei geistlichen Eltern festen Schutz und sichere Geborgenheit, aber aus Gottes Wort auch kräftigende Speise finden für ihren Weg. Und oft sind sie so Eltern und Kinder in einer Person.

> Laß uns Deinen Namen nennen,
> wo Lieb' und Wahrheit sind vereint,
> daß wir voll Freude ihn bekennen,
> weil hier die Sonn' der Wahrheit scheint.
> Eltern dürfen Kinder nähren
> mit der Wahrheit gutem Brot;
> Kinder werden sich bekehren
> und sich wenden hin zu Gott.

12. Zusammenfassung

Darum heißt unser Gebot knapp, dieses Mal in die Verbotsform gekleidet: Du darfst diese – von Gott eingesetzte und bestätigte – Autorität nicht untergraben. Sonst hilfst du mit, den unheilvollen Flächenbrand verantwortungsloser Willkür zu schüren. Ihr Keim ist das in uns allen schlummernde, aber oft schon aufgeweckte Begehren.

B. Das zehnte Gebot

I. Der in uns nistende Feind

1. Das leidenschaftliche Gefallen

Die Grenzüberschreitung wird von uns meist vollzogen, wenn es darum geht, Vater und Mutter zu ehren. Dieses Übertreten der uns gezogenen Grenze wirkt sich auch in unserem Verhalten zu den Nebenmenschen aus. Hier kommt es an den Tag, daß wir uns nur um uns selbst, um unser Wohlergehen und unser Ansehen drehen. Auch wenn nicht zu leugnende Wohltaten von uns an unseren Mitmenschen geschehen, stellen wir uns dabei in den Mittelpunkt.

Ist einmal die Hemmschwelle der Ehrfurcht vor Gott und den Mitmenschen gelockert, ja beseitigt, dringt an die Stelle des Ehrens das unheimliche, uns überwältigende Begehren ein. Das Gelüsten, wie es in der Bibel heißt, bringt uns ganz und gar in seine Gewalt. Nicht etwa, daß wir uns hier vor einer grimmigen Macht ergeben würden. Nein, wir haben

Gefallen daran und streben danach, wie es das im Hebräischen stehende Wort ausweist. Das im zweiten Teil der Bibel dafür angeführte Wort unterstreicht die ganze, scheinbar oft unberechenbare Leidenschaftlichkeit, die, von daher angestiftet, unser ganzes Denken und Sinnen erfüllt.

1.1 Begehrlichkeit als tödliche Gefahr

Wohin das führen kann, erzählt uns die Bibel gleich zu Beginn. Als »Gott das Opfer des Kain nicht gnädig ansah, ergrimmte er und blickte finster« (1. Mose 4,5 ff.). Der leidenschaftlich-ungezügelte Zorn ist das Grundwort, aus dem sich in der griechischen Sprache das Wort für begehrliches Verlangen ableitet.

1.2 Widerstand ist möglich

Kain bleibt mit seiner Wut nicht allein. Gott spricht ihn an. Er will nicht, daß der Zorn sich in einem Totschlag entlädt. Der lebendige Gott warnt, ja ermutigt den Kain, dem lauernden Raubtier, der Sünde, dem bösen Drang der Rache, keinen Zutritt zu gewähren, sie draußen vor der Tür zu lassen. Sie möchte durch eine unwiderrufliche, nicht mehr gut zu machende Untat ihn ganz in ihre Gewalt bekommen. Darum die Anweisung Gottes: »Du aber herrsche über sie!« (1. Mose 4,7). Vom Wortsinn her heißt das: stehenbleiben, nicht nachgeben, sich als der Herr erweisen. Beherrschung ist möglich. Sie ist ausgefallen. Das Gefallen am eigenen Zorn hat überwältigt. Lassen wir es uns eindringlich werden: Wir dürfen bestehen und uns beherrschen, auch wenn das Begehren leidenschaftlich an uns zerrt und verlangt. Wir sollen vor der Sünde im Sinne der bösen Tat kapitulieren. Angesteckt sind wir alle.

2. Die Angst vor dem Mangel

Was ist eine tiefsitzende Wurzel unseres Begehrens? Warum häufen wir Vermögen und Geld an, auch wenn es nur in geringem Umfang geschehen kann? Warum schielen wir immer neu auf Nebenmenschen mit begehrlichem Blick, die es – angeblich oder tatsächlich – besser haben als wir selbst, weil sie begütert sind?

2.1 Der brüchige Damm

Die Angst diktiert dieses Begehren. Wir sind der Meinung, mit einem guten Polster von Besitz einen Damm gegen das Unheil, das Verderben, errichten zu können. Gewiß sollten wir zugeben, daß wir so wohl mehr tun könnten gegen alle möglichen Arten von Krankheit, für uns selbst. Aber welcher Damm hält letzten Endes, wenn die gewaltigen Trabanten des Todes gegen ihn stoßen? Die überraschende Überschwemmung wird um so katastrophaler, je mehr wir uns vorher in einer falsche Sicherheit gewiegt haben.

2.1 a Die unvermeidbare Katastrophe

Jesus von Nazareth macht uns darauf aufmerksam: »Hütet euch vor dem Drang nach Mehr-haben-Wollen (Luther übersetzt dies mit Geiz). Denn niemand lebt davon, daß er viele Güter hat« (Lk. 12,15). Der Tod überwindet alle angeblichen Schutzzäune. Darum erinnert Jesus von Nazareth an den Unsinn solchen Handelns: »Du Unvernünftiger, heute nacht wird man dein Leben von dir fordern« (12,20). Jeden Augenblick kann diese vollkommene Geldentwertung eintreten. Wäre es nicht ein sinnvoller Gedanke, den Überschuß an Vermögen einer gemeinnützigen Stiftung zuzuführen, um Bedürftigen Behandlungen und Kuren zu ermöglichen? Können wir überhaupt über diesen – unsern! – Schatten springen?

Sicher ist für unseren Zustand kennzeichnend, welcher Reim vor langer Zeit auf einem Zehnmarkschein stand, der damals eine erheblich höhere Kaufkraft besaß als heute.
Er lautete:

> »Ach bleib bei mir
> und geh nicht fort -
> mein Herz ist ja dein Heimatort«
> (vgl. Mt. 6,21)

3. Zur Sache erniedrigt

Das Begehren zieht ein Entehren nach sich, wenn es dabei um Menschen geht. Obwohl die auf die Menschen gerichtete Begierde eine Begegnung mit der »Frau des Nächsten, seinem Knecht und seiner Magd« (2. Mose 20,17) anstrebt, findet unter dem Vorzeichen des Begehrens – und darin auch eingeschlossen des Beherrschens – ein nur oberflächliches Zusammenkommen statt. Die Begierde stempelt den Nebenmenschen zu einer erwünschten Sache ab; der von der Begierde gejagte Mensch liest in den angepeilten Menschen nur seine eigenen Wünsche hinein – und wieder heraus. Er bleibt damit im ehernen Käfig seines eigenen Ichs gefangen. Das Begehren macht blind für die eigentliche Gestalt des andern und taub für die von ihm ausgesendeten besonderen Signale. Er wird Mittel zum Zweck. Er wird entmenschlicht.

3.1 Überall ehrfurchtslos

Diese Ehrfurchtslosigkeit greift auch über auf den übrigen Besitz des Nebenmenschen. Auch das Vieh und das Haus sinken ab auf die Ebene bloßer Gewinngegenstände. Sie werden Figuren auf dem Schachbrett eigener Interessen. Doch unterscheidet sich das willkürliche Herumschieben dieser Begierde-Figuren ganz und gar von einem wirklichen Schachspiel mit seinen strengen, feststehenden Regeln. Im entehrenden Begehren sticht nur die hemmungslose Willkür, die sich mit hinterhältiger List und oft undurchschaubaren Tricks tarnt. Aber dadurch schlägt die Begierde auch auf den Begehrenden zurück und entstellt schrittweise sein Verhalten – und ihn (sie) selbst.

4. Der giftige Neid

Der Neid ist ein giftiges Kriechtier, das sich überall einschleicht und – meist heimlich, zuweilen aber auch offen – seinen bösen Einfluß ausübt.

4.1 Die versteckte Gefahr

4.1 a Die Wortbedeutung

Gehen wir zunächst einmal auf die Wortbedeutung ein! Das für Neid in der hebräischen und teilweise auch in der griechischen Sprache verwandte Wort hängt zusammen mit Eifersucht. Anders gesagt: Durch das Verhalten und vor allem durch den Besitz des Nebenmenschen wird jemand gereizt. Es geht um ein hochrot vor Glut geprägtes Mißgönnen und eine von daher geschürte Leidenschaftlichkeit.

4.1 b Die ungezähmte Mißgunst

Durch diese Begehrlichkeit findet sich in uns ein gut geeigneter Zündstoff, der rasch zu einer lodernden Stichflamme aufschießen kann. Warum? Weil wir alle nur zu bereit für solche Mißgunst eintreten, vor allem, wenn sie unter dem scheinbar rechtmäßigen Verlangen nach mehr Geld und Gut steht. Denn – so berichtet die Bibel – »das Dichten und Trachten des menschlichen Herzens ist eitel böse von Jugend auf« (1. Mose 8,21). Böse ist es, nach der Habe des Nebenmenschen zu schielen und mit dem unguten Gedanken seiner angeblichen Unrechtmäßigkeit zu spielen. Daran kommt es heraus, wie wir uns ganz um uns selbst drehen und diese Art von Selbstverwirklichung im Grunde nichts anderes ist als eine grenzenlos übersteigerte Ichsucht.

4.2 Die fremde Gewalt

Mehr noch: Das Wissen um das Gute ist unter uns vorhanden. Aber wir stehen unter einer fremden Gewalt. Paulus beschreibt das so: »Denn was ich vollbringe, das erkenne ich nicht (mehr)« (Röm. 7,15). Anders gesagt: Es ist durch die Macht der Sünde, unseres nur in uns selbst verwurzelten Tuns, so entstellt und verkommen, daß wir es nicht mehr als unserer guten Absicht entsprungen wiedererkennen. »Denn«, so fährt Paulus fort, »was ich will, das führe ich nicht aus, sondern, was ich hasse, das tue ich« (7,16).

Diese uns kommandierende Macht verbiegt alles. Denn es gilt – leider! -: »... nicht das Gute, das ich will, tue ich, sondern das Böse, das ich nicht will, führe ich aus« (7,19).

4.3 Unbesiegbarer Feind?

Das Vorzeichen der uns bestimmenden Macht, des Aufruhrs gegen Gottes Willen können wir nicht mir der Handbewegung eines guten Vorsatzes aus dem Feld schlagen. Wir können uns vornehmen, den Neid zur Tür hinauszuwerfen, aber dieser lästige Geselle findet einen anderen Zugang, den wir nicht vermuten. Paulus formuliert darum den Aufschrei: »Ich elender Mensch – wer wird mich erlösen von diesem Leibe des Todes?« (7,24). Anders gesagt: Wer kann hier retten und bewahren – wie es im Urtext heißt?

Der Neid sitzt tief. Er ist hartnäckiger als unsere ungezügelten Zornausbrüche. Die Bibel weiß darum: »Zorn ist ein wütig Ding, und Grimm ist ungestüm« (Spr. 27,4). Wir wissen, wie eine solche Aufwallung uns packen und mitreißen kann wie eine alles mit sich führende Überschwemmung. Aber die dortige Stelle hat ihre Fortsetzung in der bohrenden Frage : »Wer kann vor dem Neid bestehen?« (Spr. 27,4). Niemand! Jeder ist von diesem bösen Virus angesteckt.

5. Der dauernde Begleiter

5.1 Der Neid – uns immer auf den Fersen

Der Neid ist unser Weggenosse, und schon ein griechischer Philosoph hat ihn als »die höchste aller menschlichen Verfehlungen« bezeichnet.[134] Fast immer, wenn im zweiten Teil der Bibel die stinkende Kloake unserer Verstöße gegen Gottes Weisungen aufgezählt wird, hat darin auch der Neid seinen unbestrittenen Platz (Mk. 7,22; Röm. 1,19; Gal. 5,20; 1. Tim. 6,4; Tit. 3,3; Jak. 3,14.16).

Mehr noch: Der Neid macht krank. Um es in der Sprache des Fußballs zu formulieren: Er schießt dauernd ein Eigentor. Die Bibel sieht dies mit scharfen Augen: »Der Neid ist ein Wurmfraß in den Gebeinen« (Spr. 14,30). Der um den Nächsten kreisende Neid schlägt zurück. Er vergiftet uns, unser Reden und unser Tun. Aber vor allem und zunächst unsere Gedanken! Je mehr wir diesem ekelhaften Trieb nachhängen, um so mehr gleicht unser von daher bestimmtes Sinnen flatternden Vögeln, deren Flug wir weder kontrollieren noch steuern können: Sie nisten in unserem Herzen und machen es zu einer übel riechenden Mistgrube. Vor allem, weil diese Vögel mit ihren mistgetränkten Flügeln aus unserem Herzen ausschwärmen. Denn eine schreckliche Waffe des Neides ist die Verleumdung.

6. Die üble Nachrede

6.1 Reichsein – ein Verbrechen?

Die Verleumdung gegen die tatsächlich oder angeblich Besserverdienenden ist eine beliebte Waffe, die auch in politischen Auseinandersetzungen eingesetzt wird.

Dabei wird das oft bissig klingende Grundmuster verwandt, als ob von Haus aus das Reichsein ein übles Verbrechen und die Armut eine Tugend wäre.

Der reiche Mann (Lk. 16,15 ff.) »kleidete sich mit Purpur und köstlicher Leinwand und lebte alle Tage herrlich und in Freuden« (16,15). Deshalb wird er nicht getadelt, so wenig wie die Frau, die in üppiger Verschwendung Jesus von Nazareth salbt (Mk. 14,1 ff.), gerügt wird. Seinen Kritikern schreibt Jesus ins Stammbuch: »Arme habt ihr allezeit bei euch, und wenn ihr wollt, so könnt ihr ihnen Gutes tun« (Mk. 14,7 a).

Mit diesen Worten weist Jesus diejenigen zurecht, denen das Wohltun als eine Art von Umverteilungsmaßnahme erschienen war: »Das Verkaufen des kostbaren Nardenwassers« (14,5) und »der Erlös sollte den Armen gegeben werden« (14,5 b).

Halten wir fest: Reich sein, das heißt, mehr haben als unbedingt zum Lebensunterhalt nötig ist, ist eine Voraussetzung für das Geben. Diese Aufgabe kann nicht auf andere abgewälzt werden. (Natürlich bleibt davon die soziale Verantwortung eines Rechtsstaates unberührt.)

Der vorhin genannte Reiche wird nur deshalb zur Rechenschaft gezogen, weil er den vor seiner Türe liegenden Lazarus nicht wahrgenommen hat (Lk. 16,15 ff.) als eine Anfrage Gottes (Lazarus = Elieser = Gott hilft) an seinen Reichtum.

Ein weiteres, gegen die Reichen umlaufendes Vorurteil, das oft mit viel Schwung vorgetragen wird, besteht darin, es sei bei ihrem Erwerb von Vermögen nicht mit rechten Dingen zugegangen. Sie hätten betrügerische Methoden angewandt, die anderen hintergangen, mit Ellenbogen sich durchgeboxt und sich gewissenlos bereichert. Wer will bezweifeln, daß es aalglatte Betrüger gibt? Aber sind dies alle Wohlhabenden oder auch nur ihre Mehrzahl? Das riecht mehr nach einer abgestandenen Weltanschauung, als daß es sich durch Fakten erhärten ließe. Die Waffenkammer für solche Angriffe ist noch heute gespickt voll mit giftigen Pfeilen.

6.2 a Giftige Verleumdung

Bei dieser Verallgemeinerung der Verleumdung kommt mir der jüdische Schriftsteller Jakob Wassermann in den Sinn, der schon vor mehr als siebzig Jahren zu den unverbesserlichen Antisemiten und anderen Rufmordbeflissenen bemerkt hat – und ich meine, diese Äußerungen ließen sich gut auch auf die unbelehrbaren Kritiker der Wohlhabenden anwenden -: »... Es ist vergeblich, das Volk der Dichter und Denker im Namen seiner Dichter und Denker zu beschwören. Jedes Vorurteil, das man glaubt, bringt, wie Aas die Würmer, tausend neue hervor ... Es ist vergeblich, ihnen zu helfen, Sklavenketten von den Gliedern zu streifen. Sie sagen: Er wird seinen Profit schon damit gemacht haben. Es ist vergeblich, das Gift zu entgiften. Sie brauen frisches. Es ist vergeblich, für sie zu leben und zu sterben. Sie sagen: Er ist Jude.«[135]

Mit dem letzten Wort ist für einen Judenfeind alles gesagt. Müssen wir uns nicht fragen, ob in der Auseinandersetzung um die Begehrlichkeit nicht oft schon mit einem Wort alles gesagt ist? Es lautet: Er (sie) ist reich, und darum steht er (sie) auf der uns bedrohenden Gegenseite. Kein Zweifel, daß der Wohlstand mißbraucht werden kann. Gibt es aber nicht auch die Umkehrung? Hören wir nicht von einer Art unbegründeter Heiligsprechung der Armen, die alle ins einzelne gehenden Argumente vom Tisch fegt?

6.3 Lohn und Arbeitsplatz

Wir befinden uns hier in der Nähe einer gefährlichen Neidhammelstrategie, die die Verringerung der Armut in einer Umverteilungsmethode von oben nach unten sieht, anstatt zu bedenken, daß nur verteilt werden kann, was überhaupt erwirtschaftet wurde. Geteilt kann nur werden, wo noch verteilt werden kann. Die Initialzündung ist die Investition; sie muß sich aber lohnen. Nur verkaufte Produkte bringen Geld – und sichern Arbeitsplätze auf längere Zeit und Sicht. Es muß klar gesagt werden, welch geduldige Aufmerksamkeit, beharrliche Übersicht und richtiger und rechtzeitiger Akzentsetzung von seiten der Unternehmer es bedarf, damit Arbeitnehmer zu ihrem Recht kommen können – zu einem einigermaßen sicheren Arbeitsplatz und zu einem zufriedenstellenden Lohn.

7. Der böse Geiz

7.1 Der falsche Herr

Der Geiz ruft in uns zunächst eine Gedankenverbindung wach mit einem Menschen, der seinen Besitz mit unabänderlicher Gewalt festhält. Er gibt nicht, und wenn er eine solche Geste manchmal an den Tag legt, ist es eine Art von Investition, um seinem Gewinnstreben noch besser frönen zu können. Ja, es ist in der Tat eine Art von Sklavendienst. Denn das Wort im Urtext des zweiten Teils der Bibel ist einmal die Habgier, das Trachten nach noch mehr Besitz, und dann die Liebe zum Geld; das deckt sich mit der Bezeichnung der hebräischen Sprache.

7.1 a Geld und Götzendienst

Bei der Kennzeichnung des Geizes werden zwei wichtige Merkmale hervorgehoben. Einmal: Das Mehr-haben-Wollen ist »Götzendienst« (Kol. 3,5; vgl. Eph. 5,5). Mit diesem ungezügelten, durch keine Einwände der Vernunft gehemmten, durch keine Einsicht des Glaubens gebremsten Gewinnstreben begeben wir uns in die Tyrannei eines unguten Herrn. Er diktiert, und wir fügen uns ohne Widerspruch, weil der Einspruch des lebendigen Gottes schon lange auf die Seite geschoben wurde. Ein solcher Umgang mit dem Geld zieht schwerwiegende Folgen nach sich. »Die Wurzel aller Übel ist der Geiz, die Liebe zum Geld« (1. Tim. 6,10). Hemmungen werden ausgehöhlt. Gedanken des Rechts und des Gewissens werden weggeschoben. Nur ein Trumpf sticht – das Geld. Alles andere hat sich diesem Verlangen unterzuordnen.

7.1 b Der Tod kassiert

Wir können es verstehen, daß daraus alle Übel entstehen. Wem können wir noch glauben? Worte werden entwertet zu leeren Beteuerungen. Mißtrauen greift um sich wie eine ansteckende Seuche. Jeder Nebenmensch gerät in den Verdacht eines Betruges. Der Respekt wird untergraben. Zwietracht vertreibt das Einvernehmen. Diese Liste könnten wir – leider! – beliebig fortsetzen.

Dabei ist dieses Gewinnstreben todbringend, nicht nur dadurch, daß gewissenlos die Existenzgrundlagen vieler Mitmenschen ruiniert werden, sondern auch, daß der Geizige sich selbst die Grube gräbt (Spr. 26,27; 28,10; Pred. 10,8). Denn wenn wir nach dem Geiz schielen und so seine Sklaven werden, spielen wir mit unserem Leben. In den Sprüchen Salomos (1,18.19) hören wir: »Sie lauern auf ihr eigenes Blut und stellen sich selbst nach dem Leben. So geht es allen, die nach Gewinn geizen, daß ihr Geiz ihnen das Leben nimmt.« Gerade das Gegenteil des Gewinnstrebens tritt ein: Nicht unser Leben wird gesichert, sondern der eigene Tod wird heraufbeschworen. Dies gilt auch für Reiche, die über viel Macht verfügen: Babylonien bewahrt »das Häufen großer Schätze nicht vor dem Ende. Das Gewinnstreben, der Geiz, ist aus« (Jer. 51,13).

7.1 c Der notwendige Widerstand

Darum kann es nur ein entschiedenes Nein zu dieser Sucht geben, die sich in uns eingenistet hat und die unter uns ihr beherrschendes Unwesen treibt.

In diesem alltäglichen Bereich muß es sich zeigen, ob der an Ostern errungene Sieg durchschlägt und unser Leben verändert. Denn auf diesem Hintergrund kann der Apostel sagen: »So machet nun eure Glieder, die auf Erden sind und (in denen auch) ... der Geiz wohnt, zu Leichnamen« (Kol. 3,5). Leichname sind regungs- und bewegungslos. Sie können nicht mehr eingreifen. Sie haben ihre Macht verspielt. In diesem Sinn muß die Aussage aus den Sprüchen Salomos (28,16) verstanden werden: »Wer den Geiz haßt, der wird lange leben.« Dieser Erzfeind muß geächtet bleiben. Er darf keine Rolle mehr spielen. Zumindest dürfen wir diese drohende Gefahr nicht übersehen.

7.1 d Die Türe zur Korruption

Der Geiz bedroht auch das öffentliche Leben. Wenn wir mit unserer Existenz um das Gewinnstreben kreisen, wenn wir meinen, mit Geld alles kaufen zu können, werden wir selbst käuflich. Die Achtung wird verspielt und die Ächtung eingehandelt. Als Mose der schweren Bürde seines Dienstes am ganzen Volk nicht mehr gewachsen war, zeigte ihm sein Schwiegervater Jethro den Weg, sich durch Verteilung der Last der Verantwortung zu entlasten: »Du machst dich zu müde, dazu auch das Volk, das mit dir ist. Das Geschäft ist dir zu schwer. Du kannst's nicht allein ausrichten« (2. Mose 18,18).

Sein Vorschlag lautete: »Sieh dich um unter allem Volk nach redlichen Leuten, die Gott fürchten, wahrhaftig sind und dem Geize feind« (2. Mose 18,21). Die Redlichkeit steht auf drei Säulen: die Achtung vor dem lebendigen Gott, die Beachtung der Wahrheit und die Ächtung des Geizes. Käuflichkeit und Bestechung sind Totengräber eines Gemeinwesens.

II. Das Heil und die Heilung

1. Verlangen oder Begehren?

Ohne sorgfältiges Planen und auch berechtigtes Verlangen können wir unser Leben nicht gestalten. Die Frage ist nur, wo dieses mit Verlangen gepaarte Planen in böses Begehren und kaum mehr auszurottende Begehrlichkeit umschlägt. Lassen sich sichere Grenzen festlegen? Sie gehen oft fließend ineinander über. Doch scheint der Unterschied zwischen erlaubtem Verlangen und verbotener Begehrlichkeit im Sinne der Bibel darin zu liegen, daß das Begehren die Schädigung des Mitmenschen in Kauf nimmt.

2. Gott oder Mammon?

2.1 Was ist Mammon?

Die Wortherkunft von Mammon ist nicht sicher. Die Forschung hat aber auf zwei unterschiedliche Bedeutungen hingewiesen, die sich für das Verständnis dieses Wortes gut ergänzen. Einmal ist Mammon »was man in Sicherheit gebracht hat«; es geht dabei vor allem um Geld und Vermögen. Die andere Bedeutung lautet: »Das, worauf man sich verläßt.«[136] Anders gesagt: Mammon ist die feste Stütze, auf die wir – angeblich – bauen und der wir meinen trauen zu können. Es ist – nicht nur heutzutage! – verständlich, einen angeblich sicheren – aus Vermögen und stabilem Geld bestehenden – Damm gegen alle Bedrohungen aufzuschütten.

2.2 Mammon – der listige Gegenspieler

Zweimal kommt dieses Wort im zweiten Teil der Bibel vor. In der Bergpredigt (Mt. 6,24) ist der Mammon als Macht der entschiedene Gegenspieler des Jesus von Nazareth, der unterstreicht: »Ihr könnt nicht Gott dienen und dem Mammon« (ebenda). Gleichzeitiges Gehorchen entgegengesetzter Herren ist ein Widerspruch in sich selbst. In der Nachfolge Jesu ist darüber entschieden, wohin wir gehören, wem wir gehören und wem wir gehorchen.

2.2 a Der Umgang mit dem Mammon

Diese die ganze Welt vergewaltigende Macht – ist entmachtet. Das ist der Hinweis der anderen Stelle (Lk. 16,1-13). Ein Untergebener wird bezichtigt, den ihm von seinem Herrn anvertrauten Besitz zu verschleudern.

163

Während der ihn belastenden, von seinem Herrn geforderten Rechenschaftsablage gewährt er den Schuldnern einen beträchtlichen Nachlaß, um bei ihnen dankbare Gedanken und eine daraus sich ergebende Aufnahme (16,4) zu wecken. Das Erstaunliche: Sein Herr geht auf dieses trickreiche Spiel ein und lobt ihn noch dafür (16,8).

Aus diesem – uns zunächst sicher anstößigen – Gleichnis geht hervor, wie wir mit dem – sicher ungerechten, das heißt auch Unrecht bauenden – Mammon (16,9) umgehen sollen. Nicht indem wir fasziniert auf seine Macht starren und uns vor ihr beugen, auch nicht indem wir uns seine Spielregeln zu eigen machen, sondern indem wir ihn unter dem Vorzeichen der Nachfolge umfunktionieren zu einem Mittel des einfallsreichen Wohltuns, des kräftigen Beistehens, der dem Mitmenschen dienenden Erleichterung.

Anders gesagt: Das freigebige Austeilen, das herzhafte Geben, das getroste Loslassen des Mammons ist ein Zeichen dafür, daß uns durch die Nachfolge Jesu Christi Befreiung widerfahren ist. Wir dürfen Sklaven Jesu Christi (16,13) werden und dadurch frei sein; wir müssen nicht mehr in unserer angeblichen Freiheit mit dem Mammon als einem Partner hantieren, um dadurch in die Hörigkeit von Sklaven zu geraten.

3. Das befreite Leben

3.1 Der Vorrang Gottes

Befreit leben – das bedeutet hier, daß die durch Jesus Christus erfolgte Rettung sich auch darin niederschlägt, Besitz und Vermögen an die zweite Stelle zu rücken. Das kann nur dadurch geschehen, daß der lebendige Gott in allen Dingen den ersten Platz einnimmt. Er muß den Ton angeben und die Akzente setzen. Nicht nur an Sonn- und Feiertagen, sondern in unserem alltäglichen Verhalten.

3.1 a Die überwundene Angst

Und wiederum meldet sich die Angst, zu kurz zu kommen. Doch die alle Bedenken überwiegende Kraft (Joh. 16,33) steckt in dem als Weisung formulierten Angebot: »Trachtet am ersten nach der Herrschaft Gottes und seiner Gerechtigkeit, so wird euch solches alles zufallen« (Mt. 6,33). Solches alles: Gemeint sind Essen und Trinken und Kleidung! Kurz gesagt: der ausreichende Normalbedarf, wozu auch ein Arbeitsplatz und die Wohnung gehören.

3.1 b Gott zuerst!

Vergessen wir das eine Wort nicht: Zuerst! Es kann nicht darum gehen, dem lebendigen Gott in der langen Schlange unserer Bedürfnisse auch noch einen Platz zu gewähren und für ihn vielleicht auch noch ein wenig Zeit – religiöse Bedürfnisse nennen wir dies – auszusparen. Nein – zuerst! Es geht doch um den uns zugewandten Vater, der alle unsere Not kennt, mehr noch, der weiß, was wir brauchen. Der lebendige Gott ist kein eingeschlafener Zuschauer, den wir erst wecken müßten. Seine Ehre besteht auch darin, daß wir voller Vertrauen bei ihm anklopfen. Nicht nur, wenn uns das Wasser bis zum Hals steht. Da gewiß auch! Aber vor allem täglich – durch den ganzen Tag hindurch.

3.1 c Gott nur Vorspann?

Haben wir das nicht schon probiert? Buchstabieren wir nicht dieses Abc? Es wird uns dann zur Zeit der Not sicher besser gelingen. Die teuflische Anfechtung – auch eine Quelle der Enttäuschungen – besteht darin, daß wir Gott als Nothelfer beschwören wollen. Vor siebzig Jahren war am Garten des von uns bewohnten Hauses in Stuttgart für die bis auf die Höhe fahrenden Pferdefuhrwerke zu lesen (wie schon einmal zitiert): »Schonet die Zugtiere – nehmet Vorspann!« Gott nur als Vorspann, auf den wir verzichten, wenn wir einmal über dem Berg sind?

4. Gott oder das Gute?

4.1 Der listige Angriff

An dieser offenen, scheinbar nicht abgedeckten Seite hat der Widersacher, der Satan, ein- und angegriffen.

Bei einer Besprechung um den Thron Gottes rühmt der lebendige Gott die untadelige Frömmigkeit des Hiob. Der Gegenspieler, der Satan, sieht seine Stunde gekommen, um gezielt eine gut überlegte Frage an Gott zu richten: »Meinst du, daß Hiob Gott umsonst dient?« (Hiob 1,9).

4.1 a Gott – umsonst oder Vorteil?

Umsonst – das ist wie ein scharfer Pfeil, der ins Schwarze trifft! Umsonst ist Hiob nicht fromm – so lautet der Einwand. Er ist gesegnet mit Kindern und Vermögen. Wird hier nicht die Vermutung laut, daß er sich leicht ein gutes Verhältnis zu Gott leisten kann. Darum der fein durchdachte Vorschlag Satans: »Taste an alles, was er hat; was gilt's, er wird dir ins Angesicht absagen« (Hiob 1,11).

Hier steht alles auf dem Spiel. Nur tiefes Leiden kann zeigen, ob sich Hiob bewährt, indem er seine Treue zu Gott bewahrt. Es handelt sich hier – kurz formuliert – um die Frage: Geht es um die Hand Gottes, die uns hält, oder schielen wir nach dem, was sie enthält? Jedes machtvolle Eingreifen Gottes wäre der überwältigende Sieg für den Gegenspieler.

4.1 b Die spannende Auseinandersetzung

Der lebendige Gott willigt ein, unter der Bedingung, daß Hiobs Leben nicht angetastet wird (Hiob 1,12). Nach den über ihn hereinbrechenden Katastrophen »betet Hiob an« (Hiob 1,20) und spricht auf den Ruinen seines Glücks: »Der Herr hat's gegeben, der Herr hat's genommen. Der Name des Herrn sei gelobt« (Hiob 1,21).

4.1 c Die zweite Runde

Die erste Runde geht klar an den lebendigen Gott. Doch der Satan, der Feind, ist noch nicht überzeugt von seiner Niederlage. Er ist ein großer Realist und glaubt zu wissen: »Alles, was ein Mann hat, läßt er für sein Leben« (Hiob 2,4). Der Gegenspieler ist sicher, daß er mit diesem Mittel den Sieg davonträgt. Auch jetzt nimmt der lebendige Gott diese Herausforderung an, die an die Wurzel des Lebens greift, wieder unter der Bedingung, daß das Leben Hiobs geschont wird (Hiob 2,6).

Auch die zweite Runde wird gewonnen, obwohl sich sogar die Frau Hiobs zur Komplizin des Gegenspielers hergibt (Hiob 2,9). Hiob hat die Prüfung bestanden: Der lebendige Gott stand und steht für ihn an erster Stelle.

4.1 d Der entscheidende Sieg

Aber die dritte Runde? Was geschieht, wenn der Feind das Leben antastet, um so den entscheidenden Schlag zu führen? Dieser »letzte Feind«, der uns bedroht, ist »der Tod« (1. Kor. 15,26). Der lebendige Gott hat diese aufs Ganze gehende Herausforderung nicht ausgespart.

Er gibt seinen eigenen und einzigen Sohn, Jesus von Nazareth, preis in die Hand seiner Feinde, des Königs Herodes und des Pontius Pilatus (Apg. 4,27). Dieser Weg geht steil in den Abgrund, führt nicht nur zum Erleiden einer Krankheit, nicht nur zum Bruch menschlicher Beziehungen, sondern in Abbruch seiner Verbindung mit Gott. »Mein Gott, mein Gott – warum hast du mich verlassen?« (Mt. 27,46; Ps. 22,2). Jesus Christus, Gott selbst, steigt in die Tiefe, in die Verlassenheit von Gott! Er ist der einzige, der nicht nur darum wußte, sondern in jedem Atemzuge davon lebte, daß die Gemeinschaft mit Gott – das Leben ist. Dieser Freiheit zum Leiden und der festen Treue zu Gott drückt Gott selbst das Siegel des Sieges auf: »Gott hat ihn erhöht« (Phil. 2,8).

Nicht nur die dritte Runde ist ganz an den lebendigen Gott gegangen, sondern der Kampf gegen den Widersacher hat durch diesen umfassenden Sieg sein Ende gefunden. Die Wende für uns alle ist geschehen. Dadurch haben wir alle die Chance – trotz allem und in allem! -, Gott an die erste Stelle zu setzen.

5. Das ausgeschaltete Ich

Tiefe Anfechtung regt sich unter dem vorhin bei Hiob gefundenen Ausdruck »umsonst« (Hiob 1,9) auch bei Asaph, dem Verfasser des 73. Psalms. Die bittere Frage quält: »Soll es denn umsonst sein, daß mein Herz unsträflich lebt und ich meine Hände in Unschuld wasche? (73,13). Denn das Echo, das ihm als Erfahrung entgegenschlägt: Er wird geplagt und verspottet. Mehr noch: Das Los der Gott-Losen scheint gesegnet (73,3) zu sein: »Siehe, das sind die Gottlosen – die sind glückselig in der Welt und werden reich« (73,12).

5.1 Ohne Gott – im Glück?

Rentiert sich die Gottlosigkeit? Auf den ersten Blick: ja! Und auch in einem anderen Sinn scheint die Rechnung aufzugehen: Der in tiefer Not Angefochtene, der auf die Botschaft der Bibel Hörende, der den Weisungen Gottes Gehorchende erhält – so sieht es aus – keine Antwort.

5.2 Gott vergißt nie

Doch eines bleibt – er, Gott selbst, bleibt der Treue. Nicht nur, daß die Gottlosen, wie in einen Strudel gerissen, ihr Ende finden, nicht nur, daß sie keine andere Zukunft haben als den Tod, das heißt die erschütternde, lähmende, vernichtende Gottesferne. Die an Gott sich (Fest-)Haltenden erfahren, daß sie in alle Ewigkeit gehalten werden. Ihr Los: Sie werden seiner unbeschreiblichen, alle unsere Vorstellungen sprengenden Herrlichkeit teilhaftig werden (73,24). Mehr noch: Weil er – der von Gott Gehaltene – sich durchgerungen hat, wird ihm geschenkt, nicht mehr von seinen Wünschen zu träumen, nicht mehr auf die Seligkeit im Himmel zu spekulieren und nach dem Glück auf Erden zu trachten – »so frage ich nicht nach Himmel und Erde« (73,25) -. Weil er ganz und gar um den einzigen Mittelpunkt, Gott selbst, kreist – »wenn ich nur dich habe« (73,25) -, ist alles gewonnen. Unser gieriges, begehrliches Ich ist überwunden, eingeklammert, es ist in Gott geborgen und kann dort endlich zum Frieden kommen.

5.3 Erfüllte Freude

Auch die bösen Situationen des Verschmachtens (73,26) können nicht mehr die Oberhand gewinnen: Jesus Christus ist nahe in der Verlassenheit und schenkt frisches Wasser (Ps. 23,2) aus seinem nie versiegenden Quell ein. Wir müssen nicht verdursten. Weil wir in und durch die Anfechtung zubereitet und gereift sind, wird das deutliche Bekenntnis zum lebendigen Gott zur tiefen Freude: »Das ist meine Freude, daß ich mich zu Gott halte ... und verkündige all dein Tun« (73,28). Denn »wes das Herz voll ist, des geht der Mund über« (Mt. 12,34).

5.4 Das fehlende Ich

Haben wir schon einmal bedacht, daß in unserem Hauptgebet, dem von Jesus von Nazareth selbst gelehrten Anrufen Gottes, dem Vaterunser (Mt. 6,9-12; Lk. 11.2-4), das uns für das Beten so wichtige »Ich« gar nicht vorkommt. Es ist in die Mitte genommen zwischen die Ehre Gottes (»dein«) und die uns anbefohlene Sorge für unseren Nebenmenschen (»unser«). Wir dürfen daraus lernen, daß unser Ich vor seiner Begehrlichkeit und seinen Begierden behütet und bewahrt wird durch den doppelten Blick auf den lebendigen Gott und unseren Nächsten. Wir sollten dies nicht nur als eine – uns vielleicht erstaunende – Neuigkeit zur Kenntnis nehmen, sondern darüber vor, in und nach dem Vollzug des Betens nachsinnen. Ein solches Meditieren birgt in sich die Chance, daß wir uns selbst entdecken: Aus einem begehrlichen Ich kann so ein denkend und dankend bescheidener Mensch entstehen.

5.5 Die begrenzte Nacht

Die Nacht ist begrenzt – die Hiobs wie auch die unsrige. Hiob bleibt nicht im Dunkeln. »Der Ewige erhob das Angesicht Hiobs« (Hiob 42,9). Gott läßt uns nicht für immer am Boden, so wahr das Kreuz und der Tod Jesu Christi durch die Auferstehung begrenzt und besiegt worden sind. »Der Herr erhebe sein Angesicht über dich« (4. Mose 6,26 a). Das gleiche Wort wird gebraucht: Hiob wird aufgerichtet und Gott selbst richtet sein Angesicht schützend über uns auf. Hier schließt sich der Kreis – und die Frucht dieser Begegnung ist – vollmächtig und ausstrahlend – der Friede, der Schalom Gottes (4. Mose 4,26 b).

6. Das fröhliche Danken

6.1 Das Lob der Befreiten

Wir sind also gerettet und beschützt. Das löst Lobpreis aus: staunende

Anbetung und fröhliches Danken. »Dank sei Gott durch Jesus Christus, unsern Herrn« (Röm. 7,25). Diesen kurzen Dankvers stimmt Paulus an, der sich noch im vorangehenden Vers als »unglückseliger, der Rettung aus dem vom Tod gezeichneten Leib Bedürftiger« (7,24) bezeichnet hatte. Denn das Ende der Hörigkeit unter den Tod ist durch die Wende der Zuge-Hörigkeit zu Jesus Christus eingetreten. Das Minus-Zeichen vor unserem Leben ist gestrichen. Der Tod als scheinbarer Alleinherrscher ist gestürzt. Was heißt dies übersetzt in unseren Alltag?

6.2 Der unausweichliche Kurssturz

Dem Schätze sich anhäufenden Mann im Gleichnis (Lk. 12,14-21) wird aufgezeigt, daß er die Rechnung ohne den bekannten, aber weithin verdrängten Gegenspieler Gottes, den Tod, gemacht hat. Sein unvermutetes – jederzeit mögliches! – Eintreten wirft alles – auch unsere Rechenkunst! – über den Haufen. Die angeblich so stabile Währung bricht zusammen. Das ist eine Weisheit, die wir kennen, aber nicht zu Herzen nehmen. Wir müssen daran erinnert werden: »Wir haben nichts hereingebracht in diese Welt; so ist offenbar, daß wir auch nichts hinausbringen« (1. Tim. 6,7). Außer dem fadenscheinigen und leeren Pomp bei der Bestattung von Mächtigen und Einflußreichen und bei schön gefärbten Lobreden beim Durchschnittsbürger haben wir angesichts des Todes nichts zu bieten. Die hohlen und nichtssagenden Abschiedszeremonien bestätigen nur eines – unsere tiefe Verlegenheit und unsere rettungslose Ohnmacht.

6.3 Der wahre Reichtum

Was kann auch im Angesicht des Todes bestehen? Jesus von Nazareth gibt die Antwort: »Reich sein in Gott« (Lk. 12,25). Dieser Reichtum unterliegt keinem Kurssturz; denn dieser Schatz kann weder von Dieben erreicht, noch von Motten oder dem Rost in seiner Gültigkeit beeinträchtigt werden. Denn Gottes Treue ist der Garant dafür, daß unser Herz mit dem Setzen auf ihn als dem Lebendigen die gute Wahl getroffen hat (Mt. 6,19-21); sie wird in der Qual des Todes nicht abgewertet, sondern erweist auch dort ihre Gültigkeit. Sie bricht nicht zusammen. Was bedeutet dies jetzt schon für unser Verhalten?

6.3 a Die feste Gewohnheit

Geborgenheit wird uns zuteil. Dieses Wort bedeutet festen Schutz, wie ehedem vom Krieg Bedrohte in befestigten Burgen Zuflucht vor drohenden Feinden finden konnten. Wir dürfen – wie der Verfasser des 91.

Psalms – zu Gott sprechen: »Meine Zuversicht und meine Burg, mein Gott, auf den ich hoffe« (91,2). Mit dem täglichen Pochen auf diese Hoffnung dürfen wir uns, mit allem uns Bedrängenden, in Gottes Hand legen, still und zuversichtlich: »In deine Hände befehle ich meinen Geist; du hast mich erlöst, Herr, du treuer Gott« (Ps. 31,6). Diesen Vers hat Jesus Christus in seiner Todesstunde am Kreuz gebetet und damit die unantastbare Geborgenheit durch Gott in der letzten Stunde – und über sie hinaus – bestätigt.

6.3 b Die unverwüstliche Hoffnung

Diese uns geschenkte Hoffnung bleibt das nicht verlöschende Licht. Sie unterscheidet sich von allen unseren menschlichen Erwartungen wie ein flackernder Schimmer, der letztlich zum Ausgehen verurteilt ist, gegenüber dem abendlosen Licht, das für immer in der Auferstehung Jesu Christi aufgegangen ist und leuchtet. Also eine von Gott geschaffene »Hoffnung gegen alle Hoffnung« (Röm. 4,18), die allen Stürmen, aller Nacht der Anfechtung, allen Zweifeln nicht nur gewachsen ist, sondern überlegen bleibt. Diese Überlegenheit schließt in sich die Kraft, sich durchzusetzen. Mehr noch: uns Tag für Tag, auch in den einsamen Stunden der Nacht, gegen alle Widerstände mit der Kraft auszurüsten, die uns in der von Gott bereiteten Geborgenheit erhält.

6.3 c Die unerschöpfliche Kraft

Unsere Not besteht meistens darin, daß wir im Blick auf den uns zugewiesenen Reichtum verzagen, weil wir – nur zu oft – in unserem Erfahrungsbereich die schützende Geborgenheit und die tragende Hoffnung vermissen. Mehr noch: Wir stehen mehr als einmal unter dem Eindruck, daß solche Worte oft ohne Kraft an uns vorüberrauschen. Wir drohen, müde zu werden und schließlich der Gleichgültigkeit anheimzufallen, ja umzufallen und liegenzubleiben.

Es gibt einen Ausweg. Gott läßt uns nicht allein. Er hat sich mit seinem Wort verpfändet. Er weiß um unser Müdewerden. »Jünglinge werden müde und matt, Krieger straucheln und fallen« (Jes. 40,30). Immer neue Kraft, die sich nicht verbraucht, weil sie unter dem Zeichen von Gottes Treue steht und darum seine Macht ausstrahlt.

In einem fast 25jährigen Dienst an jugendlichen Gefangenen war dieses Wort leuchtende und Kraft spendende Losung – für die mir Anvertrauten und für mich selbst. Gott selbst hat dafür gesorgt, daß »wir laufen konnten und nicht matt wurden, daß wir wandeln durften und nicht müde wurden« (Jes. 40,31).

Das bedeutet das »Reichsein vor Gott« (Lk. 12,21). Dem lebendigen Gott geht die Kraft nicht aus; darum müssen wir nicht verzagen.

6.4 Beschenkte Bescheidenheit

Bescheidenheit ist geboten, das heißt, daß wir uns mit dem uns Notwendigen begnügen. Dazu brauchen wir jeden Tag die Einsicht des Unterscheidens, das Maß für das Erforderliche und die Kraft, dies umzusetzen. Es kommt darauf an, nicht unmäßig auszugeben oder übermäßig festzuhalten. Wir dürfen mit dem uns Beschiedenen, dem rechtmäßig Erworbenen maßvoll umgehen.

Worin liegt das Maß? Oder anders gefragt: Welchen Maßstab dürfen wir anlegen? Wir dürfen uns daran orientieren, was die Bibel uns vorgibt: »Wenn wir aber Nahrung und Kleidung haben, sollen wir uns daran genügen lassen« (1. Tim. 6,8).

6.4 a Die notwendige Nahrung

Das im griechischen Urtext uns ansprechende Wort meint den ganzen Lebensunterhalt, vor allem Essen und Trinken, aber dazu als Voraussetzung den Arbeitsplatz, die Wohnung und das rechtmäßig erwirtschaftete Geld.

Die uns in der Bitte ums tägliche Brot gebotene Hinwendung zum lebendigen Gott (vgl. Mt. 6,11 u. Lk. 11,3) schließt auch Konsequenzen im politischen Bereich ein. Wir sind aufgefordert, uns dafür einzusetzen, daß nach dem Maße menschlicher Einsicht ein Höchstmaß an gerechter Belohnung für alle erreicht wird. Hier gilt es, ohne weltanschauliche Scheuklappen, eine Beweglichkeit an den Tag zu legen, um immer aufs neue auf den Menschen dienende Akzente hinzuweisen.

6.4 a 1 Gesundheitsschädigende Maßlosigkeit

Noch eine Bemerkung zum Essen und Trinken! Zur Zeit der biblischen Zeugen war die Armut mit der Gefahr des Hungers – und des Verhungerns – verbunden. Heute lauert die Gefahr in einer maßlosen Überfütterung. Das Übergewicht ist oft Anlaß für zahlreiche Krankheiten des Herzens und des Kreislaufs. Oft hat sich das übermäßige Essen uns so eingeprägt, daß viele Zeitgenossen – trotz besserer Einsicht – nicht davon lassen können. Auch hier ist die neue Kraft notwendig. Maßhalten ist lebensrettend.

Das gleiche gilt vom Trinken von Alkohol. Die sich unter uns ausbreitende Abhängigkeit vom Alkohol ist nicht nur für den Betroffenen lebensgefährlich, sondern das Verlieren der Selbstkontrolle bedroht auch die Menschen seiner jeweiligen Umgebung. Wie viele Ehen sind daran zugrunde gegangen und wie viele Kinder haben schreckliche Erlebnisse durch das maßlose Verhalten des Vaters oder (und) der Mutter erduldet! Im Trinken sind die deutschen »Weltmeister«: 12,1 Liter reinen Alkohol trinkt im Durchschnitt jeder Deutsche pro Jahr; das entspricht etwa 100

Litern Wein.«[137] Ein wahrhaft reiches Feld für eine auf ihr Ziel gerichtete Seelsorge!

6.4 a 2 Die schützende Kleidung

Kleidung bedeutet Schutz – gegen Hitze und Wärme, aber auch gegen die strenge Kälte. Dem trägt das im griechischen Urtext verwandte Wort Rechnung: Es bedeutet wörtlich »Bedeckung«.

Dieser Wortsinn weist auf eine uns nicht mehr geläufige, weil im Zug unserer unbiblisch gewordenen Kultur verdrängte Bedeutung hin. Wir haben die Unschuld der Nacktheit für immer eingebüßt. Vor dem Sturz in die Ferne von Gott beschreibt der Verfasser der Schöpfungsgeschichte die beiden Ureltern so: »Sie waren beide nackt und schämten sich nicht« (1. Mose 2,25). Offen für Gott und darum auch – noch! – ganz offen füreinander, ganz unbedeckt voreinander!

6.4 a 3 Der Verlust der Identität

Als Adam und Eva – nach dem hebräischen Urtext »der Mensch« und »das Leben« – sich gegen Gottes Weisung vergangen hatten und sich eine ihnen verbotene, weil lebensbedrohende Erkenntnis aneigneten, wurden auch sie einander fern und fremd. Sie bedeckten und verbargen sich voreinander, indem sie ihre Scham durch eine Schürze aus Feigenblättern verbargen (1. Mose 3,7). Ihre in der Scham begründete, zunächst füreinander offene Identität – wird zur Schande.

Der Verlust der füreinander offenen Identität zeigt sich auch darin, daß sie sich vor Gott verstecken. Die Katastrophe hat sich mit der Begründung: »Ich bin nackt; darum versteckte ich mich« (1. Mose 3,10) ereignet. Der Mensch – die Frau und der Mann – sind Gott los, gottlos, geworden. Die einzige Chance gegenüber dem daraus sich ergebenden, drohenden Unheil besteht darin, daß der lebendige Gott – trotzdem und noch! – nach dem Menschen (Adam) ruft: »Wo bist du?« (1. Mose 3,9) Ohne diesen Ruf – keine Nähe, keine Begegnung. Dieser Ruf ist das bleibende – nicht auszulöschende – Licht in der angebrochenen Nacht. Mehr noch: die tragfähige Brücke über dem trennenden Abgrund.

6.4 a 4 Trotz allem – die Fürsorge Gottes

Der Abstand bleibt. Zwischen Gott und dem Menschen hat sich eine Wand geschoben. Doch der lebendige Gott kümmert sich in liebender Fürsorge um dieses Menschenpaar: »Er machte Adam und seinem Weibe Röcke von Fellen und kleidete sie« (1. Mose 3,21). Vorläufig bedeckt und geschützt – vor der Unbill des Wetters. Dies ist aber auch eine Bewahrung vor sich selbst in der nun anbrechenden Zeit der verlorenen Unschuld, wie auch ein Zeichen der Trennung und des Abstands vom lebendigen Gott. Auch die kunstreichste und geschmackvollste Mode kann

diesen Sachverhalt nicht verdecken. Der Weg zur paradiesischen Nacktheit ist ein für allemal verbarrikadiert und verschlossen (1. Mose 3,24).

6.4 a 5 Der Frust der Nacktheit

Wir Menschen können den Verlust dieser Zeit der Un-Schuld weder vergessen noch verdrängen. Wir versuchen zwar, den Weg nach rückwärts
einzuschlagen. Wir wollen die verschlossene Pforte des Paradieses auf-
sprengen. Vergeblich!

Unsere oft angepriesene Kultur der Nacktheit ist keine Rückkehr ins
Paradies. Ihr Triumph ist kein Sieg der Un-Schuld, sondern Trumpf des
mit Schuld beladenen und befleckten Abgleitens in den tiefen Sumpf der
im Grunde langweiligen Sinnlichkeit. Auf keinen Fall aber ist dieses
Verhalten ein Weg auf die »Insel der Seligen«, also einen Ort, der von
böser Täuschung und bitterer Enttäuschung ausgenommen wäre. Diese
oberflächliche Nachäffung des Paradieses erfüllt nicht die Sehnsucht nach
einer beständigen und gediegenen Offenheit füreinander. Die von uns
vorgenommene Enthüllung ist nur eine Aufdeckung einer tiefen Enttäuschung. Die angebliche oder tatsächliche Lust kann auf die Dauer nur
einen schrecklichen Frust nach sich ziehen.

Es ist dringend zu raten, mit unserer Unbedecktheit sparsam umzuge-
hen. Die von Gott vorgenommene Bedeckung durch Kleider bewahrt vor
falschen Hoffnungen. Die Un-Schuld unserer Existenz hat einen anderen
Grund.

6.4 a 6 Die wiedergewonnene Unschuld

König David bricht in Jubel aus, weil Menschen trotz ihrer tiefen Schuld
(ihm gilt dies auch ganz persönlich nach seiner bösen Affäre mit Bathseba und dem hinterhältigen Mord an dem Hauptmann Uria; vgl. Sam. 11
u. 12) verbindlichen Freispruch erfahren. Im Bekenntnis zu dieser Rettungstat Gottes lobt David: »Wohl dem ..., dem die Sünde bedeckt ist!«
(Ps. 32,1; vgl. auch Ps. 85,3; Röm. 4,7).

Das Wort bedecken hat in der hebräischen Sprache eine besondere
Bedeutung; es schließt die Bedeckung der Schuld in sich, um den Menschen vor dem strafenden Zugriff des richtenden Gottes in Schutz zu
nehmen, und von daher leitet sich der weitere Sinn von Sühnen der
Schuld und der Vergebung der Sünde durch die Barmherzigkeit Gottes
ab.[138]

6.4 a 7 Kleidung als Gleichnis

Von daher gewinnt das Bedecktwerden durch die Kleidung noch einen
über das Alltägliche hinausgreifenden Sinn. Schon im ersten Teil der
Bibel ist davon die Rede, daß der lebendige Gott uns »angezogen hat mit
Kleidern des Heils« (Jes. 61,10); dabei ist für unseren Zusammenhang

nicht unwichtig, daß das hier im Urtext verwandte Wort für »Heil« aus dem gleichen Wortstamm gebildet ist wie der Name Jesu. Diese Bekleidung ist ein Hinweis auf unsere Rettung.

Solche neuen, uns bedeckenden Kleider werden im zweiten Teil der Bibel auch als weiß bezeichnet, vor allem in der Offenbarung des Johannes. Dort wird an einer Stelle ganz ausdrücklich die Verbindungslinie zur Rettungstat Jesu Christi gezogen: »Sie sind mit weißen Kleidern angetan... Sie sind die, welche aus der großen Trübsal kommen und ihre Kleider gewaschen und sie weiß gemacht haben im Blut des Lammes« (Offbg. 7,13.14).

»Weiß« bedeutet nach der Überzeugung des ersten Teils der Bibel: »gereinigt und geläutert«,[139] »leuchtend und glänzend« im zweiten Teil der Heiligen Schrift.[140] Dieser herrliche Glanz der neuen Un-Schuld ist geborgte Herrlichkeit – von Jesus Christus her. Deshalb eignen auch ihm allein »Kleider wie Licht« (Mt. 17,2), wie dies seine Jünger angesichts seiner Verklärung bezeugen.

Von der Rettungstat Jesu Christi her werden wir darum eingeladen, uns diese neuen Gewänder mit dem unsere Unschuld wiederherstellenden Glanz anzuziehen und sie nicht nur von der Ferne zu betrachten. Kleider, die bedecken und erneuern! Der solide, für immer gültige Ausgangspunkt ist unsere Taufe. Paulus erinnert uns: »Wieviel euer auf Christus getauft sind, die haben Christum angezogen« (Gal. 3,27). Davon geht die tägliche Bitte an uns aus: »Ziehet an den Herrn Jesus Christus!« (Röm. 13,14). Er allein macht neu und frei; er stiftet ein Leben, das sich trotz allem zu leben lohnt.

Vergessen wir doch nicht, »den neuen Menschen anzuziehen, der nach Gott geschaffen ist« (Eph. 4,24). Das ist tägliche Bitte und ununterbrochene Übung. Zu unserer normalen Hygiene gehört es, immer frisch gewaschene und neu gereinigte Kleider anzuziehen. Warum wollen wir im geistlichen Bereich so zögerlich sein? Dies gilt es zu bewahren und zu bewähren, um uns allezeit nach den Weisungen Gottes auszurichten.

Bedeckt werden wir dadurch auch vor der Schamlosigkeit der Habgier. Durch das neue Gewand der Gerechtigkeit werden wir angeleitet zum wirklichen Offensein für andere. Das Gegengift ist – das herzliche Geben.

7. Das herzhafte Geben

Unsere Befreiung äußert sich auch immer in einer von Herzen kommenden Freiheit zum Geben. Denn unser Besitz und Geld können sich wie ein schwerer Block an unsere Füße hängen. Das Ausschreiten in der Nachfolge Jesu Christi wird dadurch mühsam, beschwerlich – und unglaubwürdig.

7.1 Teilen oder Verteilen?

»Wohlzutun und mitzuteilen – vergesset nicht!« (Hebr. 13,16). Heute ist mehr die Rede vom Verteilen, oder gar vom Umverteilen. Hinter diesen wohlklingenden Worten, die angeblich bessere Gerechtigkeit einfordern, steckt im Grund die Meinung, wir seien – persönlich – nicht verantwortlich für unsere Schwester, für unseren Bruder.

Im Grunde verbirgt sich dahinter die Ausrede der Verantwortungslosigkeit: »Soll ich meines Bruders Hüter sein?« (1. Mose 4,9) Dem eigenen Geben wird – indirekt – eine Absage erteilt; es wird irgendeiner Behörde oder Organisation zugeschoben. Wir dürfen uns nicht drücken. Dieser Tage hat ein als Christ bekannter Mann von der Not einer jungen Frau gehört, sie könne aus Geldmangel ihre Mutter nicht besuchen. Er hat ihr dann einen größeren Geldbetrag gegeben, und sie nicht an eine Behörde verwiesen. Dieses Geben und Teilen stiftet Gemeinschaft, wie es wörtlich im Text heißt.

7.2 Das Herz schlägt hörbar

Dieses spontane Geben ist das Zeichen einer herzlichen Offenheit. Geben und Teilen geschieht nicht mit mürrischer Miene, sondern mit freundlichem Gesicht. Paulus ermahnt die Gemeinde in Rom: »Herberget gerne« (Röm. 12,13). Gerne! Nicht, weil es notwendig ist, nicht weil andere es nicht tun, nicht unter irgendwelchem Druck und Zwang. Einfach in der Antwort auf Gottes Güte werden wir so frei, freigebig zu sein. Gern – aus Dank in Freude geben! Das läßt aufhorchen. Ganz offen werden für die anderen – in seinem Haus, in seiner Wohnung, mit seinem Geld. »Denn einen fröhlichen Geber hat Gott lieb« (2. Kor. 9,7). Er übermittelt so Strahlen der immer leuchtenden Sonne der Liebe Gottes, die uns alle umfaßt.

7.3 Der Mitmensch als Anfrage

Wir können der Anfrage Gottes an uns nicht entrinnen. Wenn der Gottesdienst zu Ende ist, beginnt der Dienst für Gott. Jeder Mensch auf unserem Weg ist eine Frage an uns. Gott wartet auf unsere Antwort – durch Wort und Tat.

Auch wo wir den Gottesdienst meiden – den Menschen können wir nicht aus dem Wege gehen. Sie sind überall. Es fragt sich nur, was wir tun: hingehen oder wegsehen?

Der Samariter (Lk. 10,25-37) auf dem Weg zwischen Jerusalem und Jericho ist nur deshalb zu so großem Ansehen gekommen, weil zuvor ein Priester und ein Levit den unter die Räuber Geratenen sehen, aber liegen ließen. Der Samariter war mutig und beweglich: Er hatte keine Angst vor einem erneuten Überfall. Und vor allem: Er ließ sich in seinem Tagesprogramm stören. Er nahm sich Zeit und hatte Zeit, und wandte auch Geld auf für die notwendige Pflege (Lk. 10,34.35).

7.3 a Vergebliches Warten?

Die Hilflosen an unserem Weg – die an Hunger und Durst leiden, die Obdachlosen und die Nackten, die Kranken und die Gefangenen (Mt. 25,35-40) – und wer zu diesem düsteren Heer der Notleidenden und Verzweifelten zählen mag –, sie warten auf uns. Und zwar oft dringender, als wir denken. Mir ist bekannt, daß in der Not nach dem letzten Krieg einige Menschen an einem Haus anklopften, um Unterkunft und Arbeit zu bekommen. Durch die Fürsorge einer Frau hat alles geklappt – und nachher erfuhr diese Frau, daß diese Menschen ausgemacht hatten: »Wenn wir hier abgewiesen werden, bringen wir uns um.« So ernst kann die Frage an uns sein. Mehr noch: Durch sie, in ihrer ärmlichen Gestalt, wartet Jesus Christus selbst (Mt. 25,40). Vernehmen wir diese Anfrage? Sie muß uns – vernehmlich und verständlich – eingeschärft werden.

Im Grunde genommen wissen wir das alle. Der Apostel Jakobus macht es uns dringlich: »Wer da weiß, Gutes zu tun, und tut's nicht, dem ist es Sünde« (Jak. 4,15). Wir sondern uns damit von Gott ab und führen ein verruchtes Eigenleben. Wir merken dabei nicht, daß wir dadurch für uns entscheidende Begegnungen versäumen. »Gastfrei zu sein, vergesset nicht; denn dadurch haben etliche – ohne ihr Wissen – Engel beherbergt« (Hebr. 13,2). Ohne ihr Wissen! Es gibt keine Spekulation auf Lohn, sondern nur ein herzhaftes Geben. Gott wartet. Lassen wir ihn nicht warten, sondern begegnen wir ihm von Herzen, indem wir ihm auch in der Gestalt des Bedürftigen nahe kommen. Denn »Geben macht glücklicher als nehmen« (Apg. 20,35).

Lassen wir uns deshalb von Gerhard Tersteegen ermuntern:

> Drauf wollen wir's denn wagen,
> es ist wohl wagenswert,
> und gründlich dem absagen,
> was aufhält und beschwert.
> Welt, du bist uns zu klein.
> Wir gehn durch Jesu Leiten
> hin in die Ewigkeiten:
> Es soll nur Jesus sein.
> (EG 393,11).

8. Zusammenfassung: Das Ehren Gottes

Das Ehren Gottes als Antwort auf seine Fürsorge macht in uns den oft üppig wuchernden Keim des Begehrens zunichte. Ehren heißt offen werden für Gott und darum auch für den Nebenmenschen – vom offenen Herzen über das offene Wort bis zur geöffneten Hand.

VIII. Das Wichtigste in Kürze

Zum Schluß geht es nicht um eine aufzählende Wiederholung. Es sollen nur einige Eckdaten unterstrichen werden. Dies soll zum Nachdenken anregen und für Konsequenzen vorbereiten.

1. Die erstaunliche Bejahung

»Gut die Hälfte aller Deutschen hält sich nach wie vor an die biblischen Zehn Gebote.« Dies ergab eine Umfrage des Instituts für Demoskopie Allensbach. »Für 51,9 % der Befragten haben die ethischen Vorschriften des Alten Testaments Gültigkeit; 23,7 % halten sie für überholt ...«[141] Diese Zustimmung ist auf jeden Fall erfreulich, unabhängig davon, was jeder einzelne für Konsequenzen daraus zieht. Die Zustimmung zur Gültigkeit dieser Norm schließt auch in sich, daß die Befragten der Meinung sind: Über Gut und Böse, Recht und Unrecht ist entschieden. Es ist nicht unsere Sache, darüber selbst die Entscheidung zu treffen (vgl. 1. Mose 3,5).

1.1 Zu wenig Konsequenzen?

Halten wir uns aber wirklich an diese Weisungen? Eine kurze Besinnung macht uns klar, daß wir in unserem alltäglichen Verhalten nicht ohne weiteres mit diesen Geboten klarkommen. Denken wir nur an die Frage der üblen Nachrede! Und wenn gar der aufdeckende Scheinwerfer der Bergpredigt die geheimen Neigungen enthüllt – müssen wir hier nicht kleinlaut verstummen?

Der ehemalige Oberbefehlshaber der Blauhelme in Bosnien, der belgische General Francis Briquemont, hat angesichts der ihm zugemuteten Ohnmacht den Satz geprägt: »In Sarajewo habe ich mich zum ersten Mal geschämt, Europäer zu sein.«[142] Müßten wir uns – in Abänderung dieses Satzes – im Blick auf die Zehn Gebote nicht schämen, Menschen zu sein? Mit einem solchen Eingeständnis würden wir die Normen der Gebote als verbindliche Richtschnur anerkennen.

2. Selbstmörderische Kriegserklärung

Oft wird die Tragweite der Sätze nicht wahrgenommen, die Adolf Hitler vor den ihm Nahestehenden eines Tages formuliert hat; sie werden meistens ausgeklammert und verdrängt. Er sagte: »Ich bin der Ewige, dein Gott – Der also? Dieser Tyrann aus Asien? Nein! Der Tag ist nahe, an dem ich mit den Tafeln des neuen Gesetzes über diese Gebote den Sieg davontragen werde ... Gegen diese sogenannten Gebote eröffnen wir die Feindseligkeiten.«[143]

2.1 Böse Nachbarschaft

Zweierlei ist dazu zu bemerken. Einmal: Wer die Gebote Gottes auf den Müllhaufen der Geschichte werfen will, muß wissen, in welche Gesellschaft er sich damit begibt.

2.2 Unheimliche Konsequenzen

Ein zweites hängt damit zusammen: Welchen Preis müssen wir dafür bezahlen? Im Namen seines »neuen Gesetzes« hat Adolf Hitler vor allem Europa überschwemmt mit einem Meer von Blut und Tränen; brutale Gewalt und menschenverachtende Rechtlosigkeit waren an der Tagesordnung.

Den Schlachtruf des Aufruhrs gegen Gottes Weisung hat der Verfasser des zweiten Psalms mit unüberbietbarer Anschaulichkeit formuliert: »Warum toben die Heiden und die Völker reden so vergeblich? Die Könige der Erde lehnen sich auf, und die Herren der Erde ratschlagen miteinander gegen den Herrn und seinen Gesalbten« (2,1.2). Und ihre Losung? »Lasset uns zerreißen ihre Bande und von uns werfen ihre Seile!« (2,3). Maßlose Ungebundenheit ist der Trumpf. Der Prophet Jeremia bringt diesen Ansturm auf den Hauptnenner: »Wir wollen nicht so unterworfen sein« (Jer. 2,20).

Niemand darf in unser Leben in dieser Weise dreinreden. Die Einmischung in »innere Angelegenheiten« ist verpönt. Was aber dann? Welche Orientierung bietet sich an für unseren Weg?

3. Die Ohnmacht der Menschenweisheit

3.1 Tiefe Unsicherheit

Kürzlich hat Frankreichs ehemaliger Premierminister, Edouard Balladur, angesichts schwieriger, anstehender Entscheidungen im Parlament geäußert: »Ich selbst bin zu unsicher, weil ich sehr beunruhigt bin im Blick auf die Antworten, die man geben sollte. Kann man wirklich die Sitten durch das Gesetz regieren in einem Augenblick, in der die Naturwissenschaften und vor allem die Biologie sich sehr schnell entwickeln?«[144]

3.2 Woher Verbindlichkeit?

Natürlich muß auch hier gefragt werden: Kann jemals aus dem fließenden Strom der Entwicklung ein Punkt herausgefischt werden, der eine einigermaßen gültige Perspektive erlaubt? Verhindert die Situationsbeschreibung der sogenannten multikulturellen Gesellschaft in unserer Mitte nicht geradezu für jedermann verbindliche Orientierungsdaten?

3.3 Orientierung aus der Philosophie?

Zunächst müssen wir hier an die Türe der für die Erkenntnis und die Orientierung zuständigen Gelehrten anklopfen. Was meint der Philosoph Willard van Orman Quine? Er führt aus: »Ich sehe in der Ethik einen entscheidenden Zweig der Philosophie; er unterscheidet sich von dem, was ich selbst erforscht habe; aber er ist nicht weniger bedeutsam.«[145] Weiter ist nichts zu erfahren. Ähnlich geht es uns bei einer Befragung eines anderen Wissenschaftlers, Umberto Eco.[146] Es klingt gut, wenn dieser Gelehrte aussagt: »Das Denken ist eine fortgesetzte Wachsamkeit.« Worauf muß aufgepaßt werden? »Grenzen müssen hier für das Unerträgliche festgelegt werden.« Gut, denken wir. Auf die entscheidende Frage: »Muß man aber im Besitz der Wahrheit sein, um diese Grenzen festzulegen?«, erfolgt eine wenig befriedigende, weil ausweichende Antwort. Wir hören: »Nein. Das hat damit nichts zu tun. Ich will das Wort ›wahr‹ nicht verwenden. Es gibt nur Meinungen, die anderen vorzuziehen sind... Indem man sich streitet, was vorzuziehen ist, kann man tolerant sein, indem man das Unerträgliche ganz und gar ablehnt.«

Muß die Frage nicht anders gestellt werden? Gibt es eine Aussage, die überzeugend und verbindlich ist, so daß sie uns Menschen im letzten Sinn, von innen heraus, überwältigen und damit binden kann? Dazu gehört doch sicher, daß dem Nebenmenschen – und damit uns selbst – eine Würde zukommt, die durch niemand – durch keine Gewalt – beschädigt werden darf. Und ein zweites: Muß die Verbindlichkeit nicht außerhalb und oberhalb jeden menschlichen Zugriffs liegen, daß sie trotz aller Versuche letztlich nie zum Vorspann eigensüchtiger Interessen verkommt und so in ihrer Verbindlichkeit umkommt?

4. Normen für die Gesellschaft

4.1 Die unantastbare Würde des Menschen

Verbindliche Normen – das bedeutet, daß sie für jedermann einsichtig und verständlich sein müssen, so daß sie nicht – aus leichtsinnigem Mutwillen gegen besseres Wissen – auf die Seite geschoben werden können. Ein gemeinsamer Nenner ist für die überwiegende Mehrheit unserer Mitbürger der Artikel des Grundgesetzes: »Die Würde des Menschen ist unantastbar.«

Was bedeutet dies aber konkret? Anders gefragt: Wo liegen im alltäglichen Verhalten Anzeichen dafür vor, daß die Grenzen der Verletzung dieser Würde überschritten sind, wo also deutlicher und mit Konsequenzen ausgestatteter Widerspruch geboten ist? Für jedermann! An einigen Beispielen soll dies veranschaulicht werden.

4.1 a Die ausufernde Gewalt

Aus den Schulen in und um Stuttgart wird Grauenhaftes berichtet. In manchen Einzugsbereichen beläuft sich durchschnittlich der wöchentliche Schaden durch zertrümmertes Glas auf 4 000 DM. Am Montag liegt die Schadensquote am höchsten. Nicht nur im Blick auf den materiellen Schaden sprengt diese Gewalt alle Vorstellungen; auch Unschicklichkeiten kommen vor: Im Klassenzimmer eines Gymnasiums wurde die große Notdurft verrichtet.

Was sollen wir dazu sagen? Erhobener Zeigefinger und geballte Faust sind ohnmächtige Gegenwehr und verpuffen in ihrer Wirkung. Das Entscheidende: Kinder ohne gültige Maßstäbe beschädigen mit ihrer hemmungslosen Willkür sich selbst, und werden so für andere bedrohlich.

Das zeigt sich in und außerhalb der Schule. Der ältere Bruder einer Schülerin, der den Lehrer bei der Polizei wegen einer Bagatelle angezeigt hatte, hat seine Schwester krankenhausreif geschlagen. Ein Vater hat auf das Ergreifen eines Springmessers bei seinem Sohne empört reagiert; zweimal sagte er, er würde alle Mitschüler, die seinen Sohn ärgern würden, mit der Kalaschnikow niederschießen, wenn er das in Deutschland nur dürfte.[147] Gewalt beschädigt die Würde nicht nur der Opfer, sondern auch der Täter.

4.2 Förderung der Sucht?

Jedermann weiß, welche Gefahr in der Sucht steckt; sie ist eine entwürdigende Abhängigkeit. Es geht jetzt nicht darum, ganz allgemein über diese Gefahr zu reden.

Es gibt einen konkreten Anlaß. In den USA wollen Gegner des Rauchens dahintergekommen sein, daß Zigarettenfabrikanten die Dosis des Nikotins erhöht haben sollen, um die Abhängigkeit der Raucher zu verschärfen. Die Auseinandersetzung darüber ist noch nicht entschieden. Sollte sich dieser Vorwurf als berechtigt herausstellen, muß die öffentliche Hand einschreiten. Es geht nicht an, daß hier – gegen Recht und Gesetz – vorgegangen wird, um »Kunden« durch eine forcierte Abhängigkeit zu gewinnen.[148]

Menschen dürfen nicht Mitmenschen zur willenlosen Beute ihrer

Sucht machen und damit – meist aus Gewinnsucht – einen Angriff gegen die Würde der Menschen vortragen – und sich dadurch selbst entwürdigen.«

4.3 Alte Menschen – nicht mehr behandlungswürdig?

An alten, zum großen Teil wehrlos werdenden, dem Tod entgegengehenden Menschen kommt es heraus, ob die dem Menschen zugeschriebene Würde mehr ist als eine beruhigende, zu nichts verpflichtende Aussage.

Aus England wird berichtet, daß zwei Kranken wegen ihres Alters (73 und 78 Jahre alt) die Pflege verweigert wurde. Die Abweisung erfolgte mit der Begründung: »Wir sind traurig ..., aber wir können Sie nicht mehr pflegen, weil Sie 73 Jahre alt sind.« Dem anderen Patienten wurde bestätigt, daß jede Person über siebzig Jahre keinen »Vertrag« und darum keinen Anspruch auf Pflege habe; er müsse sich um einen Dienst in der Geriatrie kümmern.[149] Dieser Vorgang ist – trotz halbherziger Dementis – bestürzend. Ein stillschweigender Verwaltungsakt fällt das unmenschliche Todesurteil über die mehr als siebzigjährigen Zeitgenossen. Einer der Patienten hat daraus den entsetzlichen, aber richtigen Schluß gezogen: »Mit 73 Jahren betrachtet man uns schon als tot.«[150]

Was bleibt von der Würde eines Menschen noch übrig, wenn Zeitgenossen über siebzig Jahren pflegerische Zuwendung abgesprochen wird?

4.4 Menschen als Ersatzteillager?

Vorab soll gesagt werden, daß ein großer Mangel besteht an verfügbaren, lebenswichtigen Organen, die für Schwerkranke lebensrettend sein können; die Not der davon Betroffenen, die auf einer Warteliste stehen, und ihrer Angehörigen, muß ernstgenommen werden. Um dieser Not abzuhelfen, hatte die Regierung des Landes Rheinland-Pfalz ein Gesetz verabschiedet, das bei den in diesem Bundesland Verstorbenen die Entnahme von solchen Organen erlaubt, es sei denn, daß eine ablehnende Erklärung des gestorbenen Patienten vorliegt.[151]

Mit Recht hatten die beiden großen Kirchen deutlichen Einspruch erhoben. Wie kann einem Menschen zugemutet werden, die Unversehrtbarkeit seines Leibes noch schriftlich betonen zu müssen? Hat denn – im Widerspruch zur Verfassung – schon eine Enteignung des menschlichen Leibes stattgefunden, »die nicht nur die Rechte der Person mißachtet, sondern auch die notwendige Freiwilligkeit der Organspende untergräbt?«[152]

Alle schönen Worte über die Würde des Menschen können vergessen werden, wenn in dieser plumpen Weise der einzelne Mensch zum »Organ« der Gesellschaft umfunktioniert wird, um ihm seine Organe zu entnehmen.

4.4 a Das Töten auf Verlangen

Wesentliches ist dazu schon ausgeführt. In der Zwischenzeit ist durch die Gesetzgebung in den Niederlanden »das Töten auf Verlangen« möglich geworden. Es ist im strengen Sinn des Gesetzeswortlauts nur möglich, auf den ausdrücklichen Wunsch eines Todkranken, der sich in der letzten Phase seines Lebens befindet und von einem unheilbaren und nicht zu stillenden Schmerz geplagt wird, ihm die tödlichen Mittel zu verabreichen. Davon wird unterschieden, ob es sich – nur – um eine durch Medikamente geförderte Mithilfe zum Selbstmord handelt.[153]

Muß hier aber nicht überlegt werden, ob die staatliche Gewalt mit einem solchen Gesetz nicht ihre Grenzen überschreitet, indem sie einem Arzt zumutet, Beihilfe zum Mord zu leisten oder selbst diese Untat zu begehen? Der Umweg über den Selbstmord ist ein fahrlässiges Spiel mit Worten. Die aktive Beteiligung von Zweitpersonen an einer solchen Tat verändert den Selbstmord zu einer den Mithelfer selbst belastenden Untat. Auf jeden Fall wird dadurch die Unverletzlichkeit des Leibes und Lebens des Kranken angetastet.

4.4 b Begleitung statt Bestreitung

Aus dieser Sackgasse führt kein Weg – außer der einer Begleitung so, daß der letzte Weg, mit der rechten Medikamentierung, vom Sprechen über das Händehalten und die wichtigen Handreichungen bis hin zum Aufzeigen des letzten Ziels in Gelassenheit und Würde gegangen und erfahren werden darf. Zeigt sich in der Abkürzung durch Verabreichung tödlicher Mittel nicht unsere schreckliche Ohnmacht – oder unsere Unfähigkeit –, den Tod als unser eigenes Schicksal – geschickt von wem? – zu erleben?

4.5 Die bleibende Würde

Die Würde des Menschen hat ihre Wurzel nicht in dem jeweiligen Verhalten eines Menschen. Sie ist uns verliehen durch den lebendigen Gott. Dieser Adel bleibt (1. Mose 1,27), auch nach und trotz des Aufruhrs gegen diesen Herrn (1. Mose 9,6). Dafür hat Gott sein Wort verpfändet. Er will, daß in allem und trotz allem diese Würde geschützt bleibt, auch angesichts des uns ereilenden Todes.

Eng hängt damit zusammen, eine Antwort zu geben auf die Frage, woher wir kommen, wohin wir gehen und wer uns auf diesem Weg begleitet. Ein bedenkenswerter Hinweis ist das dankbare Bekenntnis des Psalmisten: »Von allen Seiten umgibst du mich und hältst deine Hand über mir« (Ps. 139,5). Darin ist auch der Tod mit seinem tiefen Grauen, seiner schlimmen Angst und seiner unfaßbaren Einsamkeit eingeschlossen.

5. Die Gebote als Dienst

5.1 Die täglichen Begleiter

In diesen Zusammenhang gehören auch die Gebote. Sie wollen treue Begleiter sein und alle bösen Feinde in die Schranken weisen. Dies ist der Dienst der Anweisungen Gottes für uns Menschen: Er läßt uns nicht allein. Sie erinnern uns, daß es jeden Tag neu gilt: »Der Herr ist noch größer in der Höhe« (Ps. 93,4).

5.2 Weisungen als Fürsorge

Bei der durch das erste Gebot für alle Weisungen Gottes geltenden Hoheit geht es nicht um eine von uns nach Menschenart zu beanspruchende Überlegenheit. Es handelt sich um den von Gott für uns Menschen wahrgenommenen Dienst, der darin besteht, uns vor der Hörigkeit durch die bösen Mächte der Gier zu bewahren. Das ist der Sinn der Fürsorge Gottes an uns Menschen im weitesten Sinn des Wortes, wie Jesus von Nazareth seinen Auftrag beschreibt: »Des Menschen Sohn ist nicht gekommen, daß er sich dienen ließe, sondern daß er diene ...« (Mt. 20,28). Dienen bis zur Selbstaufgabe! Das Wahrzeichen dieses Dienstes ist die Hoheit Gottes, wie sie im ersten Gebot verkündigt wird. Dadurch werden alle anderen Mächte und Herren an die zweite Stelle gerückt. Nicht umsonst war auch deshalb der Angriff auf das sogenannte Alte Testament unter Adolf Hitler so scharf.[154]

6. Die tiefe Not der Kirche

6.1 Gottes Hoheit und der Dienst

Gott proklamiert mit dem ersten Gebot seine Hoheit über die ganze Welt. Wie kann die Kirche als von Gott beauftragte Botin diesem Zeugnis nachkommen, ohne nicht in den Verdacht zu geraten, eine eigene Machtstellung begründen zu wollen? Kann die Kirche in bescheidener Demut diesen Dienst so wahrnehmen, daß er angenommen und aufgenommen, begriffen und beherzigt wird? Sie muß den Engpaß zwischen falschem Stummbleiben und unsachgemäßen Herrschaftsgelüsten mutig und demütig passieren, indem sie das Regieren des einen Gottes zum Ausdruck zu bringen versucht.

6.2 Staatsräson und biblische Weisung

Ein solches Ausrufen der Herrschaft Gottes ruft zumindest ungute Mißverständnisse, wenn nicht gar scharfe Zurückweisung hervor, wie es im Oktober 1993 den katholischen Priestern, den protestantischen Pfarrern und den Rabbinern in Frankreich ergangen ist. Der damalige Innenminister dieses Landes, Charles Pasqua, hatte sie wegen ihrer Kritik an Maßnahmen der Einwanderungspolitik gerügt: »Sie sollen die Evangelien auslegen und aussagen, wann man Jude ist, was man von der Thora und der Lehre der heiligen Texte weiß.«[155]

Sicher ein nicht angenehmes Echo, wenn es darum geht, die Hoheit Gottes auch über den politischen Bereich anzusprechen. Hier wird aber der tatsächliche Konflikt markiert, der im Aufeinandertreffen der herrschenden Staatsräson und dem Anspruch der biblischen Weisung bestehen kann.

6.3 Gottes Weisung und die öffentliche Meinung

Die Not der Kirche wird immer darin bestehen, daß sie nicht nur mit Rückfragen, sondern mit Unverständnis rechnen muß, wenn sie die Botschaft der Bibel zu Gehör bringt. Dies hat eine tiefe Wurzel darin, daß Gottes Gedanken und Weisungen den herrschenden Meinungen radikal widersprechen können.

6.4 Was ist gut?

Die Frage nach dem Guten – im doppelten Wortsinn: dem guten Gott (Mt. 19,17) und dem festliegenden Guten – verlangt eine Antwort. Kardinal Lustiger (Paris) meint: »Ja, die Moral – und das heißt ja die Frage nach der Orientierung durch den Guten und das Gute – ist von jetzt ab die Grundfrage für die Zukunft der Menschheit.«[156]

6.4 a Entlarvung der Falschmünzer

Damit sind wir wohl einig, und sicher möchten wir auch dem daraus sich ergebenden Satz zustimmen: »Die Kirche erinnert im Lichte Gottes daran, daß der Mensch das Gute und das Böse benennen kann. Niemals kann man das Böse gut nennen – es sei denn um den Preis einer Lüge, die sich selbst zerstört. Das ist eine Frage, in der es um Leben und Tod geht.«[157] Ganz richtig! Aber wer besitzt schon den nötigen Mut und die durchschlagende Vollmacht, den Falschmünzern innerhalb und außerhalb der Kirche die Maske vom Gesicht zu reißen? Im Sinne der Propheten: »Weh denen, die Böses gut und Gutes böse heißen, die aus Finsternis Licht und aus Licht Finsternis machen ...!« (Jes. 5,20)

6.4 b Das Böse und das Bodenlose

Alle diese heute üblich gewordenen Verharmlosungen sind ein verführerischer Tanz am Rand des Abgrunds, der offenbar eine unheimliche Anziehungskraft ausübt. Denn so meint zu Recht Kardinal Lustiger: »Das Böse ist ein Abgrund, von dem man, wie mit einem Schlag, in das Nichts stürzt.«[158]Mit anderen Worten: Wenn wir uns dem Bösen verschreiben, schreiben wir unser Todesurteil. Darum bleibt die entscheidende Frage, ob wir im Dienst der Wahrheit und aus fürsorglicher Liebe immer wieder, aber auch mit unzweideutiger Klarheit uns und allen die Frage stellen, die Kardinal Lustiger so formuliert: »Ist es noch möglich, die Aussage zu treffen, daß bestimmte Handlungen in sich schlecht sind und es bleiben, unabhängig von den Absichten dessen, der sie begeht, und von den Umständen, in die sie gestellt sind?«[159]

Kann die allgemeine Verdrossenheit gegenüber dem Guten nicht daher rühren, daß es nicht mehr in seiner Breite und Tiefe ernstgenommen wird? Daß das Böse – etwa auch mit glatten Sprüchen: »Der Zweck heiligt die Mittel« – im großen wie im kleinen fast stillschweigend seine Machtergreifung durchgesetzt hat? Daß von daher eine völlige Abwertung unserer Aussagen um sich greift?[160] Die Ausblendung des Bösen bringt alles in eine Schieflage.

7. Das Böse als Herausforderung

7.1 Das verschlossene Geheimnis

Der von der biblischen Botschaft zutiefst geprägte französische Philosoph Paul Ricoeur stellt in seinen Überlegungen fest: »Das Böse ist für die Philosophie wie für die Theologie eine Herausforderung ... Das Böse bleibt in religiöser Sicht – ob christlicher oder jüdischer Art – ein Geheimnis.«[161]

Ein Geheimnis heißt in der Sicht der Bibel: Es ist uns zunächst verschlossen. Wir können nur stille werden vor Gottes Regieren und darauf warten, daß er uns erschließt, was uns zu wissen notwendig ist.

7.2 Das Böse trennt

Nach dem Rausch der Verführung unserer beiden Voreltern stellt sich das böse Erwachen in der Gestalt der Trennung vom lebendigen Gott ein. Eine Wand der Fremdheit ist entstanden. Adam und Eva bedecken sich voreinander und verstecken sich vor dem lebendigen Gott (1. Mose 3,7.8). Das Böse bewirkt, daß sie Gott los, gott-los geworden sind. Nicht im Sinne irgendeiner Weltanschauung! Nein, sie haben sich von der Wurzel des Lebens geschieden und sind deshalb dem Tod verfallen.

Wir alle schließen uns diesem unheilvollen Schritt an, sobald wir der Lockung durch das Böse auch nur den kleinen Finger reichen. Es ist ein Abschied ohne Heimkehr.

7.3 Der (Das) Gute ruft

Unerwartet, ja beschämend dringt an Adams – des Menschen – Ohr eine Frage: »Wo bist du?« (1. Mose 3,9). Diese Frage ist voll inniger Zuwendung. In dieser Frage wird – trotz allem – die Brücke der Gemeinschaft nicht abgebrochen, sondern erneut geschlagen.

Der lebendige Gott bleibt uns nahe, aber um den einen Preis, daß wir Menschen nicht im gestörten und zerstörten Bereich des Paradieses bleiben dürfen. Von Gott geschieden heißt, dem Tod geweiht sein und bleiben. Damit dieser Tod als die Vollstreckung des Willens Gottes (1. Mose 2,17) nicht durch das Essen vom Baum des Lebens (1. Mose 2,9) einen schrecklichen, unabänderlichen Ewigkeitsgehalt, das Festgemauertsein in der Trennung von Gott, bekommt, müssen die beiden Ureltern aus dem Paradies gehen. Aufbrechen, um Gott nahezukommen und zu bleiben, um auf seine Stimme zu hören und zu gehorchen!

7.4 Die einzige Antwort

Nicht um die Verewigung der Gottesferne kann es gehen! Das Ziel Gottes bleibt seine immerwährende, bleibende und belebende Nähe. Darum muß die Schuld der Scheidung ein für allemal überwunden und auf die Seite geschafft werden, indem der Fluch der Trennung (weg)getragen, in das tödliche Gericht eingewilligt und bis ins letzte durchgekostet und erfahren wird. Indem Jesus von Nazareth schreit: »Mein Gott, mein Gott, warum hast du mich verlassen?« (Mt. 27,46; Ps. 22,2), erfährt er die Hölle der Verlassenheit – und durchschreitet sie. Der lebendige Gott bekennt sich zu dem, der bis in die Verlassenheit treu geblieben ist. Seiner Erhöhung am Kreuz (Joh. 3,14) folgt seine Erhöhung in die Herrlichkeit (Phil. 2,9) mit der Zuteilung »des Namens, der über alle Namen ist« (ebenda). Sein Tod ist das Gericht über den Tod, der auf diese Weise endgültig der Vergänglichkeit anheimgefallen und dadurch zu einem »Schlafen« (1. Thess. 4,13.15) geworden ist.

7.5 Das anbetungswürdige Geheimnis

Selbst das Böse kann uns nicht mehr von Gottes Nähe trennen (vgl. Röm. 8,39 ff.). Auch in seiner erbitterten, gefährlichen und todbringenden Schärfe bleibt es letztlich unter Gottes Führung. Wir können das im einzelnen – oft – nicht begreifen. Wir können nur, wie der Prophet Amos,

Fragen aussprechen: »Ist auch ein Unglück in der Stadt, das der Herr nicht tue?« (3,6) Wir können uns nur beugen vor der Aussage, daß Gott »das Böse schafft« (Jes. 45,7) und aber erst recht »den Frieden gibt« (Jes. 45,7).[162]

7.5 a Der Gute und das Böse

In all dem dürfen wir darauf bauen und vertrauen, daß Gott durch das Böse kein mutwilliges Spiel mit uns treibt. Hören wir, wie der Apostel Jakobus diese lästerliche Anfechtung auf die Seite schiebt: »Niemand sage, wenn er versucht wird: Ich werde von Gott versucht. Denn Gott ist unberührt (wörtlich: unversuchbar) vom Bösen, er selbst aber versucht niemand. Vielmehr wird jeder versucht, indem er von seiner eigenen Lust gezogen und gelockt wird. Hernach, wenn die Lust empfangen hat, gebiert sie die Sünde; die Sünde aber, wenn sie vollendet ist, gebiert den Tod. Irret euch nicht, meine geliebten Brüder« (1,13-16).

Nicht durch gelehrte Diskussionen, aber durch Hören und im Beten, mit Wachen und durch Lernen können wir der immer neu sich aufspielenden List und Herausforderung des Bösen begegnen.

8. Kurz gesagt: Vier Grundregeln

8.1 Die übliche Zusammenfassung

Wir wissen, daß in der Heiligen Schrift als Zusammenfassung der Weisungen Gottes die Liebe gilt: »Sie ist des Gesetzes Erfüllung« (Röm. 13,10). Und zwar in doppelter Richtung! Als Jesus von Nazareth den ihn auf die Probe stellenden Theologen (Lk. 10,25 ff.) nach dem Inhalt der Schrift fragt, erhält er zur Antwort: »Du sollst Gott, deinen Herrn, lieben von ganzem Herzen, von ganzer Seele, von allen Kräften und von ganzem Gemüte und deinen Nächsten wie dich selbst« (Lk 10,27). Dieses aus zwei verschiedenen Stellen (5. Mose 6,5 und 3. Mose 19,18) stammende doppelte Liebesgebot war damals schon gang und gäbe.

8.1 a Wer ist der Nächste?

Die Pointe der von Jesus erzählten Geschichte vom hilfsbereiten Samariter besteht darin, daß wir keine auf unseren Geschmack zugeschnittene Prioritätenliste kennen dürfen, um dann nach Belieben auszuwählen. Nein – unmittelbar werden wir selbst angesprochen: Du bist der Nächste – zum Zupacken!

8.1 b Was ist Liebe?

Aber noch eine andere Frage muß angeschnitten werden: Was ist die hier gemeinte Liebe? Es gehört zu der großartigen theologischen Leistung der Verfasser des zweiten Teils der Bibel, für den Ausdruck »Liebe« ein in der üblichen griechischen Sprache wenig gebräuchliches Wort ausgewählt zu haben, nämlich »Agape«.

Das Merkmal dieses Wortes ist ganz und gar bestimmt durch das Leben, Leiden und Sterben – und den Sieg des Jesus von Nazareth; kurz gesagt lautet es: »Die Liebe sucht nicht das Ihre« (1. Kor. 13,5). Damit hebt es sich nicht nur ab von allen, auch sonst in der griechischen Sprache möglichen, auch im zweiten Teil der Bibel vorkommenden Ausdrücken, unterscheidet sich nicht nur darin, daß es auch nicht einen Hauch erlaubter – oder unerlaubter – Geschlechtlichkeit an sich trägt, sondern diese von Gott gewirkte Liebe ist in der Lage, als neue Kraft alle unsere sonstigen Äußerungen der Zuwendung unserer eigensüchtigen Leidenschaftlichkeit zu entreißen und dem hingebungsvollen Dienst am Mitmenschen zuzuführen. Denn weithin – zumindest im 13. Kapitel des ersten Korintherbriefes – steht »Agape« für das Leben und Werk, vor allem für den Dienst und Sieg Jesu Christi.

In diese Liebe sind auch die Würde und der Wert des Menschen eingeschlossen. Wie kann dies in die Sprache unseres Alltags übersetzt werden?

8.2 Vier Grundregeln

Der über Frankreich hinaus bekannte, bedeutende Jurist, Soziologe und Theologe Jacques Ellul (1912–1994) hat bei seinem letzten öffentlichen Auftreten (November 1993) im Rückblick auf sein Leben ausgeführt, was ihn als Vermächtnis seines Vaters entscheidend geprägt hat. Er führt aus: »Es ist die Ehre ...«, die Ehre war Richtschnur seines Lebens. Dies schloß vier Regeln in sich:

1. Niemals andere belügen!
2. Niemals sich selbst belügen!
3. Barmherzig sein gegenüber den Schwachen!
4. Unbeugsam bleiben vor den Mächtigen![163]

Die Ehre als Dreh- und Angelpunkt des Lebens eines so bedeutenden Mannes! Bei einem gründlichen Nachdenken über eine Umsetzung und Zusammenfassung der Gebote scheinen die vier Regeln einen konkreten Hinweis für unser alltägliches Verhalten in ihrem Sinn zu bieten. Vor allem, wenn ein Gebot, das neunte, ausdrücklich genannt wird, das für den täglichen Umgang mit unseren Mitmenschen von entscheidender Bedeutung ist.

8.2 a Den Mitmenschen nie belügen!

8.2 a 1 Die verstümmelte Wahrheit

Die Wahrheit ist das entscheidende Element in unserem Leben. Sie ist die Luft, die wir atmen; ohne diesen Atem geraten wir in die Gefahr des Erstickens.

Wir sind angewiesen auf die Wahrheit. Mit ihr allein können wir Vertrauen finden und bilden. Aber leben wir aus der Wahrheit? Halten wir der Versuchung stand und blasen wir die Versuche ab, unserem Mitmenschen ein Bild zu zeichnen, das von der Wahrheit abweicht und darum auch die Wirklichkeit verfälscht? Ertappen wir uns nicht immer wieder dabei, bei Berichten und Aussagen in unserem Sinn Akzente zu setzen, nämlich zu verschweigen, was zu wissen nötig ist und so die Wahrheit zu entstellen?

8.2 a 2 Die befreiende Wahrheit

Wir kennen das wichtige Wort des Jesus von Nazareth vor Pilatus: »Ich bin dazu geboren und in die Welt gekommen, daß ich für die Wahrheit Zeugnis ablegen soll« (Joh. 18,37). Die uns geltende Wahrheit – wir sind unter die Macht der Lüge versklavte Wesen und sehnen uns nach der Stunde der Befreiung, durch die wir wahr werden und wahr bleiben. Darum die Frage des Pilatus: »Was ist Wahrheit?« (Joh. 18,38).

Es handelt sich bei diesem, im politischen Geschäft ergrauten Statthalter Roms nicht nur um einen müde gewordenen Zweifler, sondern auch um einen fragenden Menschen. Endlich ergriffen werden von der lebendigen Wahrheit, herausgerissen aus all den eisernen Zangen, durch die böse Lügengewebe und hinterhältige Intrigen uns ersticken und erdrükken! Endlich aus all dem Verdrängten und Bedrängenden aussteigen können, um ein freier Mensch zu werden! Hatte nicht der vor ihm angeklagte Mann von Nazareth gesagt: »Die Wahrheit wird euch frei machen« (Joh. 8,32)? Nein – nicht wir müssen der Wahrheit eine Gasse freihauen, sondern sie – Jesus Christus selbst (Joh. 8,36) – will uns aus allen Verstrickungen führen, die Wahrheit, die uns ermächtigt und befestigt, selbst wahr zu werden.

8.2 a 3 Die Wurzel der Wahrheit

Die in den beiden Sprachen der Bibel verwandten Worte für Wahrheit können von ihrer Ableitung her uns ein Licht aufstecken. Das hebräische Wort »ämät« umfaßt nicht nur den ersten, den mittleren und den letzten Buchstaben des hebräischen Alphabets und weist schon dadurch auf die alles umfassende, zentrale Stellung diese Wortes hin. Es ist auch eine sprachliche Operation möglich, die so nur in einer Konsonantensprache wie in der hebräischen vorgenommen werden kann. Streichen wir den ersten Buchstaben, das Aleph, das auch für die Zahl eins steht und den

Einzigen, Gott selbst, bezeichnet, bleibt das Buchstabenpaar »mät« übrig, das Tod bedeutet. Dies zeigt nicht nur anschaulich die Verflochtenheit des lebendigen Gottes mit der Wahrheit auf, sondern weist auch darauf hin, daß die Ausklammerung Gottes aus der Frage der Wahrheit nur Tod bedeuten und nach sich ziehen kann.

Das griechische Wort »a-lätheia« setzt sich ganz anders zusammen.[164] Es geht auf das Wort »lätheia« zurück, das Vergessen bedeutet. Wahrheit schließt vor allem in sich, daß das ganze kriechende, häßliche Gewürm unserer vielfältigen, die Wahrheit entstellenden Vorurteile entlarvt wird! Mehr noch: Dieses giftige Unkraut wird der Sonne der Wahrheit ausgeliefert, in deren Wärme es nur vertrocknen, absterben kann. Also: Das Verdrängte entlarven, das Wahre unterstreichen – wahrhaftig ein Kampf, der sich lohnt. Mehr noch eine Arbeit, die angepackt sein will unter dem Vorspruch: »Prüfet alles, und das Gute behaltet!« (1. Thess. 5,21).

8.2 a 4 Die gefährliche Einfallspforte

Kurz sei auf zwei Anlässe hingewiesen, bei denen wir – fast immer – der Versuchung erliegen, die Wahrheit um der Zuhörer willen zu frisieren – durch Weglassen oder durch Unterstreichen. Geburtstage, Jubiläen und vor allem Beerdigungen sind Fälle, bei denen wir zu Fall kommen; dies gilt für fast alle Redner.

Wer solche Ansprachen ernst nimmt, kann nicht begreifen, warum es auf unserer Welt so übel zugehen soll: Nur ausgesuchte, untadelige Personen werden uns vor Augen geführt, nur die allerbesten Frauen und Männer sterben. Warum bleibt Schuld und Vergehen meist im Dickicht des Alltags verborgen?

Als Christen sollen und dürfen wir uns vom Evangelium her an solchen Unwahrheiten nicht beteiligen, ganz abgesehen davon, daß das letzte Urteil über einen Menschen uns nicht zusteht. Machen wir uns doch nichts vor: Wir verraten dadurch die Wahrheit, und als Christen setzen wir damit unsere Glaubwürdigkeit aufs Spiel. Wir sollten nachdenklich auf das Wort eines jüdischen Weisen hören, der sagte: »Ja, ich kann alle Sünder zur Umkehr bringen – nur die Lügner nicht.«[165]

8.2 b Die Ehrlichkeit zu sich selbst

8.2 b 1 Die Unguten – die anderen!

Es fällt uns dies besonders schwer. Lieber malen wir unseren Nebenmenschen ganz in Schwarz; dann heben wir uns in der Grauzone der Durchschnittlichkeit von den übertrieben dargestellten – tatsächlichen oder vermeintlichen – Bösewichten noch angenehm ab. Schießt deshalb die Verleumdung – im privaten wie im öffentlichen Bereich – so ins Kraut, weil wir uns dadurch eine Rückzugsmöglichkeit in einen sturmfreien Winkel schaffen, in dem wir uns heimlich loben und uns zustimmen können? Es müßte uns aber in Schrecken versetzen, daß nicht wenige der bösen Henker und grausamen Folterknechte aus Hitlers Vernichtungslagern daheim gute Familienväter und angesehene Bürger waren. Positiv denken und reden – eine oft gehörte Losung! Ist es aber nicht allzuoft der Teppich, der über Böses und Schandbares gebreitet wird? Können wir das dumpfe Grollen in uns überhören? Oder müssen wir warten, bis es sich zum katastrophalen Inferno von nicht wieder zu bereinigenden Szenen entlädt?

8.2 b 2 Der schwere Blick hinter die Kulissen

Ehrlich zu uns selbst! Sind wir dazu in der Lage? Es gibt zwei kurze Verse im Evangelium nach Johannes, die oft überlesen werden. Von Jesus von Nazareth wird hier berichtet: »Jesus selbst vertraute sich ihnen nicht an, weil er sie alle kannte und weil er es nicht nötig hatte, daß jemand über den Menschen Zeugnis ablegte; denn er wußte wohl, was im Menschen war« (2,24.25).

Jesus allein sieht hinter die Kulissen. Er macht sich nichts vor und läßt sich nichts vormachen. Hier können wir in die Schule gehen, um zu lernen, was in uns steckt. Nicht nur um uns zu entdecken, sondern um uns zu überwinden, geht es hier. Vor allem die Angst vor der Wahrheit über uns! Vor zwanzig Jahren hatte eine Gruppe von jungen Männern in der Vollzugsanstalt in Schwäbisch Hall beschlossen, den Weihnachtsgottesdienst unter das Thema »Angst« zu stellen.

Kurz vor Beginn des Gottesdienstes kam noch ein junger Mann mit einer wichtigen Aussage: »... Haben wir denn nicht irgendwann und irgendwo selbst versagt? Die Angst vor der Wahrheit ist also identisch mit der Angst vor dem Eingeständnis. Wann werden wir endlich den Mut bekommen zu sagen: Ich habe versagt? Ist es nicht dann erst mit Hilfe der Wahrheit möglich, unser Denken und Handeln in die richtigen Wege zu leiten? Viele Fragen – keine Antworten. Vielleicht haben wir aber die Antwort und haben nur Angst, sie uns zu geben, da wir dann nämlich die Wahrheit fänden.«[166] Wenn wir doch alle selbst diesen Mut und diese Offenheit aufbrächten! Wir wären damit für einen ehrlichen Umgang mit uns selbst einen entscheidenden Schritt weiter – und auch auf dem Weg zu den Hilfsbedürftigen.

8.2 c Barmherzig sein zu den Schwachen!

8.2 c 1 Barmherzig sein – den Menschen nicht entschuldigen!

Wie ein roter Faden zieht sich durch die ganze biblische Botschaft der Aufruf zur Barmherzigkeit. Dabei darf das Barmherzigsein, das heißt ein Herz haben für den Armen, nicht gleichgesetzt werden mit dem Almosen; dieses Wort stammt aus der griechischen Übersetzung dieses Wortes aus der hebräischen Sprache und hat es weithin verkommen lassen in seiner

Bedeutung zu einer taktlosen, den Empfangenden entwürdigenden Spende von oben herab. Auch Barmherzigkeit will gelernt sein.

8.2 c 2 Die unverzichtbare Barmherzigkeit

Anleiten dazu kann uns die aus der hebräischen Sprache kommende Bedeutung; es geht hier um den das wachsende menschliche Leben umschließenden Mutterschoß. Barmherzigkeit ist kein entbehrliches Anhängsel. Sie ist für menschliches Leben unabdingbar, mehr noch: Sie deckt, schützt, ermöglicht menschliches Leben. Oder umgekehrt gesagt: Ohne Barmherzigkeit wird das Zusammenleben roh und brutal. Die viel beschriene Ellenbogengesellschaft breitet sich da aus, wo sie nicht mehr abgebremst, verringert – und überwunden wird durch barmherziges Handeln (und nicht durch gesellschaftliche Umverteilungsmanöver!).

8.2 c 3 Barmherzigkeit – Einheit von Hand, Herz und Mund

Hand und Herz müssen beteiligt sein! Ein klares biblisches Gebot lautet: »Du sollst dein Herz nicht verhärten und deine Hand nicht zuhalten gegenüber deinem armen Bruder« (5. Mose 15,7). Dem nachzusinnen und es zu praktizieren – die offene Hand für die Bedürftigen und viel Zeit für die Betrübten -, dürfen wir nicht müde werden. Wir haben es schon erwähnt bei der Auslegung des achten Gebots, daß die eigentliche Überwindung des Diebstahls – das Geben ist.

Gelegentlich muß hier auch noch ein weiteres Organ mitwirken: der Mund! Oft können Schwache und Arme so im Elend ihrer Not versunken sein, daß sie alles hinnehmen. Sie dürfen nicht verstummen. Das ist ein Ärgernis. Darum müssen wir in die Bresche springen und ihre Für-Sprecher werden. Wie ein aufweckender Posaunenstoß soll es klingen, was uns die Sprüche Salomos anbefehlen: »Tue deinen Mund auf für die Stummen ... und richte recht und räche den Elenden und den Armen« (31,8.9).

Damit sind wir schon an der nächsten Regel angelangt.

8.2 d Unbeugsam sein vor den Mächtigen!

Vorab muß unterstrichen werden: Gottes Gebot gilt auch den Mächtigen. Sie genießen keinen Sonderstatus. Gottes Weisungen kennen keine Ausnahme. Alle Menschen sind gemeint.

8.2 d 1 Die mutige Zurechtweisung
8.2 d 1 a Die heimtückische Übertretung
Wir wissen aus der Bibel, daß manche Mächtige mit den Geboten Gottes auf ihre eigene Weise umgegangen sind. Als der König David mit einer

Offiziersfrau geschlechtliche Beziehungen aufgenommen hatte und diese nicht ohne Folgen geblieben waren, als ein plötzlich angeordneter Sonderurlaub ihres Mannes, des Hauptmanns Uria (2. Sam. 11,11.13), nicht den gewünschten Erfolg hatte, mußte dieser – auf Anordnung des Königs – den Heldentod erleiden. Ein klarer Verstoß gegen das sechste und siebte Gebot. Alles scheint gut geplant und glatt gegangen. Es scheint!

8.2 d 1 b Die klare Demaskierung

Doch der König hat die Rechnung ohne den Propheten gemacht. Nathan kommt und erzählt eine Geschichte, wie ein reicher Mann trotz seiner vielen Schafe einem Armen sein einziges Schaf nimmt, um es für einen Gast zuzurichten. Voller Entrüstung fällt David das Urteil: »Der Mann ist ein Kind des Todes« (2. Sam. 12,5). Worauf Nathan nur sagt: »Du bist der Mann« (2. Sam. 12,7). Dieser Pfeil trifft ins Schwarze – auch insofern, als David Buße tut und um Vergebung fleht. Ohne das verbindliche, persönliche, im Grunde seelsorgerliche Du gibt es keine Chance der Umkehr.

8.2 d 1 c Das wagemutige Zeugnis

Der Mut eines solchen Zeugnisses ist gefahrvoll. Ahab und Isebel haben wegen der Naboth-Geschichte (1. Kön. 21,1 ff.) den Propheten Elia mit dem Tod bedroht, und Johannes der Täufer wurde enthauptet, weil er den König Herodes wegen seiner Ehebruchsaffäre ganz direkt angesprochen hatte: »Es ist nicht recht, da du sie habest« (Mt. 14,4; er hatte seinem Bruder die Frau ausgespannt).

Wir müssen hier fragen: Wo bleibt bei uns heute das prophetische – wagemutige – Zeugnis? Ist es nicht ein böses Zeichen unserer Zeit, daß eine solche Mahnung uns nicht einer Lebensbedrohung aussetzte, sondern uns wahrscheinlich der Lächerlichkeit preisgeben würde?

8.2 d 2 Das risikoreiche Bekennen
8.2 d 2 a Reden zur Zeit und zur Unzeit

Immer wieder müssen wir uns ins Gedächtnis rufen, daß über dem für unsere evangelische Kirche verbindlichen Bekenntnis aus der Reformationszeit, der Augustana (1530), als Leitwort der Psalmvers steht: »Ich rede von deinen Zeugnissen vor Königen und schäme mich nicht« (119,46).

Nichtschämen schließt Furchtlosigkeit ein. Es gilt, in jedem Fall und um jeden Preis, die Zeugnisse des Lebens jedermann bekanntzumachen. Das heißt bekennen, und das auch dann, wenn uns der Wind bösen Protests ins Gesicht bläst und üble Verdächtigungen gegen uns laut werden.

8.2 d 2 b Der stille und offene Widerstand

Dreierlei soll aus der Zeit des sogenannten Kirchenkampfs (1933 ff.) erwähnt werden, was nur in einem Fall Eingang in die Geschichtsschreibung gefunden hat. Ein Pfarrer sollte, von der Absetzung bedroht, wegen seiner großen Kinderzahl mürbe gemacht werden. Er zog zu diesem Gespräch seine Frau bei; sie sagte nur: »Wir weichen nicht.« Ein Vikar fiel dadurch in einer Gemeinde auf, daß er nie für den »Führer« betete. Seine gefährliche Antwort: »Passen Sie bei der siebten Bitte des Vaterunsers auf.« Er wurde nicht angezeigt.

Bekanntgeworden ist die mutige Predigt des Pfarrers Julius von Jan (Oberlenningen), die er am Bußtag 1938 – nach der sogenannten »Reichskristallnacht« hielt und darin unter anderem folgendes sagte: »Der Prophet ruft: ›O Land, Land, Land, höre des Herrn Wort!‹ (Jer. 22,29) ...

In diesen Tagen geht durch unser Volk ein Fragen: Wo ist in Deutschland der Prophet, der in des Königs Haus geschickt wird, um des Herrn Wort zu sagen? Wo ist der Mann, der im Namen Gottes und der Gerechtigkeit ruft, wie Jeremia gerufen hat: Haltet Recht und Gerechtigkeit, errettet den Beraubten von des Frevlers Hand! Schindet nicht Fremdlinge, Waisen und Witwen, tut niemand Gewalt und vergießet nicht unschuldig Blut ...

Die Männer der ›Vorläufigen Kirchenleitung‹, von denen die Zeitungen in den letzten Wochen berichteten, haben in einer Gottesdienstordnung das Gebot des Herrn klar ausgesprochen und sich wegen der erschreckenden Mißachtung der göttlichen Gebote durch unser Volk vor Gott gebeugt für Kirche und Volk. Jedermann weiß, wie sie dafür als Volksschädlinge angeprangert und außer Gehalt gesetzt worden sind, und schmerzlicherweise haben es unsere Bischöfe nicht als ihre Pflicht angesehen, sich auf die Seite derer zu stellen, die des Herrn Wort gesagt haben.

Wenn nun die einen schweigen müssen und die anderen nicht reden wollen, dann haben wir heute wahrlich allen Grund, einen Bußtag zu halten, einen Tag der Trauer über unsere und des Volkes Sünden ... Die Leidenschaften sind entfesselt, die Gebote Gottes mißachtet; Gotteshäuser, die anderen heilig waren, sind ungestraft niedergebrannt worden, das Eigentum der Fremden geraubt oder zerstört. Männer, die unserem deutschen Volk treu gedient haben und ihre Pflicht gewissenhaft erfüllt haben, wurden ins Konzentrationslager geworfen, bloß, weil sie einer anderen Rasse angehörten ...«

Und Julius von Jan weist in diesem Zusammenhang mit großem Ernst auf die schützende Macht des Wortes Gottes hin: »Denn ohne des Herrn Wort sind wir allen dämonischen Gewalten preisgegeben und allen verführerischen Stimmen der Unterwelt. Wenn ich im Jugendkreis ab und zu frage, wo wir in der täglichen Bibellese stehen, so kann von einem Dutzend einer oder zwei Antwort geben. Die übrigen gehen ohne Gottes Wort in den Tag hinein. Wie mag's bei uns Erwachsenen sein? ...« Und der Schluß seiner Predigt legt davon Zeugnis ab, wie schwer es ihm ge-

fallen ist, diesen Tagesbefehl des Herrn der Kirche jedermann vernehmlich zu machen: »... Und wenn wir heute mit unseren Volk in der Buße
vor Gott gestanden sind, so war dieses Bekennen der Schuld, wenigstens
für mich, auch heute wie das Abwerfen einer großen Last.

Gott Lob! Es ist heraus, gesprochen vor Gott und in Gottes Namen.
Nun mag die Welt mit uns tun, was sie will! Wir stehen in unsres Herren
Hand. Gott ist getreu! Du aber, o Land, Land, Land, höre des Herrn Wort!
Amen.«[167]

8.3 Der Vorrang von Gottes Weisung

8.3 a Das erste Gebot als die Mitte

Noch einmal sei zum Abschluß dieser vier Regeln auf die alles überra-
gende Bedeutung des ersten Gebots hingewiesen. Der lebendige Gott
steht nicht nur im Mittelpunkt. Er will zu Wort kommen. Sein weckendes
und orientierendes Wort darf nicht verstummen – noch vor allem, verbo-
ten werden.

Als ein solches Verbot durch den Hohenpriester an Petrus erging,
antwortete dieser trotz drohender Lebensgefahr: »Man soll Gott mehr
gehorchen als den Menschen« (Apg. 5,29). In diesen Zusammenhang
gehört dieses Wort! Das Wort vom gekreuzigten und auferstandenen
Herrn Jesus Christus darf unter keinen Umständen verstummen (Apg.
5,30).

8.3 b Der notwendige Protest

Der Obrigkeit, der von Gott eingesetzten Ordnungsmacht (Röm. 13,1 ff.)
– und erst recht einem Rechtsstaat, an dessen Gestaltung wir als Christen
verantwortlich teilnehmen sollen – haben wir Gehorsam zu leisten. Das
steht deutlich in dem für uns als evangelische Christen verbindlichen
Glaubensbekenntnis. Dabei bleibt die Hoheit Gottes entscheidend. Wir
lesen im Augsburger Bekenntnis (Artikel 16): »Wenn man jedoch dem
Gebot der Obrigkeit nicht ohne Sünde folgen kann, soll man Gott mehr
gehorchen als den Menschen« (Apg. 5,29).[168]

Verordnungen und Gesetze einer Regierung dürfen nicht der Hebel
zum Aufruhr gegen den lebendigen Gott sein. Mehr noch: Wir müssen
begründen, warum diese Gesetze sich gegen Gottes Hoheit richten, und
uns bemühen, solche Gesetze zu verhindern oder zu Fall zu bringen. Gott
mehr zu gehorchen als den Menschen ist auch Auftakt und Anleitung, der
Hoheit des ersten Gebotes überall Geltung zu verschaffen.

9. Zusammenfassung

Gottes Gebote wollen zum Frieden weisen. Was im Westen wie im Osten geschah, ist ein Doppelpunkt: Wir dürfen getrost und ernsthaft – im Alltag und in der Öffentlichkeit – miteinander das Abc des Friedens buchstabieren lernen.

Fußnoten

[1] Wilhelm Gesenius, Hebräisches Handwörterbuch, Leipzig, 1890, S. 493.

[2] Antoine Garapon, Le juge et son éthique, »Le Monde«, Paris (künftig: LM),16.07.1992.

[3] Yirmiyahu Yovel, Les sources des valeurs morales n'est pas à chercher dans un au-delà, LM, 23.06.1992.

[4] Kardinal Lustiger, Paris, L'homme de loi et l'homme de foi, LM, 23.06.1992.

[5] Moshe Kohn, »Hearing the voice of the people ...«, Jerusalem Post International Edition (künftig: JPIE), 11.07.1992.

[6] LM, 3.07.1992, S. 25.

[7] Elie Wiesel, Un juif aujourd'hui, Paris, 1977, S. 150 f.

[8] Wahrscheinlich in der Bedeutung »Du Gottloser«, in dem Sinn, ihm den Glauben abzusprechen.

[9] Patrice Vivarès, »Réforme«, Paris, 15.01.1992.

[10] Rudolf Pfisterer, »idea«, Wetzlar, 15.06.1992.

[11] Guido Heinen, »Ein Stück Vergangenheitsbewältigung, ein Stück Agitation«, Stuttgarter Zeitung (künftig: Stgt Ztg), 18.04.1992.

[12] Jean-Yves Nau, Une loi pour donner la mort, LM, 6.06.1991.

[13] LM, 2.04.1992.

[14] Um Leben und Tod, Frankfurter Allgemeine Zeitung, Frankfurt/M. (künftig: FAZ), 25.10.1991.

[15] ebenda.

[16] Rudolf Pfisterer, Von A bis Z, Neukirchen, 1985 (2. Aufl.), S. 118.

[17] Robert Zittoun, Á quand les »euthanasistes«? LM, 3.10.1984, S. 2.

[18] Horst Keil, Wird das Sterben geplant? Gemeindeblatt für Württemberg, Stuttgart (künftigt: Gmbltt), 23.11.1992.

[19] ebenda.

[20] ebenda.

[21] L'episcopat français rejette catégoriquement toute forme d'euthanasie, LM, 25.09.1991.

[22] Maurice Abiven, L'interdit absolu, LM, 5.06.1991.

[23] Wolfgang Bergmann, »Drei Monate später kein Wunsch mehr nach Selbstmord«, Stgt Ztg, 28.09.1991.

[24] ebenda.

[25] Dr. G. Menut, Encore des melentendus, »Réforme«, Paris, 29.09.1984.

[26] Jean-Yves Nau, Traiter agoni, LM 5.06.1991.

[27] Dr. G. Menut a.a.O.

[28] ebenda.

[29] Dr. M. Abiven a.a.O.

[30] ebenda.

[31] Albert Camus, Arthur Koestler, La peine capitale, Paris, 1957.

[32] Albert Nau, Tu ne tueras point, Paris 1959, S. 271.

[33] LM, 8.01.1997.

[34] Arthur Koestler, Albert Camus, E. Müller-Meiningen jr., F. Nowakowski, Die Rache ist mein, Stuttgart, 1961, S. 75 f.

[35] Bat Ye'or, Les chrétientés d'orient entre Jihad et Dhimmitude, Paris, 1991, S. 28.

[36] Palästinensische Befreiungsorganisation.

[37] Meir Abelson, The Elephant and the Palestinian, Jerusalem Post, Jerusalm (künftig: JP), 2.02.1991.

[38] Bar Illan, The moral equivalence ploy, JP, 24.05.1991.
Wie sehr vor 1948 das Wort »Palästina« deckungsgleich mit dem jüdischen Volk in seiner Heimat war, geht aus folgenden Bezeichnungen hervor: Palestinian Symophony Orchestra, Palestina Electric Company, Pal. Economic Corporation, The Palastinian Post (die jetzige Jerusalem Post), siehe Meir Abelson, a.a.O.

[39] Kamillo Landmann, Der arabisch-isrealische Konflikt im Licht des Völkerrechts, Nachrichten aus Israel, Jerusalem (künftig: nai), 20.08.1992, S. 186.

[40] Rudolf Pfisterer, Israel oder Palästina?, Wuppertal, 1992, S. 156.

[41] Heinrich Helbig, »Nachts nistet sich die Gewalt in den Köpfen ein.« Stgt Ztg, 1.08.1992.

[42] François Boespflug in: Alain Besançon, L'image interdite, Paris, 1994, S. 242.

[43] Elisabeth Moltmann-Wendel, Gegenseitigkeit schließt alle Herrschaft aus, Gmbltt, 1.03.1992, S. 8.

[44] Jenseits patriarchalischer Verengung. »Beraten und beschlossen«, Stuttgart, 1/992, S. 6.

[45] Wenn im zweiten Teil unserer Bibel, dem Neuen Testament, der Begriff »Bild« im Zusammenhang mit Gott verwandt wird, bezieht sich dies ausschließlich auf Jesus von Nazareth. Dabei wird der Ausdruck »eikón« gebraucht, um die Gleichheit zwischen Gott selbst und Jesus zu unterstreichen (2. Kor. 4,4; Kol. 1,15). Es ist hier noch zu bemerken, daß in solchen Aussagen der Begriff »eidos« fehlt. Könnte dies daher rühren, daß dieser Ausdruck dem des »eidolos« (Götzenbild, Trugbild) benachbart ist?
Auf einen ganz wichtigen Aspekt sei in diesem Zusammenhang hingewiesen, auf die Vermittlung der biblischen Botschaft durch die Unterweisung. Hier können keine Bilder nicht fehlen. Es muß aber immer daran erinnert werden, daß es nur Abbilder sind, Durchgangsstationen zum Ziel der Begegnung. Wichtig und schwierig zugleich erscheint, daß dieser Ablösungsprozeß gemeistert wird. Er wird immer ein besonderes Geschick erfordern. Denn es muß bedacht werden, daß das Bild bis ins Unterbewußte absinkt und von dorther Vorurteile prägen kann. Kritische Vorbehalte gegenüber Bildern müssen bewahrt werden und sich in der Auslegung bewähren.

[46] Volle Parität in der Kirche als Vision, Stgt Ztg, 9.06 1994.

[47] Rudolf Pfisterer, Der vergessene Schatz, Bad Liebenzell, 1994, S. 20-23.

[48] Patrick Chastenet, Entretiens avec Jacques Ellul, Paris, 1994, S. 47.

[49] Es geht hier um zweierlei. Für eine Ehe ist es undenkbar, nebenher noch andere »Verbindungen« einzugehen. Dabei spielt es keine Rolle, ob dies ein mehr oder weniger geduldetes »Verhältnis« ist, oder es als offene Polygamie zum Ausdruck kommt, wie etwa in Afrika diese Art des Zusammenlebens mit dem christlichen Glauben in Einklang zu bringen versucht wird. Daß hier kulturelle und gesellschaftliche Spielregeln angeführt werden - von Zeichen des Reichtums bis hin zu einer Arbeitskraft zur Bebauung des Ackers - setzt nicht außer Kraft: die Ehe ist und bleibt gegründet auf die Treue zwischen je einer Frau und je einem Mann (vgl. Michel Legris, Polygames chrétiens, LM, 24.05.1966.

[50] Ulrike Zielke, Prüfe, wer sich ewig bindet, Haller Tagblatt, Schw. Hall (künftig: HT), 5.11.1991.

[51] Ulrike Zielke, a.a.O.

[52] Ulrike Zielke, a.a.O.

[53] Ulrike Zielke, a.a.O.

[54] Lisbeth Haase, idea-spektrum, Wetzlar, 31/32/1992.

[55] Wilhelm Gesenius, a.a.O. S. 898.

[56] Homosexuelle Liebe, Düseldorf, 1992, S. 40.

[57] Homosexuelle Liebe, a.a.O. S. 39+40.

[58] Roger Mehl, La nécessaire exclusion, »Réforme«, Paris, 30.07./6.07.1994.

[59] Im späteren christlichen Sprachgebrauch wird für die Homosexualität ein griechischer Ausdruck verwandt, der vom Wortstamm »verderben« gebildet ist. Diese Partnerschaft

schließt also ein, sich gegenseitig das Verderben zu bereiten (Walter Bauer, Wörterbuch zum Neuen Testament, Berlin, 1971 [5], S. 1198).

[60] Arnold Bäucker,»Diese Tänze mache ich nicht mehr mit«. Gmbltt, 12.06.1994.

[61] Arnold Bäuckler, a.a.O.

[62] Arnold Bäuckler, a.a.O.

[63] Homosexuelle Liebe, a.a.O.

[64] Homosexuelle Liebe, a.a.O. S. 19–32.

[65] Homosexuelle Liebe, a.a.O. S. 34+36.

[66] Homosexuelle Liebe, a.a.O. S. 45.

[67] Stone, Hamburg 37, 5.09.1996, S. 40.

[68] Ernst-Werner Kleine, Seelsorger und Aids, Deutsche Pfarrerblatt, Kassel (künftig: Pfbltt), 8/1991, S. 322.

[69] Leiblichkeit nicht verschweigen, Gmbltt, 8.11.1992.

[70] Roger Mehl, a.a.O.

[71] Roger Mehl, a.a.O.

[72] Bischöfin wirbt für Toleranz, HT, 29.05.1993.

[73] Jean François Collange, La Bible n'est pas obsédée par l'homosexualité, »Réforme«, Paris, 18.06.1994.

[74] Bischöfin wirbt für Toleranz, HT, 29.05.1993.

[75] Viola Roggenkamp,»Weg vom Stigma!« AJW, 13.06.1994.

In diesem Zusammenhang ist es sicher sinnvoll, einen Kommentar über ein Treffen von gleichgeschlechtlichen Jüdinnen und Juden zu hören, das in der Schoa-Gedenkstätte Yad Vaschem in Jerusalem stattgefunden hat.

Viola Roggenkamp schreibt: »Homosexueller Jude zu sein? Dazu noch in Israel? Wie immer ist bei Juden alles anders, so auch das. Ob es eine Schande ist? Viel wichtiger ist die Familie! Familie bedeutet weiterleben. Das war immer so. Besonders nach der Schoa. Besonders in Israel

Homosexuell lebende Söhne und Töchter zeugen jedoch keine Kinder und bringen auch keine Kinder zur Welt. Genau das ist aber in Israel undenkbar. Das darf es nicht geben. Das gibt es nicht ... Wozu haben die Eltern überlebt, wenn die Kinder mit Kinderkriegen nicht mehr weitermachen und einfach homosexuell werden? ...«

[76] Homosexuelität unterschiedlich beurteilt, Gmbltt, 22.06.1994.

[77] Homosexuelle Liebe, a.a.O. S. 45.

[78] Unterstreichung von mir.

[79] Homosexuelle Liebe, a.a.O. S. 62.

[80] Wilhelm Gesenius, a.a.O. S. 128.

[81] Pfarrer Rolf Alexander Thieke berichtet von einer wichtigen Tagung über die Frage der Homosexualität, an der Fachleute verschiedener Disziplinen teilgenommen haben. Ein kurzer Auszug aus seinem guten Artikel zeigt deutlich, daß wir die Aussagen der Wissenschaft nicht zu scheuen haben. Er führt aus:
»Der geläufige Ursachenstreit, ob etwa biologische Dispositionen oder frühkindliche Umwelteinflüsse für die Entwicklung einer ausgeprägten homosexuellen Orientierung verantwortlich zu machen sind, erweist sich als irreführend, weil er auf einer falschen Alternative beruht: Nach heutigem Forschungsstand sind biologische Dispositionen keineswegs derart determinierend wie früher angenommen, sondern durchaus formbar ...
Eindeutig falsch, weil bis heute ohne hinreichende wissenschaftliche Anhaltspunkte ist die These und Vermutung, Homosexualität sei letztlich eine nur biologische (genetisch-medizinische) ›Veranlagung‹.«
Die wissenschaftliche Forschung »läßt eindeutig die Folgerung nicht zu, daß jemand a priori (›mit der Zeugung‹) homosexuell sei oder sein müsse. Eine derartige Vorstellung kann heute

im internationalen Wissenschaftsgespräch nur als voreilige Theorie (oder ggf. als interessengeleitete Behauptung) bezeichnet werden. In diesen Bereich gehört auch der gelegentliche Versuch, dem Phänomen ›Homosexualität‹ dadurch eine besondere theologische Würde und Legitimität zu geben, daß ›konstitutionelle Homosexualität‹ etwa als ›ganz eigene Schöpfungsvariante‹ oder ›spezielles Charisma neben dem Mann- und Frausein‹ gedeutet wird. Derartige Versuche bedürfen heute der ›Entmythologisierung‹.«
Es geht aber hier nicht um die Darstellung der wissenschaftlichen Forschung allein. Es waren Betroffene anwesend. Pfarrer Thieke fährt fort:»Von besonderer Evidenz waren in diesem Kongreß die anschaulichen und existentiellen Zeugnisse von unmittelbar Betroffenen, die sich zwanzig Jahre und länger innerlich zu einem homosexuellen Lebensstil hingezogen fühlten oder ihn in der ›Schwulenbewegung‹ demonstrativ und ideologisch propagiert hatten. In psychologisch und religiös nachvollziehbaren Kategorien schilderten sie ihren Weg zur inneren Befreiung und Neuorientierung.«
Nachdem Pfarrer Thieke über die Enttäuschungen, die dort im Blick auf Homosexualität bei den diese Lebensweise Praktizierenden sich eingestellt hatten, geschrieben hat, schließt er: »Eindrucksvolle persönliche Lebensberichte von ehemals homophil orientierten Männern und lesbisch empfindenden Frauen zeigten, wie sich ihnen durch persönliche Christuserfahrungen der Weg in eine neue innere Freiheit, in persönliche Reifungsprozesse und in eine neue ganzheitliche personelle Identität eröffnet hatte.« (Rolf-Alexander Thieke, "Homosexualität und kirchliche Seelsorge", Pfbltt, 2/1995 [Februar], S. 94 f.)

[82] Manuskript bei mir.

[83] Beraten und beschlossen, Stuttgart, 25-28.11.1991, S. 15.

[84] Gmbltt, 29.11.1992.

[85] Rudolf Pfisterer, Von A bis Z, a.a.O. S. 226.

[86] Wilhelm Gesenius, a.a.O. S. 756.

[87] Vlg. dazu Sach. 13,3, wo die Eltern angewiesen werden, das Todesurteil bei einem Kind zu vollstrecken, das im Dienst der Götzen Lügenhaftes predigt.

[88] Mittelpunkt dieser geistlichen Bewegung innerhalb des Judentums ist die persönliche Beziehung zu Gott, die in freudigem Gebet und einem entsprechenden Leben sich äußert. »Chassid« heißt wörtlich übersetzt »fromm«.

[89] Rudolf Pfisterer, Von A bis Z, a.a.O. S. 89.

[90] Seit der Verurteilung des Salman Rushdie wegen Gotteslästerung (»Satanische Verse«) durch den schon verstorbenen Khomeni irrt dieser Schriftsteller umher und muß sich in unserer zivilisierten Welt überall verstecken, damit der Arm der iranischen Macht ihn nicht erreicht. Es zeigt sich, wohin wir geraten, wenn wir meinen, das, was wir für Gotteslästerung halten, mit drakonischen Maßnahmen ahnden zu sollen.

[91] Adolf Hitler, Mein Kampf, München, 1938, S. 70.

[92] Rudolf Pfisterer, Wird in Deutschland 1994 gegen Israel gebetet? »Licht und Leben«, Wuppertal 10/1993 S. 232.

[93] Zu diesem Mißbrauch kann gehören, wenn das Wort »christlich« in der Politik als eine Art von Gütemarke gehandelt wird, um auf dem offenen Markt die eigenen Interessen mit dieser Verpackung besser anzubieten. »Christlich« kann allerdings auch bedeuten, daß das aufrichtende Wort der Bibel wichtige Orientierung und – wie die Zehn Gebote – maßgebliche Weisung wird. Kennzeichen der Echtheit wird demütige Lernbereitschaft und auch die Achtung vor dem Recht sein.

[94] Elie Wiesel, Les portes de la forêt, Paris, 1964, S. 165.

[95] Gerhard Niemöller Hrsg. Die erste Bekenntnissynode der Deutschen Evangelischen Kirche zu Barmen, Göttingen, 1959, S. 200.

[96] Der unter uns gebräuchliche Ausdruck »Ganove« leitet sich von dem im hebräischen Text stehenden »ganàph« ab und schließt alle hier beschriebenen Elemente in sich.

[97] Joseph Croiborn, Moses contra Kapital, FAZ, 11.01.1994, S. 25.

[98] Adolf Hitler, a.a.O. S. 715.

[99] ebenda S. 70

[100] Joseph Chambon, Der französische Protestantismus, München, 1938/2, S. 119+20.

[101] Nach Abschluß meines Manuskripts fand ich in dem Artikel von Professor D. Jürgen Moltmann »Die Wiederentdeckung der Erde – Neue Spiritualität« (Pfbltt 2/1995 Febr., S. 54), daß dieser bekannte Autor auch den Sabbat als »die Krone der Schöpfung« bezeichnet hat.

[102] Roland Gradwohl, Schabbat der Juden – Sonntag der Christen, AJW 12.02.1982 S. 7. Ein anderer Ausleger, Schlomo Riskin, meint: »Die Gabe des Shabbats, die Gott der Welt schenkte, ist die erste Kostprobe für die allen geltende Menschenwürde« (Schl. Riskin, Learning the Lesson, JP, 7.01.1994).

[103] Wilhelm Gesenius, a.a.O. S. 771.

[104] Eine andere wichtige Stelle, die als Grundlage der Verkündigung des Jesus von Nazareth dient, ist z. B. auch Jes. 42,1-4, zitiert in Mt. 12, 15-21.

[105] Ev. Kirchengesangbuch, Stuttgart, 1991/41. Aufl., S. 1185.

[106] Vgl. z. B. 1. Mose 4,17.

[107] Wilhelm Gesenius, a.a.O. S. 899.

[108] Wilhelm Gesenius, a.a.O. S. 857. Schalom – das Wohlbefinden bedeutet nicht nur Frieden als im Einklang mit sich selbst stehen, sondern auch vollkommen sein in dem Sinn, daß wir nicht mehr zerrissen sind zwischen Wollen und Vollbringen (vgl. Phil. 2,13).

[109] Annie Kriegel, Parler Vrai, »Arche«, Paris, 372, Januar 1984, S. 79.

[110] Rudolf Pfisterer, Der alleinige Mittelpunkt, »Theologie der Gegenwart«, Münster, 4/1984 S. 238.

[111] Dietrich Bonhoeffer, Werke, Bd. IV, München, 1961, S. 82 f.

[112] Yehoshafat Harkabi, Palästina und Israel, Stuttart, 1974, S. 82; 91. Vgl. dazu Rudolf Pfisterer, Israel oder Palästina?, a.a.O. S. 155 ff.

[113] Trotz des Briefes von Jassir Arafat vom 9.09.1993 an Ministerpräsident J. Rabin ist die Änderung dieses Dokuments bis zur Drucklegung dieses Buches noch nicht ratifiziert.

[114] Walter Laqueur, the Israel Arab Reader, New York, 1976 (3) S. 336. Vgl. dazu Rudolf Pfisterer, a.a.O. S. 152-154.

[115] Rudolf Pfisterer, a.a.O. S. 192 ff.

[116] AJW 11.06.1992.

[117] Metapher Auschwitz, FAZ, 5.01.1994 S. 26.

[118] Ebenda.

[119] Gerhard Paul, Deutschland, deine Denunzianten, »Die Zeit« Hamburg, Nr. 37, 10.09.1993, S. 57.

[120] ebenda.

[121] Rudolf Pfisterer, Von A bis Z, a.a.O. S. 59.

[122] Hubert Bour, Rottenburg, Südwestfunk I, Aktuelle Botschaft, 4.11.1994.

[123] Heinrich Helbig, a.a.O. (vgl. Anm. 41)

[124] Heinrich Helbig, a.a.O.

[125] Heinrich Helbig, a.a.O.

[126] ebenda.

[127] ebenda.

[128] ebenda.

[129] Hans Joachim Thilo, Zum europäischen Jahr der älteren Menschen, Deutsches Pfarrerblatt, Kassel (künftig: Pfbltt), 11/1993, S. 539.

[130] ebenda.

[131] ebenda.

[132] D. h. die ihr rechtmäßig zustehende Versorgung wird nicht gewährt.

[133] H. J. Thilo, a.a.O.

[134] Walter Bauer, Wörterbuch zum Neuen Testament, a.a.O. S. 1696.

[135] Jakob Wassermann, Mein Weg als Deutscher und Jude, Berlin 1922, 122 ff.

[136] Albertz Hauck Hrsg. Realenzyklopädie, Bd. 12, Leipzig, 1903, 3. Aufl., S. 15.

[137] »Im Trinken sind die Deutschen ›Weltmeister‹«. Stgt Ztg, 8.04.1994. In Deutschland sind zur Zeit 5 % der erwachsenen Männer alkoholabhängig. Die Zahl der Frauen hat sich in den letzten Jahren auf 2 % verdoppelt. Die sozio-ökonomischen Kosten belaufen sich ... auf 80 Milliarden Mark, denen 8 Milliarden an Steuergeldern gegenüberstehen (ebenda). Neben allen anderen Erwägungen sollte auch dies unterstrichen werden. Wie kann hier von einer Privatsache gsprochen werden, wenn die Solidargemeinschaft in dieser Weise zur Kasse gebeten wird?

[138] Wilhelm Gesenius, a.a.O. S. 400+401. Der Wortstamm ist uns allen durch den höchsten Feiertag des jüdischen Festkalenders, den Jom Kippur, den Tag der Versöhnung, bekannt.

[139] Wilhelm Gesenius, a.a.O. s. 419.

[140] Walter Bauer, a.a.O. S. 933+934.

[141] Gmbltt, 17.07.1994.

[142] Detlef Puhl, Ein Militär rechnet mit der Politik ab, Stgt Ztg, 7.06.1994.

[143] Hermann Rauschning in: Les Dix Commandements, Paris, 1944, S. 13.

[144] Jean-Ives Nau, Frank Nouchi, La loi et les moeurs, LM 14.01.1994.

[145] Christian Delacampagne, Un entretien avec Willard van Orman Quine, LM, 5.07.1994, S. 2.

[146] Roger-Pol Droit, Un entretien avec Umberto Eco, LM, 5.10.1993, S. 2.

[147] »Wenn der Glasbruch jede Woche 4 000 DM kostet«. Stgt Ztg, 7.06.1994.

[148] Alain Frachon, Les fabricants de cigarettes sont accusés de doser la taux de nicotine pour accentuer la dépendance des fumeurs, LM, 16.04.1994.

[149] Laurent Zecchini, Trop vieux pour être soignés ..., LM, 16.04.1994.

[150] ebenda.

[151] Bis jetzt hat der damalige Ministerpräsident Dr. Rudolf Scharping das Gesetz – gottlob! – nicht unterschrieben, und wegen des massiven Protestes wurde es aus dem Verkehr gezogen.

[152] Heidi Parade, »Den menschlichen Körper enteignen?« Stgt Ztg, 9.07.1994.

[153] Christian Chartier, La justice néderlandaise pour autoriser les médecins à pratiquer l'euthanasie, LM, 16.04.1994.

[154] Vgl. dazu Manfred Kriessler, Deutliche Theologie, Pfbltt. 1/1994, S. 13 ff., wo Eberhard Bethge zitiert wird mit der (wichtigen) Frage, »ob wir, was wir als Christen tun, in der Verantwortung vor dem Gott des Ersten Gebots, dem Gott von Jesus Christus, tun und ihn suchen.« (13)

[155] M. Pasqua sermonne prêtres, pasteurs et rabbins, LM, 6.10.1993.

[156] Alle Zitate: Kardinal Jean-Marie Lustiger, Pour défendre l'humanité du désespoir, LM, 6.10.1993.

[157] ebenda.

[158] ebenda.

[159] ebenda.

[160] Die Schauspielerin Sophie Marceau meint resigniert: »Es gibt überhaupt keine Ethik mehr, und die Sprache der Politiker ist ein Durchfall von Worten. Sie sagen alles und nichts.« (Information Juive, NS 138, Juli 1994, s. 14 – Paris)

[161] Paul Ricoeur, »Le mal est un défi pour la philosophie«, LM, 10.06.1994, S. 5.

[162] Dies hat Martin Luther wohl begriffen, als er in seiner Streitschrift mit Erasmus von Rotterdam (1525) aussagt: »Wenn also Gott alles in allem bewegt und so handelt, so bewegt und handelt er notwendigerweise auch im Satan und im Gottlosen« (Martin Luther, De

servo arbitrio, deutsch: »Vom unfreien Willen«, in: Otto Clemen, Hrsg., Luthers Werke, Bd. III. Berlin, 1934, S. 204).

[163] Jacques Ellul, »Ce qui m'a orienté toute ma vie«; Réforme, Paris, 4.06.1994, S. 3.

[164] Das »a« vor »lätheia« ist eine Umkehrung des nachher folgenden Hauptworts, wie etwa »Unglück« das Gegenteil von »Glück« zum Ausdruck bringt.

[165] Rudolf Pfisterer, Von A bis Z, a.a.O. S. 89.

[166] Rudolf Pfisterer, Chancen des Vollzugs, Gmbltt 37/1977.

[167] Der Tagesbefehl Gottes, Ev. Sonntagsblatt, Stuttgart, 15.11.1964.

[168] Das Augsburgische Bekenntnis in: Ev. Kirchengesangbuch, Ausgabe für die Ev. Landeskirche in Württemberg, Stuttgart, 1991, 41. Aufl., S. 1198.

Weitere Bücher bei Edition VLM

Rudolf Pfisterer
Der vergessene Schatz
Stabile Währung für unseren Weg im Glauben
240 Seiten, Bestell-Nr. 471 355

Der oft vergessene Schatz unseres ältesten Glaubensbekenntnisses will als solide Währung für unseren Weg in das Kleingeld des Alltags gewechselt werden. Dazu bedarf es des Mutes und der Demut, treu, glaubwürdig und sich immer wieder neu auf die Aussagen der ganzen Bibel zu besinnen, die in diesem Bekenntnis, verdichtet und zusammengefaßt, zum Ausdruck kommen.

Walter Tlach
Hoffnung – Sauerstoff des Lebens
72 Seiten, Bestell-Nr. 471 323

Als Motto für Titel und Buch schrieb Emil Brunner: Was der Sauerstoff für die Lunge, das bedeutet die Hoffnung für die menschliche Existenz. Nimm den Sauerstoff weg, so tritt der Tod durch Ersticken ein. Nimm die Hoffnung weg, so kommt die Atemnot über den Menchen, die Verzweiflung heißt ... Der Vorrat an Hoffnung entscheidet über das Schicksal des Menschen. So fragt das Buch und das erste Kapitel darin: Welche Hoffnung haben wir? Das Buch schließt entsprechend mit dem Kapitel: Konkrete Hoffnung. Zwischen Kapitel eins und dem Schlußkapitel geht es um Welterneuerung, um endzeitliches Leben, sowie um Hoffnung für die Völker, um Jesus und Israel, um das Ende von Natur und Technik, und was die Bibel dazu sagt.
Dieser interesssante und ungewöhnliche Predigtband eignet sich zum Lesen in der „stillen eigenen Kammer". Er beeindruckt unter anderem durch sehr zeitbezogene Beispiele und die klare, in Fragen der bleibenden Hoffnung kompromißlosen Aussage und Auslegung. Darum auch eignet sich dieses Buch für Pfarrer, Prediger, Theologen als Arbeits- und Musterband guter Predigten. Gerade, weil das große Thema des Buches von der Hoffnung handelt, kann man das Buch als Geschenk und Hilfe mitnehmen bei Krankenbesuchen. Aber auch zu Senioren-Geburtstagen läßt sich das Buch gut verschenken.

Chuck Cohen
Wurzeln unseres Glaubens
96 Seiten, Bestell-Nr. 471 370

Alle grundlegenden Lehren des Neuen Testaments haben tiefreichende Wurzeln im Alten Testament. Daher ist es für ein umfassendes Verständnis dieser Lehren wichtig, daß wir in ihrem hebräischen Boden graben. Von deren biblischem Hintergrund waren Herz und Denken Jeschuas und der Schreiber des Neuen Testaments durchdrungen. Allein auf diesem Fundament aufbauend konnte der Geist Gottes diese Männer darin gebrauchen,die wahre Bedeutung des Gesetzes Gottes zu erklären bzw. zu „erfüllen".

Heinzpeter Hempelmann
Grundfragen der Schriftauslegung
144 Seiten, Bestell-Nr. 471 373

Dieses Arbeitsbuch führt anhand ausgewählter Texte in die Grundfragen der biblischen Hermeneutik ein:
1. Wie steht es um die Autorität der Bibel?
2. Gibt es eine Mitte der Schrift?
3. Muß man sich der Bibel mit einer besonderen, geistlichen Auslegungsmethode nähern?
4. Sind wir berechtigt, an der Bibel – verstanden als Gottes- und Menschenwort – Kritik zu üben?
Zu jeder dieser Fragen werden theologische Autoren der Vergangenheit und Gegenwart befragt, die sich pointiert damit befaßt haben: Martin Luther, Adolf Schlatter, Karl Barth, Ernst Käsemann, Gerhard Ebeling, Peter Stuhlmacher, Gerhard Maier.
Das Buch ist nach Autoren gegliedert. Auf eine kurze Einführung in Leben und Werk folgen die Äußerungen des jeweiligen Theologen zu den vier genannten Problemkreisen.
Die zweite Auflage ist um zwei Kapitel erweitert. Kapitel 6 präsentiert sprachphilosophische Anstöße mit Texten von Martin Buber, Franz Rosenzweig, Friedrich Nietzsche und Paul Ricœur, sowie dem Nestor der französischen Geschichtswissenschaften Henri-Irénée Marrou. Das siebte Kapitel bietet eine Reihe von wegweisenden Texten des Literaten, Theologen und Philosophen Johann Georg Hamann.
Die Texte werden schließlich durch 80 Fragen und durch Leseempfehlungen ergänzt, die der Vertiefung und Weiterarbeit dienen.

Bitte fragen Sie in Ihrer Buchhandlung nach diesen Büchern!